> 最初からそう教えてくれればいいのに！

ウィズダム法律事務所
弁護士 弁理士 石川正樹 著

民法の
ツボとコツが
ゼッタイにわかる本

［第2版］

2020年4月1日施行
（改正民法）に対応

秀和システム

●注意
(1) 本書は著者が独自に調査した結果を出版したものです。
(2) 本書は内容について万全を期して作成いたしましたが、万一、ご不審な点や誤り、記載漏れなどお気付きの点がありましたら、出版元まで書面にてご連絡ください。
(3) 本書の内容に関して運用した結果の影響については、上記(2)項にかかわらず責任を負いかねます。あらかじめご了承ください。
(4) 本書の全部または一部について、出版元から文書による承諾を得ずに複製することは禁じられています。
(5) 本書に記載されているホームページのアドレスなどは、予告なく変更されることがあります。
(6) 商標
   本書に記載されている会社名、商品名などは一般に各社の商標または登録商標です。

はじめに

- 民法の勉強をはじめたけど、専門用語がよくわからない。

- 仕事で民法の知識をおさえておく必要を感じるようになった。仕事に役立つ知識をどうすれば効率よく得られるのか、わからない。

- 条文がたくさんあって、その条文が複雑に絡み合っていて、とっつきにくい。

- とにかく量が多くて気が重い。

民法を学ぼうと勉強しはじめたのはいいのだけれど、このような思いをされたことはありませんか？

本書を手にとられたあなたは、公務員試験などの試験科目に民法があるので民法の学習の必要に迫られている方かもしれませんね。民法が試験科目になっている試験はたくさんあります。それらの試験の受験勉強のためにこの本を手にとらえた方も多いことでしょう。

あるいは大学生、社会に出て法律の知識が必要になった社会人の方ではないでしょうか。

民法の条文は1条から1050条まであり、どこから手をつけていいのか…途方に暮れてしまうかもしれません。仕事で民法の知識を…と考えても、膨大な条文が複雑に絡み合っているように見えて、全体像が見えない…ある条文を理解しても、「この条文だけ理解しておけばいいの？」といったような、とくに仕事で民法の知識が必要な場合、そんな悩みもあるかもしれません。

本書は、そういった悩みに少しでも道筋を示せたらと考え、民法の全体像をポイントを絞り把握できるようにテーマを選びました。全ての条文について解説しているわけではありませんが、民法の知識を理解していく過程の道筋のようなものを示せたのではないかと思っています。

本書は、民法に関する多くの本の中でいえば入門書です。

民法に関する情報は、

① 条文

② 基本用語

③ 判例

④ 学説

など多種多量です。

しかし、これらの民法情報の中での基本は、**条文**と**基本用語**です。

本書は、膨大な民法の基本的なところを、民法をはじめて学ぶ方にも理解が進むように、各節でシーンを設定しています。

日常生活で生じるような具体的なシーンを紹介し、民法の条文を適用しながらそのシーンの解決方法を解説し、あわせて民法の基本用語が理解できるようにつとめました。

興味のある部分から読み進めて、そのシーンの解決までのプロセスと結論はどうなるの？　と頭の中での自分の考えをイメージし、本書で解説する解決までのプロセスや結論と比較してみるという読み方をすれば、楽しみながら本書を読むことができるのではないかと思います。

民法は、私たちの身近なことや取引の基本などを規定している法律です。

　法律の中でも基本中の基本の法律です。

　それを具体的なシーンとして理解すると知識も定着しやすくなるのではないでしょうか。

　本書を通して民法って面白いなと思っていただき、本書が民法の学習のお役に立てれば幸いです。

　最後に、条文については、重要と思われる条文を各節で紹介しましたが、紹介されていない条文もあります。これら紹介されていない条文についてはWebサイトや書籍などで実際に調べてみることをお勧めします。

令和元年盛夏

石川　正樹

　平成29年及び平成30年に民法は大きく改正されました。

　すなわち、平成29年法律第44号により債権関係が、平成30年法律59号により成年の年齢が、平成30年法律第72号により相続関係が、それぞれ改正されました。

　平成30年法律第59号は2022年4月1日から施行されますが、平成29年法律第44号及び平成30年法律第72号は、基本的に2020年4月1日から施行されます。

　そこで、本書は、2020年4月1日施行時点の民法の条文に基づいて記述しています。

　なお、平成29年法律第44号及び平成30年法律第72号の経過措置については、巻末の「経過措置」をご覧ください。

最初からそう教えてくれればいいのに！
民法のツボとコツがゼッタイにわかる本
[第2版]

Contents

はじめに 3

第1章 民法を貫く基本とは
～民法総則～

1 未成年者の契約　なかったことにできる？ 22
未成年者の行為
- 契約をなかったことにしたい 22
- 問題のツボ～未成年者の行為の取消し 22
- 問題解決のコツ 23

2 父親が認知症になった！　財産の管理はどうしよう 25
成年後見
- 父親が認知症になったら財産の管理はどのようにすべきか？ 25
- 問題のツボ～成年後見の開始 25
- 問題解決のコツ 26

3 いろいろな能力、権利能力？　行為能力って？ 28
権利能力と行為能力
- 権利と義務 28
- 問題のツボ～権利と義務の帰属者 28
- 問題解決のコツ 29

コラム 法人 30

4 アパートを丸ごと売却　家賃は誰が取得する？ 31
法定果実の帰属
- 家賃はどう配分する？ 31
- 問題のツボ～家賃の帰属 31
- 問題解決のコツ 32

5 （口では）あげる。（本心は）あげない。　どうなる？ 33

心裡留保
- 本当はあげる気はないのにあげると言った
  これって有効？　無効？ 33
- 問題のツボ〜心裡留保の効力 34
- 問題解決のコツ 34

6 虚偽の売買！　どうなる？　どうする？ 36

虚偽表示
- 建物の所有権を取得できるか？ 36
- 問題のツボ〜虚偽表示と第三者 37
- 問題解決のコツ 37

7 財産分与したら税金が！　財産分与を取り消したい 39

錯誤
- 財産分与の合意をしたが多額の税金が!
  財産分与を取り消せないか？ 39
- 問題のツボ〜動機の錯誤 40
- 問題解決のコツ 40

8 家賃滞納者が行方不明　契約解除はできる？ 42

意思表示の到達
- どうすれば解除できる？ 42
- 問題のツボ〜公示による意思表示 42
- 問題解決のコツ 43

コラム 法律は "あてはめ" だ 45

9 貸した絵画を無断で売却された！　取り戻せる？ 46

無権代理と表見代理
- 絵画を取り戻したいが…… 46
- 問題のツボ〜無権代理と表見代理 47
- 問題解決のコツ 47

10 総代になったらヨーロッパ旅行 49

条件
- 総代になったらヨーロッパ旅行のプレゼント 49
- 問題のツボ〜条件 49
- 問題解決のコツ 50

11 分割払いを怠ったらどうなるの？ 51

期限

- 分割払いを怠ったらどうなるのか？ 51
- 問題のツボ〜期限 51
- 問題解決のコツ 52

12 ヨットを2年間貸した　いつ返してもらえるの？ 53

期間の計算

- 2年間っていつからいつまで？ 53
- 問題のツボ〜期間の計算方法 53
- 問題解決のコツ 54

13 お金を貸したら相手が行方不明に!? 55

消滅時効

- 早く手を打たないと、お金は戻ってこなくなる？ 55
- 問題のツボ〜時効の完成猶予 55
- 問題解決のコツ 56

コラム 民法の条文の構造 58

第2章　人の手を借りずに支配を及ぼす

〜物権〜

1 個人タクシーを盗まれた！　被害者は何ができる？ 60

物権的請求権など

- 個人タクシーを盗んで勝手に営業　被害者は何を請求できるか 60
- 問題のツボ〜物権的請求権と占有の訴え 61
- 問題解決のコツ 61

コラム 物権変動の要件（物権的側面と債権的側面） 64

2 同じ土地を二人に譲渡！　どちらのものになるの？ 65

土地の二重譲渡

- 土地を二重に譲渡されたら誰のものに？ 65
- 問題のツボ〜不動産物権変動の対抗要件 66
- 問題解決のコツ 66

3 未登記を知っていた人、この人にも負けるの？ 67

民法177条の「第三者」

- 登記がないことを知っていた人
  この人にも所有権の取得を主張できないのか？ 67

- ●問題のツボ～背信的悪意者 68
- ●問題解決のコツ 68

4 騙されて宅地を売却！ 取り消したけど登記は？ 70
詐欺による取消しと登記
- ●詐欺を理由に売買契約を取消し 所有権を主張するには登記が必要か？ 70
- ●問題のツボ～詐欺による取消しと登記の要否 71
- ●問題解決のコツ 71

5 売買を解除したけど、第三者に売られた！ 72
契約の解除と登記
- ●別荘の売買を解除したけど買主が第三者に売ってしまった！
  誰が所有者になるの？ 72
- ●問題のツボ～解除前／解除後に現れた第三者 73
- ●問題解決のコツ 73

6 取得時効が完成！ 登記は必要？ 76
時効取得と登記
- ●取得時効が完成？ 76
- ●問題のツボ～時効完成前／後の第三者と登記の要否 77
- ●問題解決のコツ 78

7 遺産分割協議が成立！ 登記しなくても大丈夫？ 79
遺産分割と登記
- ●遺産分割協議によって土地を相続した その後に現れた第三者との関係は？.....79
- ●問題のツボ～遺産分割と登記 80
- ●問題解決のコツ 81

8 動産の引渡し。一度受けた物を戻す？ 83
動産の物権変動の対抗要件
- ●動産に関する物権の譲渡は引渡しが対抗要件
  いったんＡさんに戻して、その後引渡しを受ける? 83
- ●問題のツボ～動産の引渡し 83
- ●問題解決のコツ 84

9 落とした指輪、取り戻せるのか？ 87
即時取得
- ●落とした指輪は取り戻せないのか？ 87
- ●問題のツボ～即時取得 87
- ●問題解決のコツ 88

10 隣家の木の根が侵入、切ってもいいの？ 90
　　[相隣関係]
　　　●お隣の家の木から越境してきた根は切ってもいいの？ 90
　　　●問題のツボ〜隣地の竹木の枝と根 91
　　　●問題解決のコツ 91

11 共有しているマンション、勝手に賃貸した！ 92
　　[共有]
　　　●共有しているマンションを賃貸するには他の共有者の同意が必要か？...92
　　　●問題のツボ〜共有物の賃貸 93
　　　●問題解決のコツ 93

12 空中を使用する権利って？ 94
　　[地上権]
　　　●空中に電線を通す権利とは？ 94
　　　●問題のツボ〜空間を目的とする地上権 95
　　　●問題解決のコツ 95

13 他人の土地を通行、継続すれば時効取得？ 96
　　[地役権]
　　　●通行地役権は時効取得できるのか？ 96
　　　●問題のツボ〜通行地役権の時効取得 96
　　　●問題解決のコツ 97

[コラム] 永小作権と入会権（いりあいけん）...98
[コラム] 条文の用語の意味...98

第3章　お金を貸したけど、何かないと不安
　　〜担保物権〜

1 自動車の修理費が未払い、自動車はどうなるの？ 102
　　[留置権]
　　　●自動車の修理費を払ってくれない　どうすればいい？ 102
　　　●問題のツボ〜留置権 102
　　　●問題解決のコツ 103

[コラム] 民法上の担保物権の構造、意味、共通の効力................................104

2 会社が破産！　給料はどうなる？ 108
　　[先取特権]
　　　●会社が破産したら給料はどうなるの？ 108

- ●問題のツボ〜先取特権 108
- ●問題解決のコツ 108

3 お金を借りるため、彼女の指輪に質権を設定 110
質権
- ●お金を返さないと指輪を処分されてしまう? 110
- ●問題のツボ〜契約による質物の処分の禁止 110
- ●問題解決のコツ 111

コラム 抵当権を理解するバックボーン・抵当権の実行手続 113

4 宅地に抵当権を設定した。石灯籠、庭石、植木は? 115
抵当権の目的物
- ●宅地に対する抵当権が実行されたら、
  宅地上の石灯籠、庭石、植木はどうなるの? 115
- ●問題のツボ〜抵当権設定当時存在する抵当地上の従物 116
- ●問題解決のコツ 116

5 抵当に入れた建物が焼失、貸主はどうなる? 118
抵当権の物上代位
- ●抵当権を付けた建物が火事で焼失　抵当権はどうなるの? 118
- ●問題のツボ〜抵当権の物上代位 118
- ●問題解決のコツ 119

6 普通の抵当権と根抵当権、どこが違う? 120
根抵当権
- ●普通の抵当権と根抵当権　どこが違う? 120
- ●問題のツボ〜普通抵当権と根抵当権の違い 120
- ●問題解決のコツ 121

コラム 非典型担保 124

第4章　債権の一生とは?　債権が生まれてからなくなるまで
~債権総論~

1 注文を受けた瓶ビール、バイトが割っちゃった 126
種類債権の特定
- ●酒屋さんのアルバイトが瓶ビールを破損!　酒屋さんの責任は? 126
- ●問題のツボ〜種類債権の特定 127
- ●問題解決のコツ 127

2 買主が骨董品を受け取ってくれない 129
受領遅滞
- 買主が骨董品を受け取らない。
  その後に地震が来てその骨董品が壊れてしまったら? 129
- 問題解決のツボ〜受領遅滞 130
- 問題解決のコツ 130

3 遅延損害金の利率は? 132
法定利率
- 貸した100万円を返してくれない。いくら請求できるの? 132
- 問題のツボ〜遅延損害金 132
- 問題解決のコツ 133

4 期限が来ても退去してくれない! 損害賠償請求できる? 135
損害賠償の範囲
- 新しい賃借人へ貸せない! どこまで損害賠償を請求できる? 135
- 問題のツボ〜損害賠償の範囲 136
- 問題解決のコツ 136

5 債務者の債務者に請求? 137
債権者代位権
- 債務者がやらなければ自分がやる? 137
- 問題のツボ〜債権者代位権 138
- 問題解決のコツ 138

`コラム` 債権者代位権 (民法423条) の構造 139

6 債務者が安い価格で売却、債権者は取り消せない? 140
詐害行為取消権
- 不相当な代金でマンションを売却 取り消すことはできる? 140
- 問題のツボ〜詐害行為取消請求 141
- 問題解決のコツ 141

`コラム` 詐害行為取消請求権 (民法424条) の構造 143

7 お金を貸して! 連帯して返すから 144
連帯債務
- 連帯して返すとはどういうこと? 144
- 問題のツボ〜連帯債務 144
- 問題解決のコツ 145

8 借主の債務が消滅時効に！　保証人の責任は？ 146
保証債務
- 借主の債務が消滅時効にかかりそう
  Aさん、Bさん、Cさん、3人の関係は？ 146
- 問題のツボ〜保証人による主たる債務の消滅時効の援用 146
- 問題解決のコツ...147

9 父親の会社の事業を承継することで保証人になることに 148
事業にかかる債務についての保証
- 会社の事業資金の借入れの保証人に。
  保証契約はどのように結べばいいの？ 148
- 問題のツボ〜個人根保証契約、個人貸金等根保証契約 149
- 問題解決のコツ...149

10 債権譲渡で債務をなしに？ 153
債権譲渡
- 債権譲渡ですべてうまくおさまる？ 153
- 問題のツボ〜債権譲渡と債務者に対する対抗要件 154
- 問題解決のコツ...154

コラム 債務の引受け、履行の引受け、契約上の地位の移転 157

11 自称貸金債権の譲受人？　この人に払ってもOK？ 160
受領権者としての外観を有する者に対する弁済
- 貸金10万円を譲り受けたと称する人がやってきた
  この人に支払っても大丈夫か？ 160
- 問題のツボ〜受領権者としての外観を有する者に対する弁済........161
- 問題解決のコツ...161

12 大家が家賃の受領を拒否！　賃借人はどうすれば？ 163
弁済の提供と供託
- 大家さんが家賃を受け取ってくれない　どうすれば…… 163
- 問題のツボ〜弁済の提供と供託 164
- 問題解決のコツ...164

13 車をぶつけられた！　借金と相殺できる？.................................166
相殺
- 車をぶつけられて相殺されるの？ 166
- 問題のツボ〜不法行為によって生じた債権を
  受働債権とする相殺の禁止 167
- 問題解決のコツ...167

13

14 ワインを渡すことをやめて日本酒を渡すことに変更
これってどういう契約? 169
`更改`
- ●ワインを買ったが、日本酒に変更　これってどういう契約? 169
- ●問題のツボ〜更改 170
- ●問題解決のコツ 170

第5章　二人の間に契約があるときとないとき
〜債権各論〜

1 腕時計を売りたい。相手が1万円だったら
考えるというだけではダメ? 174
`契約の成立`
- ●契約はどのようにして成立するのか 174
- ●問題のツボ〜申込みと承諾 174
- ●問題解決のコツ 175

2 アロハシャツの代金、先払いをお願いされたが… 177
`同時履行の抗弁権`
- ●代金の先払いをお願いされたが、不安 177
- ●問題のツボ〜同時履行の抗弁権 178
- ●問題解決のコツ 178

3 買った建物が火事に!　代金は支払うの? 180
`危険負担`
- ●買った建物が焼失　代金は支払わなければならないのか? 180
- ●問題のツボ〜危険負担 180
- ●問題解決のコツ 181

4 三者の関係を簡潔に処理したい! 183
`第三者のためにする契約`
- ●三者の関係を一挙に処理 183
- ●問題のツボ〜第三者のためにする契約の構造 184
- ●問題解決のコツ 184

5 買った車がまだ納車されない　契約を解除するには? 185
`契約の解除`
- ●契約を解除するには…… 185
- ●問題のツボ〜契約の解除 185
- ●問題解決のコツ 186

コラム 13の典型契約 188

6 インターネットによる物品の販売 190
定型約款
- インターネットによる物品の販売 190
- 問題解決のツボ〜定型約款 190
- 問題解決のコツ 191

7 彼女へのプレゼント　なかったことにできる? 193
贈与
- 贈与は撤回できるのか? 193
- 問題のツボ〜書面によらない贈与の解除 193
- 問題解決のコツ 193

8 購入物件から水漏れ!　売主に責任はないの? 195
売買
- 購入した中古の戸建て住宅のお風呂から水漏れ
　売主の責任は? 195
- 問題のツボ〜売主の担保責任 195
- 問題解決のコツ 195

9 交換で得たワイン。一部が他人の物だった? 198
交換
- 交換した物の一部が他人の物だった 198
- 問題のツボ〜交換 199
- 問題解決のコツ 199

10 借金を払いすぎた!　過払金を返してもらう 201
消費貸借
- 借金を払いすぎたら過払金を返してもらう 201
- 問題のツボ〜過払金 201
- 問題解決のコツ 202

11 ただでマンションを借用。これってどんな契約? 204
使用貸借
- マンションをただで借りる　これはどういう契約か? 204
- 問題のツボ〜使用貸借 204
- 問題解決のコツ 205

12 賃借物件に友人が居座り　嫌な予感が…… 207
賃貸借
- 借りたマンションに友人が居座り

15

大家さんとの契約は大丈夫？......................................207
- ●問題のツボ〜賃借権の譲渡・転貸......................207
- ●問題解決のコツ......................................209

13 大家さんが代わった。敷金はどうなるの？......................210
不動産の賃貸人たる地位の移転
- ●賃借しているマンションが譲渡された。敷金はどうなるの？............210
- ●問題のツボ〜不動産の賃貸人たる地位の移転......................211
- ●問題解決のコツ......................................211

14 改修工事で働けなくなった。アルバイト料はどうなる？......................213
雇用
- ●お店の改修工事でアルバイトができなくなった。
  アルバイト料はもらえるの？......................................213
- ●問題のツボ〜雇用......................................214
- ●問題解決のコツ......................................214

15 頼んでできたガレージ　でもシャッターが閉まらない……......................216
請負
- ●工務店に頼んでできあがったガレージ
  でもシャッターが閉まらない。工務店の責任は？......................216
- ●問題のツボ〜請負人の担保責任......................216
- ●問題解決のコツ......................................217

16 弁護士に遺言作成を依頼　弁護士がやることは？......................219
委任
- ●遺言の作成を依頼された弁護士と依頼者との関係は？......................219
- ●問題のツボ〜委任と準委任......................................219
- ●問題解決のコツ......................................220

17 預けたものを勝手に使うってあり？......................222
寄託
- ●預かった猫を猫カフェで働かせることはできるか......................222
- ●問題のツボ〜寄託......................................223
- ●問題解決のコツ......................................223

18 友達と映画をつくる！　どういう契約が必要？......................225
組合
- ●友達と映画をつくるにはどんな契約がふさわしい？......................225
- ●問題のツボ〜組合の内容......................................225
- ●問題解決のコツ......................................226

19 交通事故にあった！　示談ってよく聞くけど… 229
和解
- 譲るべきか譲らざるべきか 229
- 問題のツボ〜和解 230
- 問題解決のコツ 230

20 病の知らない人を病院へ、病院までのタクシー代は？ 231
事務管理
- 見知らぬ人をタクシーに乗せて病院へ
  タクシー代は誰が負担するの? 231
- 問題のツボ〜事務管理と委任 232
- 問題解決のコツ 232

21 楽曲の使用料を無断徴収！　支払いを求めるには？ 234
不当利得
- バンドをやめた人が勝手にバンドの曲をテレビ局に使用許諾
  楽曲の使用料は? 234
- 問題のツボ〜不法行為と不当利得 234
- 問題解決のコツ 235

22 あぶない！　飼い犬にかまれた！ 237
不法行為
- 人の足のケガと飼い犬の足の骨折はどうなるの? 237
- 問題のツボ〜動物の占有者の責任 237
- 問題解決のコツ 238

コラム 債務不履行と不法行為 240

第6章　　男と女が出会って、いっしょになったり、別れたり
〜親族〜

1 まだ18歳の娘、プロポーズされたらしい!! 242
未成年者の婚姻
- 18歳の娘が婚姻するには? 242
- 問題のツボ〜未成年者の婚姻 242
- 問題解決のコツ 243

コラム 親族の範囲(民法725条) 244

2 一緒に生活したら夫婦？　婚姻と内縁はどう違う？.......................246
　内縁
　　●同棲している相手が死亡した場合、残された人は相続人になれる?....246
　　●問題のツボ～内縁..246
　　●問題解決のコツ..248

3 もしも離婚したら、二人の財産はどうなる？.............................249
　財産分与
　　●離婚するときには財産も清算するの?.................................249
　　●問題のツボ～財産分与..249
　　●問題解決のコツ..250

4 子どもができた‼　でも本当に自分の子？.............................252
　嫡出の推定
　　●子の父親は誰か?..252
　　●問題のツボ～嫡出の推定..252
　　●問題解決のコツ..253

5 子どもがいたらなぁ……そういえば養子って？？.......................255
　養子
　　●養子って聞いたことはあるけど、どのような制度?.......................255
　　●問題のツボ～養子縁組の要件......................................256
　　●問題解決のコツ..256

6 子の親権者、父から母へ変えるには？.................................258
　親権者の変更
　　●親権者を変えるには?...258
　　●問題のツボ～親権者の変更.......................................259
　　●問題解決のコツ..259

7 生活が大変な、おば、援助してあげたいけど….........................261
　扶養
　　●経済的に困っているおばを援助してあげたいが….......................261
　　●問題のツボ～扶養義務者と扶養の順位................................261
　　●問題解決のコツ..262

　コラム 実態にふさわしい法律構成を(権利能力なき社団と内縁を例に)...........264

第7章　人が死亡した後はどうなる？

～相続～

1　子が親より先に亡くなった！　子に代わって孫が相続？ 266
相続人
- 子が親より先に死亡したら、相続人は誰になるの？ 266
- 問題のツボ〜代襲相続 267
- 問題解決のコツ 267

2　生前に援助を受けた人、相続分は同じなの？ 270
特別受益者の相続分
- 被相続人から生前に援助を受けた人　相続のときの取り分は？ 270
- 問題のツボ〜特別受益者の相続分 270
- 問題解決のコツ 270

3　相続人がたくさんいる！　相続はどうなる!? 273
遺産分割協議
- 相続人がたくさんいる場合は遺産分割協議が必要 273
- 問題のツボ〜遺産分割協議のポイント 273
- 問題解決のコツ 274

4　夫が急死　葬式費用はどうしよう？ 276
遺産分割前の預貯金の払戻し
- 夫が急死　夫の預金をおろせるのか？ 276
- 問題のツボ〜遺産分割前の預貯金の払戻し 276
- 問題解決のコツ 276

5　借金だけ相続しない！　そんなことできるの？ 279
相続の承認と放棄
- 相続が始まったら何から手をつければ…… 279
- 問題のツボ〜相続の承認と放棄 279
- 問題解決のコツ 279

6　内縁の妻はいる！　でも、相続人はいない！ 282
特別縁故者
- 内縁の妻はいるけど、相続人はいない！　遺産はどうなるの？ 282
- 問題のツボ 282
- 問題解決のコツ〜特別縁故者 283

7　遺言は慎重に！　相続人が困らないように 286
遺言
- 有効な遺言を作るには？ 286

19

- ●問題のツボ～遺言の方式..286
- ●問題解決のコツ...286

8 遺言の内容を実現するには 291
遺言執行者
- ●遺言書の実現は誰がする?...291
- ●問題のツボ～遺言執行者...292
- ●問題解決のコツ...292

9 夫が死亡しても住み慣れた家に住み続けたい 294
配偶者居住権
- ●夫が死んだら住む家は?...294
- ●問題解決のツボ～配偶者居住権 295
- ●問題解決のコツ...295

10 自分の相続分がない?　そんな馬鹿な!!................297
遺留分
- ●自分の相続分がない!　もう何も言えないの?.............................297
- ●問題のツボ～遺留分 297
- ●問題解決のコツ...297

11 夫の父親が死亡したけど、私は何もなし? 301
特別の寄与の制度
- ●義父が死亡した。義父の長男の奥さんは何ももらえないのか?.......301
- ●問題のツボ...302
- ●問題解決のコツ～特別の寄与の制度 302

用語の解説..305
経過措置..315
おわりに..321
索引..322

第1章 民法を貫く基本とは
～民法総則～

1 未成年者の契約 なかったことにできる?
未成年者の行為

あの子まだ高校生なのに高い英語の教材を買わされちゃって代金も払ったんですって

だまされたんじゃないか?

契約をなかったことにしたい

　高校生のお子さんが高額な英語の教材を買ってしまった。お子さんも納得して買ったのではない様子。ご両親は心配です。その英語の教材はお子さんには必要なものではなさそうだし、あるいはうまくだまされて買わされてしまったのか。

　契約をなかったことにしてお金を取り戻したいが、どうすれば?

問題のツボ～未成年者の行為の取消し

　高校生のお子さんは未成年者ですから、**制限行為能力者**です(民法13条1項10号)。未成年者が法律行為をするには、その**法定代理人の同意**を得なければなりません(民法5条1項本文)。未成年者の法定代理人は親権者である父母がいる場合はその父母です(民法818条1項3項、民法824条)。従って、お父さんとお母さんの同意を得ずに英語の教材を買った高校生のお子さんやお父さん及びお母さんは、英語の教材の売買契約を取り消すことができます(民法5条2項、120条1項)。

　また、お子さんがだまされて買ったのであれば、**詐欺**を理由に売買契約を取り消すこともできます(民法96条1項、120条2項)。

　売買契約が取り消されると、売買契約は初めから**無効**になりますから(民法121条本文)、高校生のお子さんは支払った代金を返してもらうことができ、買った英語の教材は売主に返すことになります。

問題解決のコツ

　取り消すことができる行為を**追認**すると以後取り消すことができなくなります（民法122条）。追認は取消しの原因となった状況が消滅し、かつ、取消権を有することを知った後にしなければ、その効力が生じません（民法124条1項）。

　このように未成年者やその法定代理人は売買契約の取消権や追認権を有しますが、取引の相手方である売主は売買契約が取り消されるのか追認されるのか不安定な立場におかれます。そこで相手方には**催告権**が与えられています（民法20条）。

　すなわち、相手方は、未成年者が成人になったときに、その者に対して、1か月以上の期間を定めて、その期間内に契約を追認するかどうかを催告することができ、もし成人になった者がその期間内に確答を発しないときには、その行為を追認したものとみなされます（民法20条1項）。

　また、相手方は、未成年者が成人になる前に、その法定代理人に対して、1か月以上の期間を定めて、その期間内に契約を追認するかどうかを催告することができ、その法定代理人がその期間内に確答を発しないときには、その行為を追認したものとみなされます（民法20条2項）。

　なお、年齢20歳をもって成年とされますが（民法4条）、この民法4条は平成30年法律第59号によって改正され、年齢18歳をもって成年とされることになりました。この平成30年法律第59号は、2022年4月1日から施行されます。

▼未成年者、法定代理人、相手方の関係

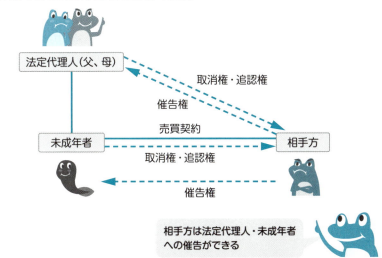

用語の解説

意思能力：行為の結果を判断するに足る能力（民法3条の2）。
制限行為能力者：未成年者、成年被後見人、被保佐人、民法17条1項の審判を受けた被補助人。
行為能力者：行為能力の制限を受けない者。
取消し：一応有効とされている効力が、特定人の行為（取消し）によって、効力がなくなること。
無効：効力がないこと。
追認：取消すことができる行為の効力を確定的に有効にする意思表示。

条文

民法3条の2
　法律行為の当事者が意思表示をした時に意思能力を有しなかったときは、その法律行為は、無効とする。

民法5条　（未成年者の法律行為）
1　未成年者が法律行為をするには、その法定代理人の同意を得なければならない。ただし、単に権利を得、又は義務を免れる法律行為については、この限りでない。
2　前項の規定に反する法律行為は、取り消すことができる。
3　第1項の規定にかかわらず、法定代理人が目的を定めて処分を許した財産は、その目的の範囲内において、未成年者が自由に処分することができる。目的を定めないで処分を許した財産を処分するときも、同様とする。

民法120条　（取消権者）
1　行為能力の制限によって取り消すことができる行為は、制限行為能力者（他の制限行為能力者の法定代理人としてした行為にあっては、当該他の制限行為能力者を含む。）又はその代理人、承継人若しくは同意をすることができる者に限り、取り消すことができる。
2　錯誤、詐欺又は強迫によって取り消すことができる行為は、瑕疵ある意思表示をした者又はその代理人若しくは承継人に限り、取り消すことができる。

民法121条　（取消しの効果）
　取り消された行為は、初めから無効であったものとみなす。

民法122条　（取り消すことができる行為の追認）
　取り消すことができる行為は、第120条に規定する者が追認したときは、以後、取り消すことができない。

2 父親が認知症になった！財産の管理はどうしよう
成年後見

お父さんが認知症になってしまった。お父さんの介護は私もするけど……

お父さんの財産の管理はどうすれば……

父親が認知症になったら財産の管理はどのようにすべきか？

　高齢化社会が進み老人の人口がどんどん増えている現在、認知症になる方も多くいます。

　認知症の程度にもよりますが、本人の衣食住の生活はどなたかがサポートしてあげなければなりませんし、本人が介護施設に入所するなどの場合には、その費用も考えなければなりません。また、本人が不動産を所有していて賃貸していたり、株や貯金等をもっているときなど、それらの財産をどのように管理すべきかも考慮する必要があります。

　しかし、本人の財産は本人しか管理や処分することができないのは、家族の間であっても同じです。父親だからといって奥さんやお子さんが勝手に手をつけることはできません。

　では、本人の療養や財産の管理はどうすればよいのでしょうか？

問題のツボ〜成年後見の開始

　本人の精神上の障害の程度によりますが、常時自分の行動をコントロールできない程度に至っている場合には、家庭裁判所に**後見開始の審判**を申し立てて**成年後見人**をつけてもらうことが考えられます（民法7条）。

　後見開始の審判があると本人は**成年被後見人**となり、成年後見人が付されます（民法8条）。

　成年後見人は、成年被後見人の療養看護及び財産を管理し（民法858条）、成年被

後見人の財産に関する契約等の法律行為を代理して行います（民法859条）。そして、成年被後見人が単独で行った行為は、取り消すことができます。ただし、日用品の購入や日常生活に関する行為は、取り消すことができません（民法9条）。

▼成年後見人による法律行為の代理（民法859条）

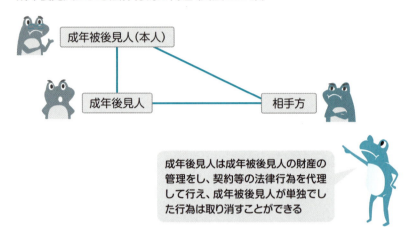

問題解決のコツ

成年後見人は、成年被後見人の生活、療養看護及び財産に関する事務を行うにあたっては、成年被後見人の意思を尊重し、かつ、その心身の状態及び生活の状況に配慮しなければなりません（民法858条）。

成年後見人がその事務を行うにあたっては、善良な管理者の注意をもってその事務を遂行する必要があります（民法869条による民法644条の準用）。

そして、財産の管理に関しては、成年後見人は、遅滞なく成年被後見人の財産の調査に着手し、財産目録を作成しなければなりません（民法853条）。

成年後見人が事務を行うために必要な費用は、成年被後見人の財産から支弁されますが、成年後見人は、その就職の初めにおいて毎年支出すべき金額を予定しなければなりません（民法861条）。また、成年後見人が成年被後見人に代わって成年被後見人の居住用建物又はその敷地について売却や賃貸等をする場合には、事前に家庭裁判所の許可を受けなければなりません（民法859条の3）。

このように、成年後見人は、成年被後見人の療養を監護し、又その財産を管理する任務を負うわけですが、その権限が濫用されることを防ぎ成年被後見人の利益を保

護するため、成年後見人を監督する機関として家庭裁判所と**成年後見監督人**があります。

　本人の精神状態が自分の行為をコントロールできない程度には至っていないけれども著しく不十分である場合には、家庭裁判所に**保佐開始の審判**を申し立てて、保佐人をつけてもらうことができます（民法11条）。

　保佐人がつくと、本人が借金をしたり贈与をするなど民法13条1項に掲げられた行為をするには保佐人の同意を得なければならず、保佐人の同意を得ないでした行為は取り消すことができます（民法13条1項、4項）。

　また、本人の精神状態が自分の行為をコントロールできない程度には至っていないけれども不十分である場合には、家庭裁判所に**補助開始の審判**を申し立てて、補助人をつけてもらうことができます（民法15条）。

　家庭裁判所は、民法13条1項に規定する行為の範囲内で被補助人が特定の法律行為をするにはその補助人の同意を得なければならない旨の審判をすることができます（民法17条1項）。

　被補助人が補助人の同意を得なければならない行為であって、その同意を得ないでした行為は、取り消すことができます（民法17条4項）。

条文

民法7条　（後見開始の審判）

　　精神上の障害により事理を弁識する能力を欠く常況にある者については、家庭裁判所は、本人、配偶者、4親等内の親族、未成年後見人、未成年後見監督人、保佐人、保佐監督人、補助人、補助監督人又は検察官の請求により、後見開始の審判をすることができる。

民法8条　（成年被後見人及び成年後見人）

　　後見開始の審判を受けた者は、成年被後見人とし、これに成年後見人を付する。

民法9条　（成年被後見人の法律行為）

　　成年被後見人の法律行為は、取り消すことができる。ただし、日用品の購入その他日常生活に関する行為については、この限りでない。

民法859条　（財産の管理及び代表）

　1　後見人は、被後見人の財産を管理し、かつ、その財産に関する法律行為について被後見人を代表する。

　2　第824条ただし書の規定は、前項の場合について準用する。

3 いろいろな能力、権利能力？ 行為能力って？
権利能力と行為能力

「○○の権利があります」とか、「△△の義務があります」とか、日常会話でも聞くけど…

民法ではどんなふうになっているんだろう？

権利と義務

　法律は「権利と義務の体系」といわれます。
　どんな人が、どんな権利をもって、又どんな義務を負担するのでしょうか。
　例えばマンションを購入すればマンションの**所有権**（民法206条）という権利を取得します。
　また、マンションを購入するにあたって銀行からお金を借りれば、借りたお金を返す義務が生じます。購入した人からみれば、その人にはマンションの所有権と借入金の返還義務が帰属します。
　マンションを購入するのは、生身の人間（自然人）だけではありません。世の中には株式会社をはじめたくさんの法人が存在します。法人もマンションを購入することができますし、銀行からお金を借りることもできます。

問題のツボ～権利と義務の帰属者

　このように、民法は社会の生活関係を権利と義務の関係に整理し、法律関係を権利と義務の帰属主体をベースに体系化しています。このような権利と義務の帰属主体となることができることを**権利能力**といいます。
　自然人は、出生によって権利能力を取得します（民法3条1項）。ただし、外国人は、法令又は条約によって禁止される場合を除いて私権を享有するとされていますから（民法3条2項）、法令又は条約によって権利の取得や義務の負担が日本国民と異なることがあります。

法人は、自然人以外の権利義務の帰属主体です。法人は、法令の規定に従い、**定款**その他の基本約款で定められた目的の範囲内で権利を有し、義務を負担するとされ（民法34条）、法人はこの目的の範囲内で権利能力を有すると解されています。

問題解決のコツ

自然人の場合、未成年者や精神に障害を負った人を健常者と同等な立場に置くことはこれらの人の利益を害するおそれがあります。そこで、民法は、**未成年者**、**成年被後見人**、**被保佐人**、**被補助人**を**制限行為能力者**として制度化し、これらの人の行った法律行為を取り消すことができるなどとして保護する制度を設けています（民法4条以下）。

▼制限行為能力者にかかわる人々

制限行為能力者	保護者	監督者
未成年者（5条）	法定代理人 （親権者、未成年後見人）	未成年後見監督人
成年被後見人（8条）	成年後見人	成年後見監督人
被保佐人（12条）	保佐人	保佐監督人
被補助人（16条）	補助人	補助監督人

用語の解説

所有権：目的物を使用、収益及び処分することができる物権（民法206条）。
定款：法人の根本規則。
意思能力：行為の結果を判断するに足る能力（民法3条の2）。
権利能力：権利と義務の帰属主体になることができる資格。
行為能力：法律行為の効果を確定的に自己に帰属させることができる能力。

条文

民法3条
1 私権の享有は、出生に始まる。
2 外国人は、法令又は条約の規定により禁止される場合を除き、私権を享有する。
民法3条の2
　法律行為の当事者が意思表示をした時に意思能力を有しなかったときは、その法律行為は、無効とする。
民法34条　（法人の能力）
　法人は、法令の規定に従い、定款その他の基本約款で定められた目的の範囲内において、権利を有し、義務を負う。

コラム

法人

権利を有し、義務を負担する者を「人」とすると、生身の人間（**自然人**）はこの人に該当します。しかし、現在では自然人のほか**法人**も権利を有したり、義務を負担すると考えられ、人に含まれると考えられています。

ただし、法人は肉体を有しませんから、レストランに行って食事をすることはありませんし、また、婚姻して家族を持つこともありません。

法人の例として株式会社がありますが、株式会社の萌芽は、オランダの東インド会社といわれています。オランダ東インド会社は、インドの綿花や香辛料等をヨーロッパに供給するために国家の主導で設立されましたが、多くの資金を必要とし、また、危険を伴い無事に帰ってくる保障もありませんでした。そこで、資金を集めて資金額に応じて配当にあずかるシステムが考えられました。

法人は、自然人以外の権利義務の帰属主体ですが、これには人の集合体（**社団**）に基礎を置くものと、財産の集合体（**財団**）に基礎を置くものとがあります。前者が社団法人であり、後者が財団法人です。社団法人の例としては株式会社があり、財団法人の例としては、篤志家が自己の財産を拠出して母校の学生のために奨学金を提供する財団法人等があります。

また、法人はその目的に応じて営利法人や公益法人等に分けられます。

営利法人は、営利事業を営むことを目的とする法人であり（民法33条2項）、株式会社、合名会社、合資会社、合同会社がこれにあたり、会社法に規定されています。

公益法人は、学術、技芸、慈善、祭祀、宗教その他の公益を目的とする法人であり（民法33条2項）、一般社団法人及び一般財団法人に関する法律等に規定され、この一般社団法人及び一般財団法人に関する法律によって設立された法人を**一般社団法人**あるいは**一般財団法人**といいます。

そして、一般社団法人あるいは一般財団法人のうち、公益社団法人及び公益財団法人の認定等に関する法律に基づき公益性があると認定された法人が、**公益社団法人**あるいは**公益財団法人**です。

NPO（Non Profit Organization）**法人**は、特定非営利活動促進法に基づいて設立された公益法人です。

民法33条2項は、「その他の法人」を規定していますが、公益でも営利でもないことを目的とする法人等がこれにあたると解されています。

4 アパートを丸ごと売却 家賃は誰が取得する？

法定果実の帰属

学生さん向けの賃貸アパート。まだ学生さんに貸しているんだけど、古くなったんで丸ごと売ったんだ

えっ！ その場合、家賃って誰がもらえるの？

家賃はどう配分する？

大家さんが学生に貸しているアパートを丸ごと売却しました。学生さんは借り続けています。家賃の配分について売買契約の当事者が特に決めていなかった場合、どのように処理すべきでしょうか。

問題のツボ～家賃の帰属

アパートの所有権は売買契約によって売主から買主に移転します。でも家賃の支払日は、アパートの売主である賃貸人と賃借人である学生との間で決められていたわけで、学生はその支払日に支払えばよいわけです。

アパートの売買契約があった場合、売主の賃貸人としての地位は買主に移転すると解されますが、アパートの売主と買主との間で学生の家賃をどのように処理するか、つまりどちらがいくら取得することになるかについては、常識的に考えて日割り計算して処理するのが合理的なようですが、法律的にはどのように考えるのでしょうか。

▼家賃はどう配分する？

問題解決のコツ

物の使用の対価として受けるべき金銭その他の物を**法定果実**といいます（民法88条2項）。これに対して、物の用法に従って収取する産出物を**天然果実**といいます（民法88条1項）。果実を生む物は**元物**といいます。

果実を取得できる者について、天然果実は、その天然果実が元物から分離するときにこれを収取する権利を有する者に帰属します（民法89条1項）。これに対して、法定果実は、これを収取する権利の存続期間に応じて日割りにより取得します（民法89条2項）。

学生に貸しているアパートの家賃は、アパートという物の使用の対価として受けるべき金銭ですから、法定果実です。法定果実は、収取する権利の存続期間に応じて日割りにより取得しますから、アパートの売買があった場合には、売主と買主との賃貸人としての地位の帰属期間に従って家賃を日割計算してそれぞれの取得を決めることになります。

条文

民法85条　（定義）

この法律において「物」とは、有体物をいう。

民法86条　（不動産及び動産）

1　土地及びその定着物は、不動産とする。

2　不動産以外の物は、すべて動産とする。

民法87条　（主物及び従物）

1　物の所有者が、その物の常用に供するため、自己の所有に属する他の物をこれに附属させたときは、その附属させた物を従物とする。

2　従物は、主物の処分に従う。

民法88条　（天然果実及び法定果実）

1　物の用法に従い収取する産出物を天然果実とする。

2　物の使用の対価として受けるべき金銭その他の物を法定果実とする。

民法89条　（果実の帰属）

1　天然果実は、その元物から分離する時に、これを収取する権利を有する者に帰属する。

2　法定果実は、これを収取する権利の存続期間に応じて、日割計算によりこれを取得する。

5 （口では）あげる。（本心は）あげない。どうなる？
心裡留保

A君が1万円の商品券を5枚あげるっていうから、喜んでもらったんだけど、1か月後にあったとき、『本当はあげるつもりはなかったんだ』というの…

それならA君ははじめからあげなければいいじゃない。変な人…

本当はあげる気はないのにあげると言った　これって有効？　無効？

　A君とBさんとの間では1万円の商品券5枚の贈与契約（民法549条）が有効か無効かが問題になります。

　A君は本心では贈与する意思はないのに口では**贈与**の申込みをしました。Bさんはただで商品券がもらえるのですから、喜んで承諾しました。

　A君の本心は贈与する意思がなかったのですから贈与契約は無効になるのでしょうか。それともA君はあげると言っていて、Bさんもその言葉を信じたのですから、贈与契約は有効なのでしょうか。

▼贈与は有効？

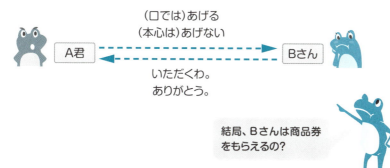

問題のツボ～心裡留保の効力

表意者が真意ではない意思を表示することを**心裡留保**といいます。

A君の真意はあげるつもりはなかったのですが、口ではあげるといい、外形上は贈与の意思を表示しているので、A君には心裡留保がありました。

心裡留保があっても意思表示は有効であるとされています（民法93条1項本文）。真意ではないことを自ら知っている表意者を保護する必要はありませんし、真意であると信じた相手方は保護されるべきだからです。ただし、相手方が表意者の真意を知り（悪意）、又は表意者の真意を知ることができたとき（有過失）は、意思表示は無効になります（民法93条1項ただし書）。この場合には相手方を保護する必要がないからです。

問題解決のコツ

Bさんは A君の真意を知らず、又知らなかったことに過失がなかったと思われますから、1万円の商品券5枚の贈与契約は有効です。

判例は、代理人が権限を濫用した場合に民法93条ただし書の規定を類推適用していました。

代理は、代理人がその権限内において本人のためにすることを示してした意思表示は、本人に対して直接に効力を生ずるという制度です（民法99条）。

代理人が権限を濫用するというのは、例えば本人から本人が所有している土地を1000万円で売るように依頼されていた代理人が、1000万円で買うという人と本人のためにすることを示して売買契約をしようとする場合に、代理人が売買契約によって受け取る1000万円を本人に渡すのではなくて自分の借入金の弁済に使おうとするようなケースです。

このような代理人の権限濫用行為について判例は民法93条ただし書を類推適用していたのですが、民法107条が規定され、相手方が代理人の目的を知り、又は知ることができたときは、その行為は**無権代理行為**とみなされます。

> **条文**
>
> **民法93条　（心裡留保）**
> 1　意思表示は、表意者がその真意ではないことを知ってしたときであっても、そのためにその効力を妨げられない。
> ただし、相手方がその意思表示が表意者の真意ではないことを知り、又は知ることができたときは、その意思表示は、無効とする。
> 2　前項ただし書の規定による意思表示の無効は、善意の第三者に対抗することができない。
>
> **民法107条　（代理権の濫用）**
> 　代理人が自己又は第三者の利益を図る目的で代理権の範囲内の行為をした場合において、相手方がその目的を知り、又は知ることができたときは、その行為は、代理権を有しない者がした行為とみなす。

6 虚偽の売買！どうなる？どうする？
虚偽表示

Ｂさんから建物を買って後でわかったんだけど、その建物はＡさんが所有しているのに、Ａさんは強制執行を逃れるためにＢさんに頼んでＢさんに売ったかたちだけの登記をしたらしい

君はその建物の所有者になれるの？

建物の所有権を取得できるか？

　登記簿にＢさんがＡさんから建物を購入したことが記載されていてもＡさんとＢさんの間で真実は売買契約がなされてはいませんから、この**登記**は真実を反映した登記ではありません。従って、建物の所有権はＡさんからＢさんに移転してはいません。

　そうだとすると、Ｃさんは無権利者であるＢさんから建物を買ったことになり、Ｃさんは建物の所有権を取得できないはずです。

　でも、Ａさんは強制執行を免れるためにＢさんに頼んで登記簿上の所有名義をＢさんにしたのであって、Ａさんには責められるべき点がありますね。

　これに対して、Ｃさんは、Ｂさんが所有者であると信じ、又登記簿上もＢさんに所有権があると記載されていてＣさんは登記簿の記載を信じたのですから、Ｃさんが保護されないのは腑に落ちません。

▼Cさんは所有権を取得するか？

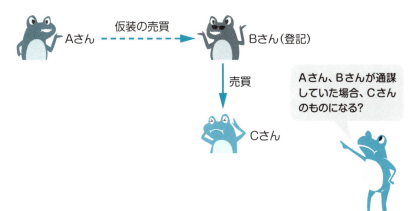

問題のツボ〜虚偽表示と第三者

　CさんがBさんから建物を買うに際して、Bさんがこの建物は私のものですから安心してくださいなどと真実に反することを告げていたような場合には、Cさんは**詐欺**を理由にBさんとの売買契約を取り消すことも考えられます（民法96条1項）。

　しかし、取消しの効果は売買契約を初めから無効にすることであり（民法121条）、CさんはBさんに支払った売買代金を返してもらうことはできますが、建物の所有権を取得することはできません。Cさんは登記簿も調べてBさんが所有しているものと信じて買ったのに、Aさんは強制執行を逃れるために真実に反する登記を作出しています。AさんとCさんのバランスを考えると、Aさんには責められても仕方がない点があるのに対してCさんは保護されるべきでしょうか。

問題解決のコツ

　Cさんが建物の所有権を所得する手立てとしては、虚偽表示の主張が考えられます（民法94条）。

　虚偽表示とは、相手方と通じてなした真実に反する意思表示のことです。虚偽表示の効力については、当事者間では、真実に反することの効力を認める必要はありませんから**無効**です（民法94条1項）。

　しかし、第三者にとっては虚偽であるとは思わずに取引をすることもあり、そのような善意の第三者は保護する必要があり、また、虚偽表示を行った人には責められ

ても仕方がない点があるので、虚偽表示による無効は、**善意の第三者**に対抗することができないとされています（民法94条2項）。

　Aさんは強制執行を免れるために真実に反してBさん名義の所有権登記をなしていたのであり、Cさんは虚偽表示とは知らずBさんが所有しているものと信じて購入したのであれば、Cさんは善意の第三者にあたり民法94条2項によりCさんは建物の所有権を取得することになります。

　CさんがA・B間の虚偽表示を知っていた場合には、Cさんは善意の第三者ではありませんから民法94条2項は適用されず、Cさんは無権利者であるBさんから買ったことになり、建物の所有権を主張することはできません。

用語の解説

不動産の登記：不動産の表示及び不動産に関する権利を公示するための記録。
登記簿：登記記録が記録されている帳簿。
善意：知らないこと。
悪意：知っていること。
第三者：当事者以外の人のこと。

条文

民法94条　（虚偽表示）
　1　相手方と通じてした虚偽の意思表示は、無効とする。
　2　前項の規定による意思表示の無効は、善意の第三者に対抗することができない。

民法96条　（詐欺又は強迫）
　1　詐欺又は強迫による意思表示は、取り消すことができる。
　2　相手方に対する意思表示について第三者が詐欺を行った場合においては、相手方がその事実を知り、又は知ることができたときに限り、その意思表示を取り消すことができる。
　3　前2項の規定による詐欺による意思表示の取消しは、善意でかつ過失がない第三者に対抗することができない。

7 財産分与したら税金が！財産分与を取り消したい

錯誤

A男さんは、B子さんと協議離婚することになったんだけど、A男さんが持っている複数の土地や建物をB子さんに財産分与することをB子さんと合意したんだって。ところが、後でA男さんにはこの財産分与によって2億円の税金が課税されることを知ったんだって……

A男さんはその財産分与の合意を取り消せないの？

財産分与の合意をしたが多額の税金が！ 財産分与を取り消せないか？

　A男さんとB子さんは、A男さんの女性関係が原因で協議離婚することにしましたが、離婚するに際してA男さんはB子さんに土地や建物を財産分与することを合意しました（民法768条1項）。**財産分与**は、離婚に際して夫婦間の財産を清算したり、離婚に伴う精神的な苦痛を賠償したり（離婚慰謝料）、離婚後の経済的弱者を扶養する意味などがある給付です。A男さんは、財産分与によって土地や建物をB子さんに譲渡することにしました。

　ところが、あとでA男さんは財産分与すると自分に2億円もの譲渡所得税（所得税法33条1項参照）が課税されることを知りました。

　A男さんは、もしも自分に税金が課税されることを知っていたらB子さんへの財産分与に合意することはありませんでした。

　A男さんは、B子さんとの財産分与の合意は錯誤によって取り消せないのでしょうか？

▼取り消せるのか？

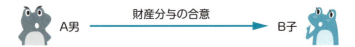

問題のツボ〜動機の錯誤

錯誤とは、平たくいえば勘違いであり、真意と表示にズレがある場合です。

民法は、錯誤を2類型に分けています。①意思表示に対応する意思を欠く錯誤（**表示の錯誤**）と、②表意者が法律行為の基礎とした事情についてのその認識が真実に反する錯誤（**動機の錯誤**）です（民法95条1項）。

そして、その錯誤が法律行為の目的及び取引上の社会通念に照らして重要なものであるときには、錯誤に基づく意思表示は取り消すことができます（民法95条1項）。

ただし、動機の錯誤については、法律行為の基礎とした事情が法律行為の基礎とされていることが表示されていたときに限って、動機の錯誤に基づく意思表示を取り消すことができます（民法95条2項）。

A男さんはB子さんに財産分与をしても譲渡所得税はかからないと考えていたので、財産分与をしても譲渡所得税はかからないという事情がB子さんに対して表示されていなければ、財産分与に関する意思表示を取り消すことはできません。

問題解決のコツ

錯誤が表意者の重大な過失による場合には、その錯誤に基づく意思表示を取り消すことはできません。

ただし、①相手方が表意者に錯誤があることを知り、又は重大な過失によって知らなかったとき、あるいは、②相手方が表意者と同一の錯誤に陥っていたときには、錯誤が表意者の重大な過失による場合にも取り消すことができます（民法95条3項）。

また、錯誤に基づく意思表示の取消しは、善意かつ無過失の第三者には対抗することができません（民法95条4項）。

用語の解説

錯誤：真意と表示のずれ。
財産分与：離婚に際して、一方の当事者が他方の当事者に対して行う財産上の給付。

条文

民法95条　（錯誤）

1　意思表示は、次に掲げる錯誤に基づくものであって、その錯誤が法律行為の目的及び取引上の社会通念に照らして重要なものであるときは、取り消すことができる。
　1　意思表示に対応する意思を欠く錯誤
　2　表意者が法律行為の基礎とした事情についてのその認識が真実に反する錯誤
2　前項第2号の規定による意思表示の取消しは、その事情が法律行為の基礎とされていることが表示されていたときに限り、することができる。
3　錯誤が表意者の重大な過失によるものであった場合には、次に掲げる場合を除き、第1項の規定による意思表示の取消しをすることができない。
　1　相手方が表意者に錯誤があることを知り、又は重大な過失によって知らなかったとき。
　2　相手方が表意者と同一の錯誤に陥っていたとき。
4　第1項の規定による意思表示の取消しは、善意でかつ過失がない第三者に対抗することができない。

民法768条　（財産分与）

1　協議上の離婚をした者の一方は、相手方に対して財産の分与を請求することができる。
2　前項の規定による財産の分与について、当事者間に協議が調わないとき、又は協議をすることができないときは、当事者は、家庭裁判所に対して協議に代わる処分を請求することができる。ただし、離婚の時から2年を経過したときは、この限りでない。
3　前項の場合には、家庭裁判所は、当事者双方がその協力によって得た財産の額その他一切の事情を考慮して、分与をさせるべきかどうか並びに分与の額及び方法を定める。

8 家賃滞納者が行方不明 契約解除はできる？
意思表示の到達

 ビルの1階をラーメン屋さんに貸したんだけど、家賃を滞納したままどこかへ行ってしまったんだ

 契約を終わらせたほうがいいと思うけど、どうすれば……

どうすれば解除できる？

　店舗として使用する目的で貸したけど経営がうまくいかなかったのか賃借人が家賃を滞納したあげく、お店を放り投げてどこかへ行ってしまいました。大家さんとすれば家賃は入ってこないし、新たに貸そうにもお店を勝手にかたづけることもできないし、まずは賃貸借契約を解除して契約を終了させる必要があります。

　でも、相手の行方がわからないのに解除はできるのでしょうか？

▼解除したいが…

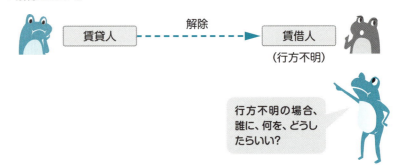

問題のツボ〜公示による意思表示

　賃貸借契約が成立すれば賃借人は賃貸人に賃料を支払う義務があります（民法601条）。この賃料支払義務は賃借人の最も基本的な義務ですから、賃料の滞納があ

れば、賃貸人は、賃借人の**債務不履行**を理由に賃貸借契約を解除することができます（民法541条、542条）。賃貸借契約が解除されれば、賃貸借契約は将来に向かって消滅します（民法620条）。

　解除は契約を終了する旨の意思表示ですが、意思表示は相手方に**到達**した時から効力を生じます（民法97条1項）。

　では、相手の行方がわからないときには、解除できないのでしょうか。

　このようなときには**公示による意思表示**が活用できます。

問題解決のコツ

　相手の行方がわからないときには、こちらが知っている相手の住所地に手紙を出したとしても相手方に到達することは難しいでしょう。でも、相手の事情によって解除の意思表示が到達できないというのは、解除しようとする人にとって酷ですし、公平でもありません。

　そこで、公示による意思表示が認められています（民法98条）。

　公示による意思表示は、表意者が相手方を知ることができないとき、又は、相手方は知っているけれどもその所在を知ることができないときに、認められています（民法98条1項）。

　公示による意思表示は、簡易裁判所に申し立てて行います。相手方を知ることができないときには、表意者の住所地の簡易裁判所に管轄があり、相手方の所在を知ることができないときには、相手方の最後の住所地の簡易裁判所に管轄があります（民法98条4項）。

　そして、簡易裁判所は、意思表示の内容を簡易裁判所の掲示場に掲示し、かつ、その掲示があったことを官報に少なくとも1回掲載します。ただし、簡易裁判所は、相当と認めるときには、官報への掲載に代えて市役所等の掲示場に掲示すべきことを命じることができます（民法98条2項）。

　このようにして行われる公示による意思表示は、最後に官報に掲載した日又はその掲載に代わる掲示を始めた日から2週間を経過した時に、相手方に到達したものとみなされます。ただし、表意者が相手方を知らないこと又はその所在を知らないことについて過失があったときには、到達の効力は生じません（民法98条3項）。

　ラーメン屋さんの行方がわからない場合には、相手方の所在を知ることができないとして、解除の意思表示をこの公示による意思表示によって行うことができます。

> **用語の解説**
>
> **解除**：契約を終了させる旨の意思表示。
> **到達**：相手方の了知しうるように、相手方の勢力範囲に入ること。
> **公示による意思表示**：相手方を知ることができないとき、又は相手方の所在を知ることができないときに、意思表示を到達させるために認められた公示による意思表示到達手段。

> **条文**
>
> **民法97条**（意思表示の効力発生時期等）
> 1 意思表示は、その通知が相手方に到達した時からその効力を生ずる。
> 2 相手方が正当な理由なく意思表示の通知が到達することを妨げたときは、その通知は、通常到達すべきであった時に到達したものとみなす。
> 3 意思表示は、表意者が通知を発した後に死亡し、意思能力を喪失し、又は行為能力の制限を受けたときであっても、そのためにその効力を妨げられない。
>
> **民法98条**（公示による意思表示）
> 1 意思表示は、表意者が相手方を知ることができず、又はその所在を知ることができないときは、公示の方法によってすることができる。
> 2 前項の公示は、公示送達に関する民事訴訟法（平成8年法律第109号）の規定に従い、裁判所の掲示場に掲示し、かつ、その掲示があったことを官報に少なくとも1回掲載して行う。ただし、裁判所は、相当と認めるときは、官報への掲載に代えて、市役所、区役所、町村役場又はこれらに準ずる施設の掲示場に掲示すべきことを命ずることができる。
> 3 公示による意思表示は、最後に官報に掲載した日又はその掲載に代わる掲示を始めた日から2週間を経過した時に、相手方に到達したものとみなす。ただし、表意者が相手方を知らないこと又はその所在を知らないことについて過失があったときは、到達の効力を生じない。
> 4 公示に関する手続は、相手方を知ることができない場合には表意者の住所地の、相手方の所在を知ることができない場合には相手方の最後の住所地の簡易裁判所の管轄に属する。
> 5 裁判所は、表意者に、公示に関する費用を予納させなければならない。

法律は"あてはめ"だ

　青信号に従って横断歩道を渡っていたら赤信号を無視して走ってきた自動車にはねられて大けがをした。歩行者と自動車の運転手はまったく知らない人同士でしたが、一方は**権利者**になり、他方は**義務者**になります。

　このような交通事故は、「故意又は過失によって他人の権利又は法律上保護される利益を侵害した者は、これによって生じた損害を賠償する責任を負う。」と規定する民法709条（**不法行為**）の適用が問題になります。

　民法709条を分析すると、①故意又は過失によって、②他人の権利又は法律上保護される利益を、③侵害した者は、④これによって、⑤生じた、⑥損害を、⑦賠償する責任を負う、となります。

　①から⑥までは、民法709条が適用されるための要件です。これを**法律要件**、あるいは単に**要件**といいます。そして、⑦は民法709条が適用された結果生じる効果です。これを**法律効果**、あるいは単に**効果**といいます。

　法律は、法律要件を充足すれば法律効果が発生するという構造になっていて、法律効果は権利が発生し、又は義務が生じるという内容になっています。

　民法709条の要件を充足すれば、法律効果として不法行為者には損害賠償義務が生じ、被害者には損害賠償請求権が生じます。

　そして、世の中に生じた事実を法律要件にあてはめてゆき、あてはめられたならば、その法律効果が発生して、問題を解決してゆくのです。

　このように、法律は法律要件と効果を定めて問題を解決するというシステムになっていて、法律要件と効果の中身を吟味するうえで解釈という作業が必要になり、**判例**や**学説**が機能します。

　法律の条文の中には抽象的な文言から構成されている条文があります。

　例えば、民法1条2項は、「権利の行使及び義務の履行は、信義に従い誠実に行なわなければならない。」（**信義誠実の原則**、略して**信義則**）と規定し、同条3項は、「権利の濫用は、これを許さない。」（**権利濫用の禁止**）と規定しています。

　また、民法90条は、「公の秩序又は善良の風俗に反する法律行為は、無効とする。」（**公序良俗違反**）と規定しています。

　これらは具体的な場面において具体化される規定であり、一般条項といわれています。

9 貸した絵画を無断で売却された！ 取り戻せる？

無権代理と表見代理

美術館に絵画を貸し出すことの代理を画商にお願いしたら、画商が私に無断でその絵画を売ってしまった

その絵画、買主がまだ持っているみたいだから早く取り戻さないと……

絵画を取り戻したいが……

　Aさんは絵画を美術館に貸し出す契約を画商を代理人にして行うことにしました。
　ところが、その画商がその絵画をAさんの代理人としてBさんに売ってしまった場合、その絵画がBさんの手元にあるとき、AさんはBさんからその絵画を取り戻すことができるでしょうか？

▼貸し出す権限しか与えなかったのに売却してしまった！

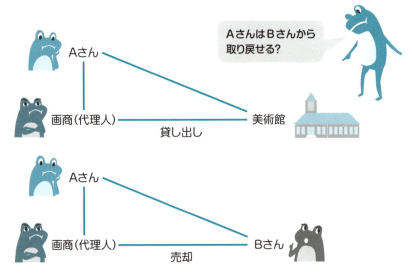

問題のツボ～無権代理と表見代理

　Aさんとしたら画商には美術館に絵画を貸し出す権限しか与えておらず売却する権限など与えていないので、画商に裏切られた気持ちです。かたやBさんとすれば画商から買ってお金も払ったのですから、絵画は自分のものだと考えるでしょう。絵画の所有権はAさんのもとにとどまるのでしょうか。それともBさんに移転するのでしょうか。

問題解決のコツ

　画商がAさんから与えられていた権限は、Aさんの代理人として絵画を美術館に貸し出すことです。画商はAさんの代理人として絵画を売却する権限までは与えられていませんでした。従って、画商がAさんの代理人として絵画をBさんに売却した行為は、**無権代理**です。そこで、Aさんは、**追認**をしない限り売買の効力が自己に生じないとして、Bさんに対して絵画を返すように主張することができます（民法113条1項）。

　これに対して、Bさんは、Aさんが追認しない間は、売買契約を取り消すことができます。ただし、売買契約時に画商が売却の代理権を有しないことを知っていたときは、この限りではありません（民法115条）。

　また、BさんはAさんに対して相当の期間を定めてその期間内に追認するかどうかを確答すべき旨の催告をすることができ、その期間内にAさんが確答をしないときにはAさんは追認を拒絶したとみなされます（民法114条）。

　また、Aさんは画商に絵画を美術館に貸し出す権限を与えていたところ、画商はこの権限を越えて売却してしまったわけで、Bさんが画商は売却する権限があると信じ、そう信じる正当な理由があったときには、民法110条の**表見代理**が成立します。その場合には、結局絵画の売買契約の効力がAさんに及ぶことになり、絵画の所有権はBさんに移転しますからAさんはBさんから絵画を取り戻すことができなくなります。

47

用語の解説

代理人：本人のために意思表示をし、又は、相手方から意思表示を受けることに
よって、その法律効果が本人に帰属する権限を有する者（民法99条）。
使者：本人の決定した意思を表示し、又は伝達する者。
無権代理：本人のためにすることを示して行った代理行為において、代理人に
代理権がないこと。
表見代理：無権代理において一定の場合に法律効果が本人に帰属する事象のこ
と（民法109条、110条、112条）。

条文

民法99条 （代理行為の要件及び効果）

1 代理人がその権限内において本人のためにすることを示してした意思表示
は、本人に対して直接にその効力を生ずる。

2 前項の規定は、第三者が代理人に対してした意思表示について準用する。

民法110条 （権限外の行為の表見代理）

前条第1項本文の規定は、代理人がその権限外の行為をした場合において、
第三者が代理人の権限があると信ずべき正当な理由があるときについて準
用する。

民法113条 （無権代理）

1 代理権を有しない者が他人の代理人としてした契約は、本人がその追認を
しなければ、本人に対してその効力を生じない。

2 追認又はその拒絶は、相手方に対してしなければ、その相手方に対抗するこ
とができない。ただし、相手方がその事実を知ったときは、この限りでない。

民法114条 （無権代理の相手方の催告権）

前条の場合において、相手方は、本人に対し、相当の期間を定めて、その期
間内に追認をするかどうかを確答すべき旨の催告をすることができる。この
場合において、本人がその期間内に確答をしないときは、追認を拒絶したも
のとみなす。

民法115条 （無権代理の相手方の取消権）

代理権を有しない者がした契約は、本人が追認をしない間は、相手方が取り
消すことができる。ただし、契約の時において代理権を有しないことを相手
方が知っていたときは、この限りでない。

10 総代になったら ヨーロッパ旅行
条件

大学合格おめでとう。卒業するときに総代になったらヨーロッパ旅行をプレゼントするよ

お父さんほんと？　頑張るわ

総代になったらヨーロッパ旅行のプレゼント

　大学を卒業するときに卒業生の総代になることは実現が不可能ではありません。不可能ではありませんが、お嬢さんは一生懸命勉強して卒業生の中で模範になるような人になっていなければなりませんね。そうすればお父さんからヨーロッパ旅行をプレゼントしてもらえます。

　お父さんがお嬢さんにヨーロッパ旅行のプレゼントを約束することは口頭でも成立する契約です。ただし、条件が付いています。お嬢さんがヨーロッパに行くためには大学を卒業するときに総代にならなければなりません。

問題のツボ〜条件

　お嬢さんはただでヨーロッパ旅行をプレゼントしてもらうわけですから、お父さんとの約束は**贈与契約**です（民法549条）。書面によらない贈与は解除することができますが（民法550条）、もしお父さんが解除したら一生お嬢さんにうらまれるでしょうね。

　通常の贈与契約と違うのは、「総代になれば」という**条件**が付いていることです。お父さんは、条件を付けてお嬢さんが勉強をはじめ充実した大学生活をおくることを期待しているのでしょう。

　条件とはどういうことでしょうか。また、条件にはどのようなものがあるのでしょうか。

49

問題解決のコツ

条件とは、法律行為の効力の発生又は消滅を、発生するか否か不確実な事実にかからせる、法律行為の付款です。条件には、条件が成就したら法律効果が発生するという条件（**停止条件**）と、条件が成就したら法律効果が消滅するという条件（**解除条件**）があります。

停止条件が付けられた法律行為は、条件が成就した時から効力が生じ、解除条件が付けられた法律行為は、条件が成就した時から効力を失います（民法127条）。

お嬢さんが総代になることは停止条件ですから、その場合にはお父さんはお嬢さんにヨーロッパ旅行をプレゼントしなければなりません。

▼総代になったらヨーロッパ旅行

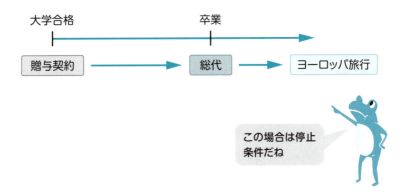

この場合は停止条件だね

用語の解説

条件：法律行為の効力の発生又は消滅を、発生するか否か不確実な事実にかからせる、法律行為の付款。
期限：法律行為の効力の発生、消滅又は債務の履行を、将来発生することが確実な事実の発生までのばす、法律行為の付款。

条文

民法127条　（条件が成就した場合の効果）
1　停止条件付法律行為は、停止条件が成就した時からその効力を生ずる。
2　解除条件付法律行為は、解除条件が成就した時からその効力を失う。
3　当事者が条件が成就した場合の効果をその成就した時以前にさかのぼらせる意思を表示したときは、その意思に従う。

11 分割払いを怠ったらどうなるの？
期限

Aさんから100万円を借りたんだけど、一度には返せないので毎月5万円を20回支払う示談をしたんだけど…

その示談では遅滞額が10万円に達したら残金を一度に支払わなければならないのでしょ？

分割払いを怠ったらどうなるのか？

　Bさんは、Aさんから100万円を借りたのですが、一度に100万円を返すことができません。

　そこで、Bさんは、Aさんに頼み込んで100万円を分割して支払うことをお願いして、毎月末日までに5万円ずつ20回に分けて支払うことを提案しました。

　Aさんはしぶしぶこの提案を受け入れてくれたのですが、遅滞額が10万円に達した場合には、残金を一括して支払うように言ってきました。

　Aさんの申出はどういうことなのでしょうか？

問題のツボ〜期限

　まず、Bさんが100万円を毎月末日までに5万円ずつ20回に分けて支払うということは、法律的にはどういうことなのでしょうか？

　これは貸金の返還債務という債務を将来発生することが確実な事実の発生までのばすということであり、**期限**です。毎月末日というのは将来発生することが確実な事実です。

　Bさんは、本来ならばすぐに返さなければならないところを期限を付することによって支払いの猶予を求めたわけです。このように期限は債務者の利益のために定めたものと推定されます（民法136条1項）。

問題解決のコツ

　Aさんは遅滞額が10万円に達した場合には、残金を一括して支払うように言ってきました。

　これはどういうことかというと、例えば、Bさんが1月目と3月目はそれぞれ5万円を支払ったけれども、2月目と4月目にはいずれも1円も支払わなかった場合には、遅滞した金額が合計で10万円に達したので、Bさんは期限の利益を喪失するということです。この場合Bさんは残金の90万円を直ちに支払わなければなりません。

用語の解説

期限：法律行為の効力の発生、消滅又は債務の履行を、将来発生することが確実
　　　な事実の発生までのばす、法律行為の付款。
確定期限：期限のうち、いつ到来するか確実なもの。
不確定期限：期限のうち、いつ到来するか不明なもの。
始期：期限のうち、法律行為の効力の発生又は債務の履行の時期に関するもの。
終期：期限のうち、法律行為の効力の消滅に関するもの。
期限の利益：期限が付いていることによって、その間に当事者が受ける利益。

条文

民法136条　（期限の利益及びその放棄）
1　期限は、債務者の利益のために定めたものと推定する。
2　期限の利益は、放棄することができる。ただし、これによって相手方の利益
　を害することはできない。

12 ヨットを2年間貸した いつ返してもらえるの？
期間の計算

閏年の2月29日に友達にヨットを2年間貸すことにしたんだけど、いつ返してもらえるんだろう？

2年後には2月29日はないしね。どうなるんだろう

2年間っていつからいつまで？

友人に2年間ヨットを貸すことにしました。友人同士なので契約書は作らず、2月29日に口頭で2年間貸すことに合意して、この日にヨットも渡しました。

でも、2年間って具体的にはいつからいつまでなのでしょうか？

翌々年には2月29日はないし……

▼2年間っていつからいつまで？

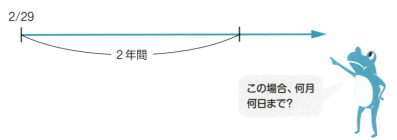

問題のツボ〜期間の計算方法

私たちは時間の中で生活しています。朝日が出て起き上がり、顔を洗って朝ご飯を食べて、昼は仕事をして、夜に帰ってきて夕食をとって寝る。地球が1回自転して1日とカウントします。

法律では期間はどうなっているのでしょうか。期間の定め方にはルールがあります。

53

問題解決のコツ

　日、週、月、年によって期間を定めたときには、原則として、初日は算入しません（**初日不算入の原則**）。例外として、その期間が午前零時から始まるときには、初日を算入します（民法140条）。従って、2月29日にヨットを2年間貸すという場合、2年間は3月1日から数えることになります。

　では、2年間の最後の日はいつになるかというと、2年間の末日をもって2年間は満了し（民法141条）、2年間は暦に従って計算しますから（民法143条）、末日は翌々年の2月28日になります。ただし、その末日が、日曜日あるいは国民の祝日に関する法律に規定する休日その他の休日にあたり、その日に取引をしない慣習があるときには、期間はその翌日に満了します（民法142条）。

　従って、友人は3月1日から翌々年の2月28日までヨットを借りることができます。

用語の解説

期間：時間の流れ。

条文

民法140条
　日、週、月又は年によって期間を定めたときは、期間の初日は、算入しない。ただし、その期間が午前零時から始まるときは、この限りでない。

民法141条　（期間の満了）
　前条の場合には、期間は、その末日の終了をもって満了する。

民法142条
　期間の末日が日曜日、国民の祝日に関する法律（昭和23年法律第178号）に規定する休日その他の休日に当たるときは、その日に取引をしない慣習がある場合に限り、期間は、その翌日に満了する。

民法143条　（暦による期間の計算）
1　週、月又は年によって期間を定めたときは、その期間は、暦に従って計算する。
2　週、月又は年の初めから期間を起算しないときは、その期間は、最後の週、月又は年においてその起算日に応当する日の前日に満了する。ただし、月又は年によって期間を定めた場合において、最後の月に応当する日がないときは、その月の末日に満了する。

13 お金を貸したら相手が行方不明に!?
消滅時効

お金を貸した相手が行方不明になっちゃった……

大変！　お金を返してもらえないかも！　こんなときはどうしたらいいんだろう？

早く手を打たないと、お金は戻ってこなくなる？

お金を貸したのに相手がどこかへ行ってしまった。逃げたのか、事故にあって死亡したのか、とにかく連絡が取れない。興信所に頼んで居場所を探すにも費用がかかる。

そうこうしているうちにどんどん日は過ぎてゆく。このまま何もしないと権利はなくなってしまうのか。とにかく何とかしなくては……

問題のツボ〜時効の完成猶予

債権は、権利を行使することができる時から10年間行使しないと消滅時効が完成して、権利が消滅してしまいます。また、債権者が権利を行使することができることを知った時から5年間権利を行使しないと権利は消滅します（民法166条1項）。

債務者が行方不明になってしまい連絡がつかない場合でも時効期間は進行してしまいます。債権者としては何もしないで手をこまねいていては権利が消滅してしまいます。消滅時効の完成を阻止する手立てをとらなければなりませんが、その方法が**時効の完成猶予**です。

▼債権の消滅時効期間（民法166条1項）

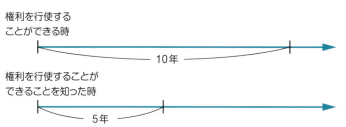

問題解決のコツ

　時効の完成猶予とは、時効が完成すべき時が到来しても時効の完成が猶予されるということであり、猶予事由が発生しても時効期間の進行は止まりません。

　これに対して**時効の更新**とは、更新事由の発生によって進行していた時効期間の経過が無意味になり、新たにゼロから時効期間が進行を始めるということです。民法152条は更新事由として承認を規定していますが、権利の承認があったときには、時効はその時から新たに進行を始めます（民法152条1項）。

　民法147条1項1号は時効の完成猶予事由の一つとして裁判上の請求を規定していますが、訴訟を提起するとその訴訟が終了するまで時効の完成は猶予され（民法147条1項）、例えば確定判決によって権利が確定した場合には、時効は判決が確定した時から新たに進行を始めます（民法147条2項）。

　行方不明の債務者に対して消滅時効の完成を猶予するためには、訴訟を提起するのが得策でしょう。

用語の解説

時効：一定の事実状態が継続する場合に、その事実状態が真実の権利関係と一致するか否かを問わず、権利関係として認める制度。
消滅時効：権利の消滅を認める時効。
取得時効：権利の取得を認める時効。
時効の完成猶予：時効が完成すべき時が到来しても時効の完成が猶予されるということ。
時効の更新：更新事由の発生によって進行していた時効期間の経過が無意味になり、新たにゼロから時効期間が進行を始めるということ。

条文

民法147条 （裁判上の請求等による時効の完成猶予及び更新）

1 次に掲げる事由がある場合には、その事由が終了する（確定判決又は確定判決と同一の効力を有するものによって権利が確定することなくその事由が終了した場合にあっては、その終了の時から6箇月を経過する）までの間は、時効は、完成しない。
　1 裁判上の請求
　2 支払督促
　3 民事訴訟法第275条第1項の和解又は民事調停法（昭和26年法律第222号）若しくは家事事件手続法（平成23年法律第52号）による調停
　4 破産手続参加、再生手続参加又は更生手続参加
2 前項の場合において、確定判決又は確定判決と同一の効力を有するものによって権利が確定したときは、時効は、同項各号に掲げる事由が終了した時から新たにその進行を始める。

民法166条 （債権等の消滅時効）

1 債権は、次に掲げる場合には、時効によって消滅する。
　1 債権者が権利を行使することができることを知った時から5年間行使しないとき。
　2 権利を行使することができる時から10年間行使しないとき。
2 債権又は所有権以外の財産権は、権利を行使することができる時から20年間行使しないときは、時効によって消滅する。
3 前2項の規定は、始期付権利又は停止条件付権利の目的物を占有する第三者のために、その占有の開始の時から取得時効が進行することを妨げない。ただし、権利者は、その時効を更新するため、いつでも占有者の承認を求めることができる。

コラム 民法の条文の構造

●条文の構造

- 見出し、本文、ただし書(ただしがき)、項

  例：民法5条 （未成年者の法律行為）——見出し

  項 ┌ 1 未成年者が法律行為をするには、その法定代理人の同意を得なければならない。ただし、単に権利を得、又は義務を免れる法律行為については、この限りでない。——ただし書

  （本文：「未成年者が法律行為をするには、その法定代理人の同意を得なければならない。」）

  　　2 前項の規定に反する法律行為は、取り消すことができる。

  　└ 3 第1項の規定にかかわらず、法定代理人が目的を定めて処分を許した財産は、その目的の範囲内において、未成年者が自由に処分することができる。目的を定めないで処分を許した財産を処分するときも、同様とする。

- 号

  例：民法111条1項（代理権の消滅事由）

  　代理権は、次に掲げる事由によって消滅する。

  号 ┌ 1 本人の死亡
  　└ 2 代理人の死亡又は代理人が破産手続開始の決定若しくは後見開始の審判を受けたこと。

●条文は、条文の構造を意識して読む

　例えば、民法7条は「精神上の障害により事理を弁識する能力を欠く常況にある者については、家庭裁判所は、本人、配偶者、4親等内の親族、未成年後見人、未成年後見監督人、保佐人、保佐監督人、補助人、補助監督人又は検察官の請求により、後見開始の審判をすることができる。」と規定しています。

　これは、①精神上の障害により事理を弁識する能力を欠く常況にある者について、②家庭裁判所は、③本人などの請求により、④後見開始の審判をすることができる、という構造になっています。これを書きかえれば、家庭裁判所は、本人などの請求により、精神上の障害により事理を弁識する能力を欠く常況にある者について、後見開始の審判をすることができる、ということになり、理解しやすくなります。

第2章 人の手を借りずに支配を及ぼす
~物権~

1 個人タクシーを盗まれた！被害者は何ができる？

物権的請求権など

個人タクシー業のAさんはタクシーを盗まれてしまったんだけど、どうやら無職のBがそのタクシーを盗んでそのタクシーで人を乗せてお金を取っているらしいよ

Aさんは何ができるのかな？

個人タクシーを盗んで勝手に営業　被害者は何を請求できるか

　Aさんは個人タクシーを営んでいますが、ある日商売道具のタクシーを盗まれてしまいました。早くタクシーを取り戻さないと商売あがったりです。

　どうやらBという人物がそのタクシーを盗んで人を乗せて料金も取っているようです。

　とんでもないことをされたAさんは怒り心頭ですが、Aさんは何ができるでしょうか。

　刑事的にはBを窃盗罪（刑法235条）の容疑で告訴することができますが（刑事訴訟法230条）、民事的にはどうでしょうか。

▼タクシーを盗まれた被害者は何を請求できる？

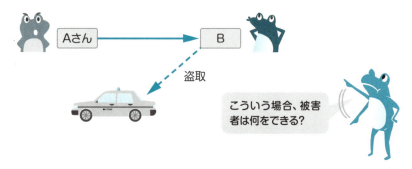

問題のツボ～物権的請求権と占有の訴え

　Aさんはタクシーの所有者です。**所有権**は、法令の制限内において、自由にその所有物の使用、収益、及び処分をすることができる物権です（民法206条）。Bにそのタクシーを盗まれたことにより、Aさんはタクシーを使用することができなくなり、タクシーにお客さんを乗せて料金をいただくという収益を得ることができなくなり、また処分することもできなくなりました。つまり、所有権を侵害されました。

　また、Aさんは、自己のためにする意思をもってタクシーを所持していたので、タクシーに対して**占有権**を有していました（民法180条）。Bにそのタクシーを盗まれたことにより、Aさんは占有権も侵害されました。

　このような侵害に対して、Aさんは、タクシーの所有権に基づいて、また、タクシーの占有権に基づいて、Bに対してどんなことを請求できるでしょうか。

問題解決のコツ

　まず、所有権侵害の観点からは、Aさんは、Bに対して所有権に基づいてタクシーの返還を請求することができます。これは物権的請求権のなかの物権的返還請求権です。**物権的請求権**には、物権が侵奪された場合にその目的物の返還を請求できる**物権的返還請求権**、物権が妨害されたときにその妨害の排除を請求できる**物権的妨害排除請求権**、物権が妨害されるおそれがあるときに妨害の予防を請求できる**物権的妨害予防請求権**があります。

　物権的請求権についてはこれを認める規定は民法にはないのですが、物に対する直接的排他的支配権である物権の円満な状態が侵害されたり侵害されるおそれがある場合には元の円満な状態に回復されるべきであり、また、占有権の侵害については占有の訴えが認められているのですから（民法197条）、所有権などの**本権**についても占有の訴えに対応する請求権が認められるべきであるとして、物権的請求権が認められています。

　また、Bは故意にAさんの所有権を侵害し、Aさんに損害を被らせているので、Aさんは、Bに対して不法行為を理由に損害賠償を請求することができます（民法709条）。この場合の損害としては、個人タクシー業の売上額から経費を差し引いた利益等が考えられます。Aさんはタクシーが手元にあればお客さんを乗せて料金を得ることができたからです。

　また、BはAさんのタクシーを使用して人を乗せて料金を取っていたのですから、法律上の原因なくして他人の財物によって利益を受け、そのためにAさんは損失を

受けていますから、人を乗せて得た料金は**不当利得**になります。従って、Aさんは、Bに対してその料金を不当利得として返還を請求することができます（民法704条）。

　次に、占有権侵害の観点からは、AさんはBに占有を奪われたので、占有回収の訴えによりタクシーの返還と損害賠償を請求することができます（民法200条）。ただし、**占有回収の訴え**は、占有を奪われた時から1年以内に提起する必要があります（民法201条3項）。

　占有者は占有権を侵害されたときには、占有の訴えを提起することができます（民法197条）。**占有の訴え**には、占有を奪われたときに認められる**占有回収の訴え**（民法200条）、占有を妨害されたときに認められる**占有保持の訴え**（民法198条）、占有を妨害されるおそれがあるときに認められる**占有保全の訴え**（民法199条）があります。

用語の解説

物権的請求権：物権の円満な状態が侵害されたり侵害されるおそれがある場合に、もとの円満な状態に回復することや妨害の予防を請求することができる権利。

占有権：自己のためにする意思をもって物を所持することによって成立する物権。

占有の訴え：占有を奪われたり、妨害されたり、妨害されるおそれがある場合に、占有の返還、妨害の停止、妨害の予防等を請求する訴え。

本権：所有権や賃借権などのように占有することを正当化する権利。

条文

民法180条　（占有権の取得）
　　占有権は、自己のためにする意思をもって物を所持することによって取得する。

民法197条　（占有の訴え）
　　占有者は、次条から第202条までの規定に従い、占有の訴えを提起することができる。他人のために占有をする者も、同様とする。

民法198条　（占有保持の訴え）
　　占有者がその占有を妨害されたときは、占有保持の訴えにより、その妨害の停止及び損害の賠償を請求することができる。

民法199条　（占有保全の訴え）
　　占有者がその占有を妨害されるおそれがあるときは、占有保全の訴えにより、その妨害の予防又は損害賠償の担保を請求することができる。

民法200条 （占有回収の訴え）

1 占有者がその占有を奪われたときは、占有回収の訴えにより、その物の返還及び損害の賠償を請求することができる。

2 占有回収の訴えは、占有を侵奪した者の特定承継人に対して提起することができない。ただし、その承継人が侵奪の事実を知っていたときは、この限りでない。

民法201条 （占有の訴えの提起期間）

1 占有保持の訴えは、妨害の存する間又はその消滅した後1年以内に提起しなければならない。ただし、工事により占有物に損害を生じた場合において、その工事に着手した時から1年を経過し、又はその工事が完成したときは、これを提起することができない。

2 占有保全の訴えは、妨害の危険の存する間は、提起することができる。この場合において、工事により占有物に損害を生ずるおそれがあるときは、前項ただし書の規定を準用する。

3 占有回収の訴えは、占有を奪われた時から1年以内に提起しなければならない。

民法703条 （不当利得の返還義務）

法律上の原因なく他人の財産又は労務によって利益を受け、そのために他人に損失を及ぼした者（以下この章において「受益者」という。）は、その利益の存する限度において、これを返還する義務を負う。

民法704条 （悪意の受益者の返還義務等）

悪意の受益者は、その受けた利益に利息を付して返還しなければならない。この場合において、なお損害があるときは、その賠償の責任を負う。

民法709条 （不法行為による損害賠償）

故意又は過失によって他人の権利又は法律上保護される利益を侵害した者は、これによって生じた損害を賠償する責任を負う。

物権変動の要件（物権的側面と債権的側面）

　物権の設定および移転は、当事者の意思表示のみによって、その効力を生じます（民法176条）。抵当権を設定したり、所有権を移転するのに、目的物を引き渡したり、登記を備える必要はありません。登記は第三者に対する対抗要件です（民法177条）。

　このように当事者の意思表示のみによって物権の設定や移転の効力が生じる主義を**意思主義**といいます。これに対して、物権の設定や移転に当事者の合意のほか目的物の引渡しや登記などを必要とする主義を**形式主義**といいます。

　また、物権の設定や移転を目的する行為を**物権行為**とし、債権や債務を発生させる行為を**債権行為**として、対置してとらえることがあります。

　例えば、Aが所有する不動産をBに売買する場合、AB間にはどのような法律関係が生じるでしょうか。

　売買は契約ですから債権や債務を発生させる債権行為です。売主Aには目的物である不動産を買主Bに引き渡す債務が生じ、買主Bには代金を売主Aに支払う債務が生じます（民法555条）。また、BはAから不動産を買ったのですから、不動産の所有権はAからBに移転します。この所有権の移転という行為は物権行為です。

　ただ、売買という債権行為があればそのほかに所有権の移転を目的とする物権行為をしなくとも所有権は売主から買主に移転すると一般に考えられています。

　このことを、債権行為があれば当然に物権行為があったとみて物権変動も生じると考え、**物権行為の独自性を否定**するといいます。

　このように当事者間で契約やその他の合意があった場合、どのような債権や債務が発生するのか（債権的側面）、物権の変動があるのか（物権的側面）、分けて分析することが重要です。

2 同じ土地を二人に譲渡！どちらのものになるの？
土地の二重譲渡

Aさんから土地を買って代金も払ったのに、Aさんはその土地をCさんに売っちゃったんだよ

えっ!?　じゃあその土地は誰のものになるの？

土地を二重に譲渡されたら誰のものに？

　同じ土地を二人の人に売るなんていうことはないだろうというのが一般人の常識かと思います。しかし、そういうことはないとは限りません。

　このように同じ土地が二人の人に売られた場合、誰がその土地の所有者になるのでしょうか。代金の支払いの先後で決まるのか、土地の引渡しの先後で決まるのか、いろいろと考えてしまいます。

　売主が身勝手なことをしたために買主は迷惑をこうむっています。

　売主の責任も当然問題になるでしょうが、二人の買主のどちらがその土地の所有権を取得するのでしょうか。

▼土地を二重に譲渡

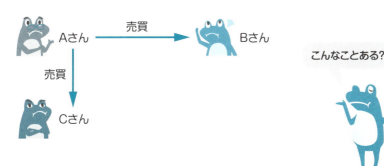

問題のツボ～不動産物権変動の対抗要件

　BさんはAさんに代金を支払っているのですから、自分の債務は履行しているわけで土地の所有権を取得できないとすると、Bさんは、Aさんに対して自分をだましたとして売買契約を**詐欺**を理由に取り消したり（民法96条1項）、**不法行為**に基づいて損害賠償を請求することも考えられます（民法709条）。

　これに対して、CさんがAさんとBさんの売買契約を知らないで土地を買ったとしたら、Cさんも保護される理由がありそうです。では、CさんがAさんとBさんの売買契約を知っていたら保護されないことになるのか。Cさんの主観的な状態によって結論が異なるのでしょうか。

問題解決のコツ

　BさんとCさんのように同じ売主から同じ土地を購入した人の間でどちらがその土地の所有権を取得するかは、先に**登記**を備えた人が勝つ、つまり、所有権を取得すると規定されています（民法177条）。不動産に関する物権の変動は登記が**第三者**に対する対抗要件とされ、先に登記を備えた者が優先するとされているのです。

　そして、先に登記を備えた者はたとえ**悪意**（他に買主がいることを知っていること）であっても保護されますが、たとえば売主と共謀して先行する買主が登記を備えていないことをよいことに先行する買主の利益を害する目的で購入したような**背信的悪意者**は民法177条の「第三者」にあたらず、先行する買主は、たとえ登記を備えていなくても所有権の取得を背信的悪意者に主張できると解されています。

用語の解説

対抗要件：主張することができるための要件。
善意：知らないこと。
悪意：知っていること。
背信的悪意者：登記のないことを主張することが信義に反すると認められる事情がある者。

条文

民法177条　（不動産に関する物権の変動の対抗要件）
　　不動産に関する物権の得喪及び変更は、不動産登記法（平成16年法律第123号）その他の登記に関する法律の定めるところに従いその登記をしなければ、第三者に対抗することができない。

3 未登記を知っていた人、この人にも負けるの？
民法177条の「第三者」

Aさんと示談を進めていたんだけど、示談が成立して、僕（B）はAさんが所有している山林の贈与を受けることになり、Aさんには速やかに所有権移転登記をすることも示談書に記載してもらったんだ。ところが、その後CさんはDさんにその山林を高く売りつけようとしてうまくAさんに取り入ってAさんからその山林を買って所有権移転登記も受けてしまったんだ

CさんはAさんと君の示談交渉に立ち会っていたんでしょ。Cさんはひどいんじゃない？　でもその山林の所有者は誰になるんだろう？

登記がないことを知っていた人　この人にも所有権の取得を主張できないのか？

　AさんとBさんは示談交渉を進めていて、Cさんはその交渉に立ち会っていました。示談の結果、Aさんが所有している山林をAさんはBさんに贈与することになり、AさんにはBさんに対してその所有権の移転登記をすることも示談書に記載してもらいました。

　Cさんは、この示談の内容も知っていたのですが、Dさんにこの山林を高く売ろうとしてAさんに取り入ってAさんからその山林を買って所有権移転登記も受けてしまいました。

　Cさんに売ってしまったAさんにも問題があるでしょうが、登記を備えていないBさんはこの山林の所有権をCさんに主張することはできないのでしょうか。

▼ Cさんは民法177条の「第三者」か？

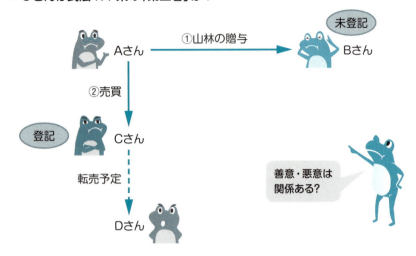

問題のツボ〜背信的悪意者

　不動産に関する物権の得喪及び変更は、登記をしなければ第三者に対抗することができません（民法177条）。

　ところで、民法177条は「第三者」と規定するだけで、その第三者が登記がないことを知らないのか（善意）、登記がないことを知っているのか（悪意）についてまでは、民法177条には書かれていません。

　不動産が二重に譲渡されて第1の買主が登記を備えていない場合に、第2の買主が登記を備えていてその第2の買主が善意のとき（第1の買主が登記を備えていないことを知らない）には、第1の買主は第2の買主に対して所有権を主張できないことは、納得できますが、第2の買主が悪意のとき（第1の買主が登記を備えていないことを知っているとき）にも、第1の買主は第2の買主に対して所有権を主張できないのでしょうか。悪意の者を勝たせてもいいのでしょうか。

問題解決のコツ

　判例は、民法177条の第三者は善意・悪意を問わないとしています。つまり、悪意の第三者も民法177条の第三者に該当し、先の二重譲渡の例では、第1の買主は第2の買主が悪意のときでも所有権を主張することはできません。

　しかし、判例は、第2の買主が悪意であり、かつ、第1の買主が登記を備えていな

いことを主張することが信義に反すると認められる事情がある場合には、このような第2の買主は**背信的悪意者**として民法177条の第三者に該当せず、第1の買主は登記がなくても所有権を主張できるとしています。

　CさんはBさんに登記がないことを知っているだけではなく、AB間の示談交渉にも関与し、Bさんに登記がないことをよいことにDさんに高く売ろうとしてAさんに取り入って山林を購入したのであり、背信的悪意者といえるでしょう。従って、Bさんは登記を備えていなくてもCさんに対して山林の所有権を主張することができます。

　なお、不動産登記法5条は、登記がないことを主張することができない第三者について規定しています。すなわち、詐欺又は強迫によって登記の申請を妨げた第三者、及び、他人のために登記を申請する義務を負う第三者は、その登記がないことを主張することができません。これらの者も背信的悪意者と同列に扱われているわけです。

条文

民法177条　（不動産に関する物権の変動の対抗要件）

　　不動産に関する物権の得喪及び変更は、不動産登記法（平成16年法律第123号）その他の登記に関する法律の定めるところに従いその登記をしなければ、第三者に対抗することができない。

不動産登記法5条　（登記がないことを主張することができない第三者）

1　詐欺又は強迫によって登記の申請を妨げた第三者は、その登記がないことを主張することができない。
2　他人のために登記を申請する義務を負う第三者は、その登記がないことを主張することができない。ただし、その登記の登記原因（登記の原因となる事実又は法律行為をいう。以下同じ。）が自己の登記の登記原因の後に生じたときは、この限りでない。

4 騙されて宅地を売却！取り消したけど登記は？

詐欺による取消しと登記

Bは、Aさんに「銀行に2000万円預けてありますから代金はちゃんと支払います」と言って2000万円の定期預金証書を見せて、Aさんから宅地を買ったんだ。でも、その定期預金証書はBが偽造したもの。Bはたくさん借金を抱えていて2000万円なんてとても払える状態ではなかったんだ。Aさんは、詐欺を理由にBとの売買契約を取り消したけれど、その後BはCさんにその宅地を売ってしまったんだ

Aさんは、Cさんにその宅地は自分の所有物だといえるの？

詐欺を理由に売買契約を取消し　所有権を主張するには登記が必要か？

　AさんはBに2000万円の定期預金証書を見せられてBは代金を払ってくれると信じて宅地を売ることにしましたが、その定期預金証書はBが偽造したもので、Bは借金だらけで代金などまったく払えない状態でした。

　そこで、AさんはBとの売買契約を詐欺を理由に取り消しましたが、その後Bはその宅地をCさんに売ってしまいました。

　Aさんは、Cさんに対してその宅地の所有権を主張することができるでしょうか。

▼取り消し後に現れた第三者

問題のツボ〜詐欺による取消しと登記の要否

詐欺による意思表示は、取り消すことができます（民法96条1項）。

そして、取り消された行為は、初めから無効であったとみなされます（民法121条）。そうだとすると、AさんがBとの売買契約を取り消したことにより、その売買は初めから無効になり、Bは無権利者であって、Cさんは無権利者から所有権を取得するはずはなく、Aさんは登記なくして宅地の所有権をCさんに対して主張できるともいえそうです。

しかし、Cさんから見ればAさんが取り消したかどうかは外形からはわからないでしょうから、Aさんが登記がなくても宅地の所有権をCさんに対して主張できるというのはバランスを失するような気もします。

問題解決のコツ

判例は、Aさんは、登記を備えなければ取り消し後に現れたCさんに宅地の所有権を主張することはできないと解し、このような場合にも民法177条が適用されるとしています。

では、AさんがBとの売買契約を取り消す前にCさんがこの宅地をBから買っていた場合はどうでしょうか。

民法96条3項は、詐欺による意思表示の取消しは、善意かつ無過失の第三者に対抗することができないと規定しています。これは、詐欺による取消しの遡及効を制限して第三者を保護するための規定であると解されており、民法96条3項の第三者は詐欺による取消しの前に現れた第三者を指すと解されています。CさんはAさんが取り消す前に現れた第三者ですが、Cさんが民法96条3項によって保護されるためにはAさんがBから詐欺をされたことを知らず、かつ、知らないことに過失がないことが必要です。

条文

民法96条　（詐欺又は強迫）

1　詐欺又は強迫による意思表示は、取り消すことができる。
2　相手方に対する意思表示について第三者が詐欺を行った場合においては、相手方がその事実を知り、又は知ることができたときに限り、その意思表示を取り消すことができる。
3　前2項の規定による詐欺による意思表示の取消しは、善意でかつ過失がない第三者に対抗することができない。

民法121条　（取消しの効果）

取り消された行為は、初めから無効であったものとみなす。

5 売買を解除したけど、第三者に売られた！
契約の解除と登記

Aさんは別荘（建物とその敷地）を1000万円でBさんに売って所有権移転登記もしたんだけど、Bさんが代金を一部しか支払わなかったので売買を解除したところ、Bさんはその別荘をCさんに売ってしまったんだって！

Aさんは別荘の所有者に戻ったの？ それともCさんが所有者なの？

別荘の売買を解除したけど買主が第三者に売ってしまった！ 誰が所有者になるの？

　Aさんは、Bさんに別荘を1000万円で売る売買契約を結びました（民法555条）。Aさんは所有権の移転登記もBさんにしたのですが、Bさんは代金を一部しか支払ってくれません。そこで、AさんはBさんとの売買契約を解除しました（民法541条）。

　ところが、BさんはAさんから解除の意思表示が届いた後にCさんにその別荘を売ってしまいました。

　別荘の所有者は誰になるのでしょうか。AさんでしょうかCさんでしょうか。

▼売買契約を解除した後に現れた第三者

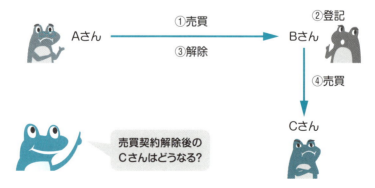

また、AさんがBさんとの売買契約を解除する前にBさんがCさんに別荘を売却し、その後にAさんがBさんとの売買契約を解除した場合には、別荘の所有権はAさんになるのでしょうか。Cさんでしょうか。

▼売買契約を解除する前に現れた第三者

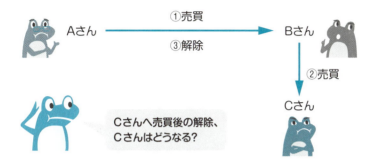

問題のツボ〜解除前／解除後に現れた第三者

　契約が解除された場合に当事者間の関係がどうなるかについては、いろいろな考えがありますが、一般的には、債権債務は消滅し、又、物権は移転しなかったことになると理解されています。そうすると、AさんがBさんとの売買契約を解除すると、別荘の所有権はAさんからBさんに移転しなかったことになり、Bさんは無権利者であってCさんがBさんから別荘を買っても、Bさんは無権利者なのですからCさんは別荘の所有権を取得するはずがないとも考えられます。だとすると、別荘の所有者はAさんだということになりますが、どうでしょうか。

　AさんがBさんとの売買契約を解除した後にBさんがCさんに売却した場合と、AさんがBさんとの売買契約を解除する前にBさんがCさんに売却した場合とで考え方が異なるのでしょうか。

問題解決のコツ

　まず、AさんがBさんとの売買契約を解除した後にBさんがCさんに売却した場合ですが、この場合について、判例は、Aさんが売買契約を解除しても登記を備えなければ解除後に別荘を購入したCさんに別荘の所有権を主張することはできないとしています。つまり、この場合は民法177条によってAさんとCさんは先に登記を備えた者が勝つと考えています。

この判例の考えを説明するのに、Ａさんが売買を解除するとＢさんからＡさんに復帰的な物権変動があり、かたやＢさんからＣさんへの物権変動があって、この関係は二重譲渡類似の関係だから民法177条が適用されるのだと説明する見解があります。

　判例によるとＡさんとＣさんは、先に登記を備えた者が別荘の所有権を主張することができることになります。

　次に、ＢさんがＣさんに別荘を売却した後にＡさんがＢさんとの売買契約を解除した場合には、別荘の所有権はどうなるのでしょうか。

　この場合は、民法545条1項ただし書が適用されて、Ａさんは解除の効果、すなわち自己に別荘の所有権が帰属することをＣさんに主張することができません。ただし、判例は、民法545条1項ただし書によってＣさんが保護される、すなわちＣさんが自己に別荘の所有権が帰属することを主張するためにはＣさんは登記を備えている必要があると解しています。

用語の解説

履行遅滞：履行期が来ても債務者が履行しないこと。
解除：契約を終了させる旨の意思表示。

条文

民法177条 （不動産に関する物権の変動の対抗要件）

不動産に関する物権の得喪及び変更は、不動産登記法（平成16年法律第123号）その他の登記に関する法律の定めるところに従いその登記をしなければ、第三者に対抗することができない。

民法541条 （催告による解除）

当事者の一方がその債務を履行しない場合において、相手方が相当の期間を定めてその履行の催告をし、その期間内に履行がないときは、相手方は、契約の解除をすることができる。

ただし、その期間を経過した時における債務の不履行がその契約及び取引上の社会通念に照らして軽微であるときは、この限りでない。

民法545条 （解除の効果）

1　当事者の一方がその解除権を行使したときは、各当事者は、その相手方を原状に復させる義務を負う。

ただし、第三者の権利を害することはできない。

2　前項本文の場合において、金銭を返還するときは、その受領の時から利息を付さなければならない。

3　第1項本文の場合において、金銭以外の物を返還するときは、その受領の時以後に生じた果実をも返還しなければならない。

4　解除権の行使は、損害賠償の請求を妨げない。

6 取得時効が完成！登記は必要？
時効取得と登記

Bさんは、Aさんから土地を買って引き渡しを受けて、ずっとその土地を占有しているんだけど所有権の移転登記はしていないんだって。その土地を売った時から8年後にAさんは亡くなってしまって、一人息子のCさんがAさんを相続したんだって。Cさんは相続した1年後にその土地をDさんに売っていて、Dさんに所有権移転登記をしたんだけど、まだ、Bさんがその土地を占有しているらしいんだけど…

なんか面倒な話ね。Bさんは所有権の移転登記を受けていないから、Dさんにその土地の所有権を主張できないんじゃない？

Bさんはその土地を時効によって取得したとはいえないのかな？

取得時効が完成？

　BさんはAさんから土地を購入して、購入と同時に引き渡しを受けてずっと占有しています。BさんはAさんからその土地の所有権の移転登記は受けずにいます。Aさんは仕事の関係で引越しを繰り返していて、Bさんにその土地を売った時から8年後に死亡して、死亡したときに奥さんはすでに亡くなっています。一人息子のCさんがAさんを相続し、Cさんは相続した1年後にその土地をDさんに売ってDさんは所有権移転登記をして、その土地はいまだにBさんが占有しています。

　同じ土地がAさんからBさんへ、また、Aさんを相続したCさんからDさんへ二重に譲渡されたのですから、民法177条によっては登記を備えていないBさんはDさんに所有権を主張することができません。

　では、Bさんは10年間占有を継続したときに、その土地を時効によって取得したとして時効取得による所有権をDさんに主張することはできるのでしょうか。

▼時効取得による所有権の主張は？

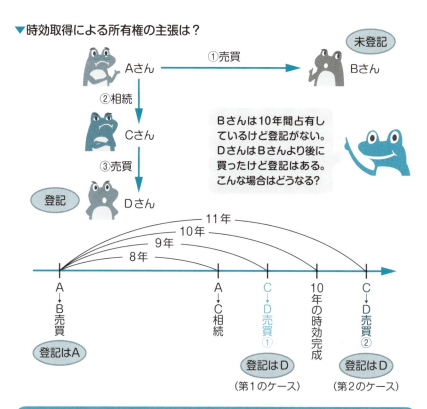

問題のツボ〜時効完成前／後の第三者と登記の要否

　20年間、所有の意思をもって、平穏に、かつ、公然と他人の物を占有した者は、その所有権を取得します（民法162条1項）。また、10年間、所有の意思をもって、平穏に、かつ、公然と他人の物を占有した者は、その占有の開始の時に、善意であり、かつ、過失がなかったときは、その所有権を取得します（民法162条2項）。このように一定の期間の継続によって権利を取得する制度を**取得時効**といいます。

　民法162条2項は、占有者が占有開始の時に善意かつ無過失であった場合の所有権の取得時効の要件を定めた規定であり、民法162条1項は、占有者が占有開始の時に悪意、又は過失があった場合の所有権の取得時効の要件を定めた規定です。この場合の**善意**とは、所有権がないことを知らないということであり、**悪意**とは、所有権がないことを知っているということです。

　占有者は、所有の意思をもって、善意で、平穏に、かつ、公然と占有するものと推定されます（民法186条1項）。

では、Bさんに民法162条2項によって10年間の占有継続による取得時効が認められるとして、Bさんは、登記を備えていないにもかかわらず、この時効完成前にCさんからこの土地を購入して登記を備えたDさんに対して取得時効によってこの土地の所有権を取得したと主張できるでしょうか（第1のケース）。

　また、Bさんに10年間の取得時効が完成した後にCさんがDさんにこの土地を売却しDさんが登記を備えた場合には、BさんはDさんに対して取得時効によってこの土地の所有権を取得したと主張できるでしょうか（第2のケース）。

問題解決のコツ

　第1のケースについて、判例は、Bさんは登記を備えていなくても取得時効によってこの土地の所有権を取得したことをDさんに主張できると解しています。その理由として、時効完成時のこの土地の所有者であるDさんは物権変動の当事者であるから、BさんはDさんに対して登記なくしてその土地の時効取得を対抗することができるとしています。

　これに対して、第2のケースについては、判例は、時効完成後に現れた第三者と時効取得者は、占有開始時の所有者を起点とする二重譲渡類似の関係に立ち、時効取得者は登記を備えなければ時効取得による所有権をこの第三者に主張できないと解しています。従って、第2のケースでは、Bさんは登記を備えたDさんに対して取得時効によってこの土地の所有権を取得したことを主張することができません。

条文

民法162条 （所有権の取得時効）
1　20年間、所有の意思をもって、平穏に、かつ、公然と他人の物を占有した者は、その所有権を取得する。
2　10年間、所有の意思をもって、平穏に、かつ、公然と他人の物を占有した者は、その占有の開始の時に、善意であり、かつ、過失がなかったときは、その所有権を取得する。

民法177条 （不動産に関する物権の変動の対抗要件）
　不動産に関する物権の得喪及び変更は、不動産登記法（平成16年法律第123号）その他の登記に関する法律の定めるところに従いその登記をしなければ、第三者に対抗することができない。

7 遺産分割協議が成立！登記しなくても大丈夫？
遺産分割と登記

父（A）が死亡して、母（B）、長男の僕（C）、妹のDが相続人になり、みんなで遺産分割協議をして父が持っていた駐車場の土地を僕が相続することになったんだけど、その登記をしない間に妹とその夫（E）が偽の遺産分割協議書を作って、この土地は妹が相続したことにして妹はこの土地をFに売ってしまったんだ

君はFにその土地は全部君のものだといえるの？

遺産分割協議によって土地を相続した その後に現れた第三者との関係は？

　Aさんが死亡し、相続人は妻Bさん、長男Cさん、長女Dさんの3人です。Aさんが所有していた駐車場の土地について相続人3人の間で**遺産分割協議**が成立して、この土地はCさんが相続することになりました。Cさんが100％所有権を有するという合意ができたのです。しかし、**遺産分割協議書**はまだ作成されておらず、Cさんが相続した旨の登記もされていませんでした。
　ところが、Dさんとその夫のEさんは、この合意に反してこの土地はDさんが相続することになったという内容の遺産分割協議書を偽造して、Dさんはこの土地をFさんに売ってしまいました。
　Cさんは、Fさんに対してこの土地の所有権は全部自分にあるといえるでしょうか。

▼遺産分割の合意はできたが……

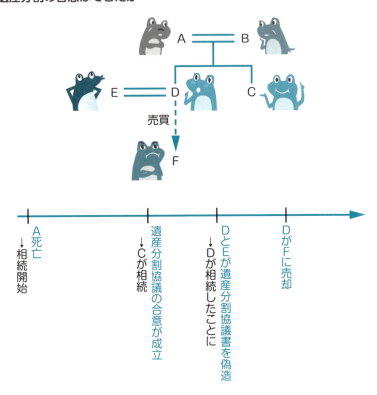

問題のツボ〜遺産分割と登記

　Aさんが死亡すると相続が開始します（民法882条）。相続人は妻Bさん、長男Cさん、長女Dさんの3人ですから（民法887条1項、890条）、**法定相続分**は、Bさん2分の1、Cさん4分の1、Dさん4分の1です（民法900条1号、4号）。

　相続人が数人あるときには、相続財産は共有に属します（民法898条）。判例は、民法898条の規定する「共有」は、民法249条以下に規定する共有と同じ性格のものであると解しています。従って、Aさんの遺産である駐車場の土地は、Aさんが死亡したことによりBさん2分の1、Cさん4分の1、Dさん4分の1の持分の割合で3人が共有している状態になります。

　共同相続人は全員で遺産分割協議を行ってだれがどのように相続するか協議することができます（民法906条）。

駐車場の土地はBさん、Cさん、Dさんの遺産分割協議によってCさんが単独で所有することになりました。

　しかし、DさんとEさんはこの遺産分割協議に反して駐車場の土地はDさんが単独で相続したという偽の遺産分割協議書を作って、Dさんはこの土地をFさんに売ってしまいました。

　民法909条は、「遺産の分割は、相続開始の時にさかのぼってその効力を生ずる。ただし、第三者の権利を害することはできない。」と規定しています。

　Cさんは遺産分割協議の結果駐車場の土地を単独で所有することになりました。従って、民法909条本文によればCさんはAさんが死亡したときからこの土地を単独で所有していたことになり、そのことを登記を備えていなくてもFさんに主張できるのでしょうか。

　それともFさんは民法909条ただし書の第三者に該当してFさんは自己が単独の所有者だといえるのでしょうか。

　はたまたCさんとFさんには民法177条が適用されて先に登記を備えた者が勝つのでしょうか。

問題解決のコツ

　判例は、遺産分割協議による権利取得と登記の関係に関して、以下のように解しています。遺産分割は、相続開始の時に遡ってその効力を生ずるものではあるが、第三者に対する関係では、相続人が相続によっていったん取得した権利について遺産分割時に新たな変更を生ずるのと実質上異ならないから、不動産に対する相続人の共有持分の得喪変更については、民法177条の適用があり、遺産分割により相続分とは異なる権利を取得した相続人は、遺産分割後に当該不動産について権利を取得した第三者に対して、自己の権利の取得を対抗することができない。

　また、判例は、民法909条ただし書の第三者とは、相続開始後遺産分割前に生じた第三者を指すと解しています。

　Cさんは、Aさんが死亡したことにより駐車場の土地について法定相続分4分の1の持分を有しました。そして、遺産分割協議によりBさんの2分の1の持分とDさんの4分の1の持分も取得して単独所有者になったのです（1／4＋1／2＋1／4＝1）。しかし、Cさんは遺産分割協議の結果単独所有者になったことを登記しておかなければ、遺産分割協議後にDさんから売買によって権利を取得したFさんに主張することができないのです。

条文

民法177条　（不動産に関する物権の変動の対抗要件）

不動産に関する物権の得喪及び変更は、不動産登記法（平成16年法律第123号）その他の登記に関する法律の定めるところに従いその登記をしなければ、第三者に対抗することができない。

民法882条　（相続開始の原因）

相続は、死亡によって開始する。

民法887条　（子及びその代襲者等の相続権）

1　被相続人の子は、相続人となる。

2　被相続人の子が、相続の開始以前に死亡したとき、又は第891条の規定に該当し、若しくは廃除によって、その相続権を失ったときは、その者の子がこれを代襲して相続人となる。ただし、被相続人の直系卑属でない者は、この限りでない。

3　前項の規定は、代襲者が、相続の開始以前に死亡し、又は第891条の規定に該当し、若しくは廃除によって、その代襲相続権を失った場合について準用する。

民法890条　（配偶者の相続権）

被相続人の配偶者は、常に相続人となる。この場合において、第887条又は前条の規定により相続人となるべき者があるときは、その者と同順位とする。

民法898条　（共同相続の効力）

相続人が数人あるときは、相続財産は、その共有に属する。

民法900条　（法定相続分）

同順位の相続人が数人あるときは、その相続分は、次の各号の定めるところによる。

1　子及び配偶者が相続人であるときは、子の相続分及び配偶者の相続分は、各2分の1とする。

2　配偶者及び直系尊属が相続人であるときは、配偶者の相続分は、3分の2とし、直系尊属の相続分は、3分の1とする。

3　配偶者及び兄弟姉妹が相続人であるときは、配偶者の相続分は、4分の3とし、兄弟姉妹の相続分は、4分の1とする。

4　子、直系尊属又は兄弟姉妹が数人あるときは、各自の相続分は、相等しいものとする。ただし、父母の一方のみを同じくする兄弟姉妹の相続分は、父母の双方を同じくする兄弟姉妹の相続分の2分の1とする。

民法909条　（遺産の分割の効力）

遺産の分割は、相続開始の時にさかのぼってその効力を生ずる。ただし、第三者の権利を害することはできない。

8 動産の引渡し。一度受けた物を戻す？

動産の物権変動の対抗要件

Aさんがドライバーからパターまで14本のゴルフクラブをゴルフコースで使ってみて、気に入ったら買わないかと言うので、さっそくコースに行って使ってみたら、これがよくてね

それで、買うことにしたの？

買うつもり。でも、息子が言うには引渡しを受ける必要があるらしいんだけど、いったんAさんに戻すのも面倒だな……

動産に関する物権の譲渡は引渡しが対抗要件　いったんAさんに戻して、その後引渡しを受ける？

　Bさんは、AさんからAさんが持っている14本のゴルフクラブをゴルフコースで使ってみて、気に入ったら買ってくれないかと言われました。そこで、Bさんはゴルフコースで使ってみると自分に合うクラブだったようで、すっかり気に入ってしまいました。

　Bさんは買おうと思うのですが、大学の法学部に通っている息子さんから動産に関する物権の譲渡はその動産の引渡しが対抗要件だと聞かされて、引渡しを受ける必要があると言われました。

　Bさんは、Aさんにゴルフクラブをいったん戻して、その後にAさんから引渡しを受ける必要があるのでしょうか。

問題のツボ〜動産の引渡し

　Bさんの息子さんが言うように、動産に関する物権の譲渡は、その引渡しがなければ、第三者に対抗することができません（民法178条）。

　引渡しとは、占有権の譲渡です。占有権は、自己のためにする意思をもって物を所持することによって取得する権利です（民法180条）。

83

占有権の譲渡は、占有物の引渡しによって行います（民法182条1項）。これを**現実の引渡し**といいます。

問題解決のコツ

しかし、民法178条の「引渡し」は現実の引渡しだけではなく、簡易の引渡し、占有改定、指図による占有移転もこれにあたると解されています。

簡易の引渡しとは、譲受人又はその代理人が現に占有物を所持する場合には、占有権の譲渡は、当事者の意思表示によってのみすることができるというものです（民法182条2項）。Ｂさんは現にゴルフクラブを所持していますから、ゴルフクラブをいったんＡさんに戻す必要はなく、Ａさんと占有権譲渡の合意をすれば、簡易の引渡しによって引渡しを受けたことになります。

占有改定とは、代理人が自己の占有物を以後本人のために占有する意思を表示したときには、本人は、これによって占有権を取得するというものです（民法183条）。Ａさんから動産を買ったＢさんがその動産をＡさんに預けたようなケースです。民法183条の条文に照らすと、Ａさんが民法183条にいう「代理人」になり、Ｂさんが「本人」になります。

指図による占有移転とは、代理人によって占有をする場合において、本人がその代理人に対して以後第三者のためにその物を占有することを命じ、その第三者がこれを承諾したときには、その第三者は占有権を取得するというものです（民法184条）。例えば、Ａさんがその動産をＣさんに売って、ＣさんもＢさんにその動産を預けるようなケースです。

▼引渡し

【現実の引渡し（民法182条1項）】

【簡易の引渡し（民法182条2項）】

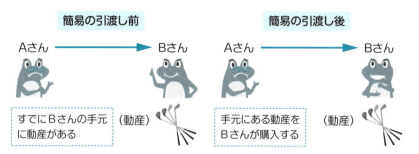

【占有改定（民法183条）】

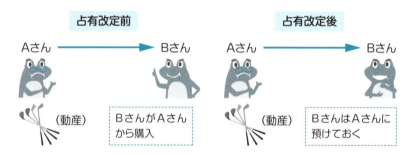

【指図による占有移転（民法184条）】

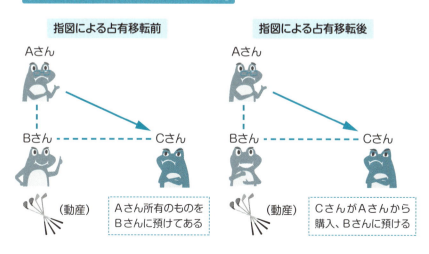

用語の解説

動産：不動産以外の物（民法86条2項）。
不動産：土地及びその定着物（民法86条1項）。
占有権：自己のためにする意思をもって物を所持することによって成立する物権（民法180条）。
第三者：当事者以外の人。

条文

民法178条　（動産に関する物権の譲渡の対抗要件）
　動産に関する物権の譲渡は、その動産の引渡しがなければ、第三者に対抗することができない。

民法180条　（占有権の取得）
　占有権は、自己のためにする意思をもって物を所持することによって取得する。

民法182条　（現実の引渡し及び簡易の引渡し）
1　占有権の譲渡は、占有物の引渡しによってする。
2　譲受人又はその代理人が現に占有物を所持する場合には、占有権の譲渡は、当事者の意思表示のみによってすることができる。

民法183条　（占有改定）
　代理人が自己の占有物を以後本人のために占有する意思を表示したときは、本人は、これによって占有権を取得する。

民法184条　（指図による占有移転）
　代理人によって占有をする場合において、本人がその代理人に対して以後第三者のためにその物を占有することを命じ、その第三者がこれを承諾したときは、その第三者は、占有権を取得する。

9 落とした指輪、取り戻せるのか？
即時取得

彼からもらった指輪を落としてしまったの

拾った人が誰かに売ってしまったらどうなるんだろう

落とした指輪は取り戻せないのか？

　Aさんは彼からプレゼントされた指輪をどこかで落としてしまいました。Aさんはすぐに警察に届けましたが、拾った人が警察に届けてくれるかどうか。売られてしまったらもう取り戻せないのでしょうか。彼にはなんと言って謝ればいいのか。彼に嫌われてしまうか心配です。

問題のツボ～即時取得

　Aさんが落とした指輪は、遺失物になります。**遺失物**とは、占有者の意思によらないでその所持を離れた物であって、盗品ではない物のことです。遺失物は、遺失物法に従って公告をした後に3か月以内にその所有者が判明しないときには、これを拾得した人がその所有権を取得することになります（民法240条）。すなわち、遺失物の拾得者は、拾得した物件を遺失者に返還するか警察署長に提出しなければなりません（遺失物法4条1項）。警察署長は、提出を受けた物件の遺失者を知ることができず、又はその所在を知ることができないときは、物件の種類及び特徴、物件の拾得の日時及び場所を警察署の掲示場に掲示して公告します（遺失物法7条）。

　この公告をした後に3か月以内にその所有者が判明しないときには、前述したように、拾得者が所有権を取得することになりますから、その場合には、Aさんは所有権を失ってしまい、指輪を取り戻すことはできません。

　では、指輪を拾ったBさんが拾ってすぐにCさんに売ってしまった場合は、どうなるのでしょうか。

▼落とした指輪が売られてしまったら？

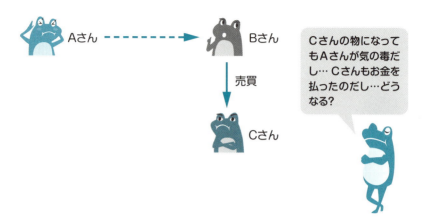

問題解決のコツ

　取引行為によって、平穏、公然と、動産の占有を始めた者は、善意かつ無過失であったときには、即時にその動産について行使する権利を取得します（民法192条）。これを**即時取得**といいます。日常頻繁に行われる動産の取引の安全を図った制度です。

　占有者は、善意、平穏、公然と占有するものと推定されますから（民法186条1項）、CさんがBさんから売買契約という取引行為によって指輪を取得したことと過失がなかったことが証明されれば、即時取得が成立することになります。

　ただし、盗品又は遺失物の場合には、被害者または遺失者の保護を図るため、被害者または遺失者は、盗難又は遺失のときから2年間はその物の回復を請求することができます（民法193条）。

　従って、Aさんは、Cさんが指輪を即時取得したとしても、指輪を落とした時から2年間はCさんに対して指輪を返してくれるように請求することができます。

> **用語の解説**
>
> **平穏**：強暴でないこと。
> **公然**：隠秘でないこと。
> **遺失物**：占有者の意思によらないでその所持を離れた物であって、盗品ではない物。
> **推定**：「○○と推定する。」と規定されている場合であり、反証をあげて推定をくつがえすことができる。
> **「みなす」(擬制)**：「○○とみなす。」と規定されている場合であり、反証をあげて推定をくつがえすことができない。

> **条文**
>
> **民法186条　（占有の態様等に関する推定）**
> 1　占有者は、所有の意思をもって、善意で、平穏に、かつ、公然と占有をするものと推定する。
> 2　前後の両時点において占有をした証拠があるときは、占有は、その間継続したものと推定する。
>
> **民法192条　（即時取得）**
> 　取引行為によって、平穏に、かつ、公然と動産の占有を始めた者は、善意であり、かつ、過失がないときは、即時にその動産について行使する権利を取得する。
>
> **民法193条　（盗品又は遺失物の回復）**
> 　前条の場合において、占有物が盗品又は遺失物であるときは、被害者又は遺失者は、盗難又は遺失の時から2年間、占有者に対してその物の回復を請求することができる。
>
> **民法194条**
> 　占有者が、盗品又は遺失物を、競売若しくは公の市場において、又はその物と同種の物を販売する商人から、善意で買い受けたときは、被害者又は遺失者は、占有者が支払った代価を弁償しなければ、その物を回復することができない。
>
> **民法240条　（遺失物の拾得）**
> 　遺失物は、遺失物法（平成18年法律第73号）の定めるところに従い公告をした後3箇月以内にその所有者が判明しないときは、これを拾得した者がその所有権を取得する。

10 隣家の木の根が侵入、切ってもいいの？

相隣関係

お隣の家の木の根っこが我が家の庭に伸びてきたみたいなんだ

早く切っちゃったほうがいいよ

お隣の家の木から越境してきた根は切ってもいいの？

　お隣の家の木が年々大きくなってきて根が隣地まで伸びてくることがあります。根だけではなく、当然枝も伸びてきます。木の手入れをこまめにしてくれればよいのですが、放っておくと手がつけられなくなってしまうこともありますね。お隣同士が話し合ってうまくゆけばよいのですが、お隣の家の木の根が隣地まで伸びてきたら切ってしまってもいいのでしょうか。枝が伸びてきた場合はどうなのでしょう。

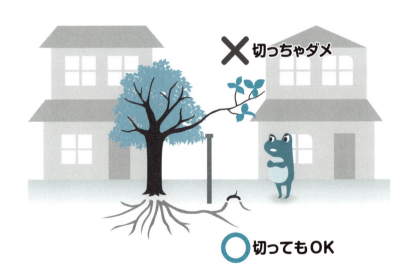

問題のツボ～隣地の竹木の枝と根

　土地の所有権は、法令の制限内において、その土地の上下に及びます（民法207条）。隣地まで所有権が及ばないのは当然ですね。お隣の木の根が自分の土地まで伸びてきたら、自分の土地の所有権を侵害していることになります。

　この場合、隣地の根が境界線を越えているときには、その根を切り取ることができます（民法233条2項）。これに対して、隣地の竹木の枝が境界線を越えているときには、その竹木の所有者にその枝を切除するように請求することができますが、自分で切ることはできません（民法233条1項）。

問題解決のコツ

　所有権は、法令の制限内において、自由にその所有物の使用、収益及び処分をすることができる物権です（民法206条）。所有権といえども無制限に権利行使が認められているわけではなくて、法令によって制限されることがあるわけです。

　そして、その法令の制限の一例として民法は相隣関係の規定を置き（民法209条～238条）、近隣の権利関係を調整しています。隣地の竹木の根や枝のこともこの相隣関係のひとつです。

条文

民法206条　（所有権の内容）

　　所有者は、法令の制限内において、自由にその所有物の使用、収益及び処分をする権利を有する。

民法207条　（土地所有権の範囲）

　　土地の所有権は、法令の制限内において、その土地の上下に及ぶ。

民法233条　（竹木の枝の切除及び根の切取り）

　1　隣地の竹木の枝が境界線を越えるときは、その竹木の所有者に、その枝を切除させることができる。

　2　隣地の竹木の根が境界線を越えるときは、その根を切り取ることができる。

11 共有しているマンション、勝手に賃貸した！

共有

君と共有しているマンション、学生に貸したよ

えっ!? 私に無断で!?

共有しているマンションを賃貸するには他の共有者の同意が必要か？

　夫婦がお金を出し合って購入したマンション。二人がお金を出したので共有にしました。

　ご主人が資産を活用しようとして学生に賃貸する場合、奥さんの同意は必要でしょうか。ご主人としたら奥さんのためをも思って賃貸したのですが、奥さんとしたら自分の意見も聞いてほしかったところです。

▼共有物の賃貸

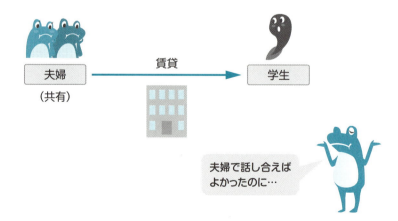

問題のツボ〜共有物の賃貸

共有とは、一つの物を複数の人で所有することです。

共有の場合、その物を処分したり、管理したり、保存したりする必要があります。そのようなときには共有者の一人が単独で行うことができるのでしょうか、それとも多数決で決めるとか、あるいは全員の同意が必要なのでしょうか。

問題解決のコツ

共有物に**変更**を加えるときには、共有者全員の同意が必要です（民法251条）。共有物を処分することはこの変更にあたると考えられますから、例えば共有物を売却するときには共有者全員の同意が必要です。

管理には**利用行為**と**改良行為**がありますが、共有物の管理に関する事項は、各共有者の持分の価格に従い、その過半数によって決せられます（民法252条本文）。

これに対して共有物の**保存行為**は、各共有者が単独で行うことができます（民法252条ただし書）。

マンションを賃貸することは共有物の利用行為であり管理に関する事項です。従って、ご主人が過半数の持分を有すれば自己単独で賃貸することができますが、そうでない場合には他の共有者である奥さんの同意が必要になります。

用語の解説

共有：一つの物を複数の人で所有すること。
持分：共有における各共有者の所有の割合。
利用行為：目的物から収益を図る行為。
改良行為：目的物の価値を増大させる行為。
保存行為：目的物の現状を維持する行為。

条文

民法251条　（共有物の変更）
　　各共有者は、他の共有者の同意を得なければ、共有物に変更を加えることができない。

民法252条　（共有物の管理）
　　共有物の管理に関する事項は、前条の場合を除き、各共有者の持分の価格に従い、その過半数で決する。ただし、保存行為は、各共有者がすることができる。

12 空中を使用する権利って？
地上権

電力会社が僕の空き地の上に電線を通させてほしいと言ってきたんだ

電力会社は君の空き地の空中を使用するわけ？

空中に電線を通す権利とは？

　水力発電所などでつくった電力を一般家庭などに流すには長い送電線が必要です。送電線を通す土地を電力会社がすべて所有していれば問題はないでしょうが、他人の土地の上に送電線を通すには契約を結んで送電線を通す権利を設定する必要があります。

　どんな権利がふさわしいでしょうか。

▼空間を目的とする地上権

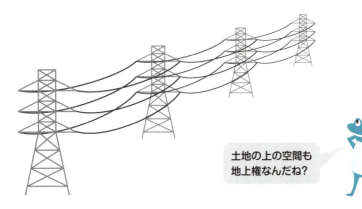

土地の上の空間も地上権なんだね？

問題のツボ〜空間を目的とする地上権

電力会社とすれば送電線の設置場所をちょくちょく変えるわけにはいかないし、また、設定した権利が確実なもので、かつ、長期間存続することを希望するでしょう。また、土地所有者が土地を売却した場合にも買受人に対抗できる権利でなければならないでしょう。

そうだとすると電力会社は物権を設定するのが得策です。では、どんな物権がふさわしいでしょうか?

問題解決のコツ

土地の所有権は、法令の制限内において、その土地の上下に及びます(民法207条)。従って、電力会社は送電線を通す下にある土地の所有者と契約を結んでその地上の空間を利用する権利を設定する必要があります。

このような電力会社の要請にこたえるために、民法は空間を目的とする地上権の設定を認めています(民法269条の2)。**地上権**は、他人の土地において耕作物又は竹木を所有するためにその土地を使用する物権ですが(民法265条)、空間も、工作物を所有するために、上下の範囲を定めて地上権の目的とすることができるのです(民法269条の2第1項)。

条文

民法207条(土地所有権の範囲)

土地の所有権は、法令の制限内において、その土地の上下に及ぶ。

民法265条 (地上権の内容)

地上権者は、他人の土地において工作物又は竹木を所有するため、その土地を使用する権利を有する。

民法269条の2 (地下又は空間を目的とする地上権)

1 地下又は空間は、工作物を所有するため、上下の範囲を定めて地上権の目的とすることができる。この場合においては、設定行為で、地上権の行使のためにその土地の使用に制限を加えることができる。

2 前項の地上権は、第三者がその土地の使用又は収益をする権利を有する場合においても、その権利又はこれを目的とする権利を有するすべての者の承諾があるときは、設定することができる。この場合において、土地の使用又は収益をする権利を有する者は、その地上権の行使を妨げることができない。

95

13 他人の土地を通行、継続すれば時効取得？
地役権

僕の家族は、おじいさんの代からお隣の家の土地を通って道路に出ているんだ

それじゃあもう通行権を時効取得しているんじゃないの？

通行地役権は時効取得できるのか？

　おじいさんの代からお隣の家の土地を通行させてもらっているとすれば、お隣さんは通行を黙認しているともいえそうですね。でもたぶん通行権に関して契約書などは交わしていないでしょう。

　では通行地役権の時効取得は認められるのでしょうか。

問題のツボ〜通行地役権の時効取得

　地役権は、**要役地**（他人の土地から便益を受ける土地）の所有者が、設定行為で定めた目的に従い、**承役地**（要役地の便益に供される土地）を使用することができる物権です（民法280条）。地役権の中には要役地のために承役地を通行するという通行地役権もあります。

　時効によって取得できる権利は、所有権だけではありません。所有権以外の財産権も、自己のためにする意思をもって、平穏かつ公然に行使する場合には、民法162条の区別に従って20年又は10年を経過した後に時効によって取得することが認められています（民法163条）。

　では通行地役権は時効取得できるのでしょうか。

▼通行地役権

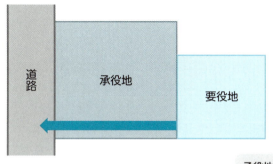

承役地、要役地、こんな関係があるんだね？

問題解決のコツ

地役権を時効によって取得するためには特別の要件が定められています。すなわち、地役権は、継続的に行使され、かつ、外形上認識することができるものでなければ、時効によって取得することができません（民法283条）。そして、判例は、通行地役権の時効取得に関し、「継続」とは、承役地である他人の土地に通路を開設することを要し、その開設は要役地の所有者によってなされることを要すると解しています。

条文

民法280条　（地役権の内容）

　　地役権者は、設定行為で定めた目的に従い、他人の土地を自己の土地の便益に供する権利を有する。ただし、第3章第1節（所有権の限界）の規定（公の秩序に関するものに限る。）に違反しないものでなければならない。

民法283条　（地役権の時効取得）

　　地役権は、継続的に行使され、かつ、外形上認識することができるものに限り、時効によって取得することができる。

コラム

永小作権と入会権（いりあいけん）

　民法は物権として永小作権（民法270条から279条）と入会権（民法263条、294条）を規定しています。

　永小作権は、小作料を支払って他人の土地において耕作又は牧畜をする物権です（民法270条）。対価を支払って他人の土地を耕作したり牧畜を行うことは、農業や牧畜業が念頭に置かれますが、現在では農地法が制定されています。従って、永小作権が設定されることはほとんどないといわれています。

　入会権とは、一定の地域の住民が、一定の山林原野で共同して雑草や雑木などを採取する物権です。民法は、共有の性質を有する入会権は、各地方の慣習に従うほか共有の規定を適用すると規定し（民法263条）、共有の性質を有しない入会権については、各地方の慣習に従うほか地役権の規定を準用すると規定しています（民法294条）。しかし、入会権の例は少ないようです。

コラム

条文の用語の意味

- **「ただし、・・・、この限りでない。」**

　この前に置かれた内容の適用を除外することを意味します。

　例：民法5条1項（未成年者の法律行為）

　　　　未成年者が法律行為をするには、その法定代理人の同意を得なければならない。ただし、単に権利を得、又は義務を免れる法律行為については、この限りでない。

- **「場合」と「とき」**

　大きな条件には「場合」を、小さな条件には「とき」を用います。

　例：民法19条2項（審判相互の関係）

　　　　前項の規定は、保佐開始の審判をする場合において本人が成年被後見人若しくは被補助人であるとき、又は補助開始の審判をする場合において本人が成年被後見人若しくは被保佐人であるときについて準用する。

- **「者」と「物」**

「者」は、権利義務の主体を指し、「物」は権利義務の客体を指します。

  例：民法483条（特定物の現状による引渡し）

　　　債権の目的が特定物の引渡しである場合において、契約その他の債権の発生原因及び取引上の社会通念に照らしてその引渡しをすべき時の品質を定めることができないときは、弁済をする者は、その引渡しをすべき時の現状でその物を引き渡さなければならない。

- **「その他」と「その他の」**

「その他」は、その前後の語句が並列の関係にあるときに用います（A、Bその他C）。「その他の」は、その後ろの語句が前の語句を含む場合に用いられます（a_1,a_2 その他のA）。

  例：民法253条1項（共有物に関する負担）

　　　各共有者は、その持分に応じ、管理の費用を支払い、その他共有物に関する負担を負う。

  民法304条1項（物上代位）

　　　先取特権は、その目的物の売却、賃貸、滅失又は損傷によって債務者が受けるべき金銭その他の物に対しても、行使することができる。ただし、先取特権者は、その払渡し又は引渡しの前に差押えをしなければならない。

- **「又は」と「若しくは」**

「又は」は、大きなレベルで用い、「若しくは」は、小さなレベルで用います。

  例：民法841条（父母による未成年後見人の選任の請求）

　　　父若しくは母が親権若しくは管理権を辞し、又は父若しくは母について親権喪失、親権停止若しくは管理権喪失の審判があったことによって未成年後見人を選任する必要が生じたときは、その父又は母は、遅滞なく未成年後見人の選任を家庭裁判所に請求しなければならない。

- **「並びに」と「及び」**

「並びに」は、大きな段階に用い、「及び」は、小さな段階に用います。

  例：民法840条3項（未成年後見人の選任）

　　　未成年後見人を選任するには、未成年被後見人の年齢、心身の状態並びに生活及び財産の状況、未成年後見人となる者の職業及び経歴並びに未成年被後見人との利害関係の有無（未成年後見人となる者が法人であるときは、その事業の種類及び内容並びにその法人及びその代表者と未成年被後見人との利害関係の有無）、未成年被後見人の意見その他一切の事情を考慮しなければならない。

第3章 お金を貸したけど、何かないと不安
〜担保物権〜

1 自動車の修理費が未払い、自動車はどうなるの？

留置権

Aさんの自動車を修理したのに修理費を払ってくれないんだ

だったら自動車を返さなければいいよ

自動車の修理費を払ってくれない　どうすればいい？

　Aさんから頼まれて自動車を修理したのに、Aさんが修理費を支払ってくれない。修理をした人にすれば仕事の対価を回収できないし、保管するだけでも場所をとられるし、迷惑な話です。
　いっそのこと売ってしまいたい気持ちにもなりますが、そういうわけにもいきません。いったいどうしたらいいのでしょうか。

▼修理費の支払いを担保するもの

問題のツボ〜留置権

　自動車を修理した人は、Aさんに早く修理費を支払ってもらって自動車を引き取るように催促するでしょう。それでもAさんが支払いに応じない場合には、修理費の支払いを求めて裁判を起こさなければなりません。しかし、それも手間がかかります。

102

ところで、Aさんが修理費を支払うまで自動車を返さないことは許されるのでしょうか？

問題解決のコツ

他人の物の占有者は、その物に関して生じた債権を有するときには、その債権の弁済を受けるまで、その物を留置することができます。つまり、その物を引き渡さないことができます。

ただし、その債権が弁済期にないときや占有が不法行為によって始まったときには、留置できません（民法295条）。

このように債権の弁済があるまで目的物を留置できる権利のことを**留置権**といいます。

留置権は、債権の弁済があるまで債務者に目的物を引き渡さないことによって債権の弁済を促す担保物権です。留置権は、当事者間の契約によって生じる担保物権ではなく、民法295条の定める要件を満たせば発生する**法定担保物権**です。

自動車の修理費支払請求権は自動車という物に関して生じた債権ですから、修理をした人は修理費の支払いを受けるまでその自動車を留置することができます。

この場合、修理費の一部の支払いを受けたときであっても、修理費全額の支払いを受けるまで自動車を留置することができます（民法296条、**留置権の不可分性**）。

用語の解説

約定担保物権：債権者と担保権設定者の合意によって成立する担保物権（例：質権、抵当権等）。

法定担保物権：当事者の合意によってではなく、法律の定める要件を満たすことによって成立する担保物権（例：留置権、先取特権等）。

留置権の不可分性：債権の全額の弁済を受けるまで目的物の全部を留置できるということ。

条文

民法295条 （留置権の内容）

1 他人の物の占有者は、その物に関して生じた債権を有するときは、その債権の弁済を受けるまで、その物を留置することができる。ただし、その債権が弁済期にないときは、この限りでない。

2 前項の規定は、占有が不法行為によって始まった場合には、適用しない。

コラム 民法上の担保物権の構造、意味、共通の効力

1 民法上の担保物権の構造

債権者が債務者に債権を有し、この債権を担保するために担保物権が存在します。

担保物権の主な登場人物は、**債権者**、**債務者**、**物上保証人**です。債権者は債権を有するとともに担保物権を有します。担保物権を設定する者には、債務者と物上保証人があります。

▼民法上の担保物権の構造

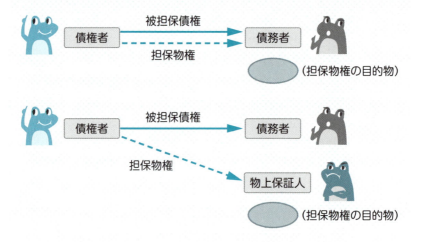

物上保証人とは、債務者以外の者で担保物権を設定する者です。

担保物権によって担保される債権は、**被担保債権**といわれます。

担保物権の客体は、担保物権の目的物とか、担保物などといわれます。

2 民法上の担保物権の意味と性格

民法上の担保物権は、**留置権**、**先取特権**、**質権**、**抵当権（普通抵当権、根抵当権）**です。

このうち、留置権と先取特権は、債権者と担保物権の設定者との合意によって成立するのではなく、法律が定めている要件を満たせば成立する担保物権であり、**法定担保物権**と呼ばれています。

104

これに対して、質権と抵当権は、債権者と担保物権の設定者との合意によって成立する担保物権であり、**約定担保物権**と呼ばれています。

　留置権は、他人の物の占有者が、その物に関して債権を有する場合に、その債権の弁済を受けるまでその物を留置する、すなわち継続して占有することができる担保物権です（民法295条）。
　留置権の特徴は、**被担保債権が「その物に関して生じた債権」であること**と、**その物の占有を継続することによって債務者に債務の弁済を促す**という点です。

　先取特権は、債務者の財産について、他の債権者に先立って自己の債権の弁済を受けることができる担保物権です（民法303条）。先取特権の特徴は、**被担保債権と担保物がセットになっている**ということです。先取特権には、債務者の総財産を対象とする一般の先取特権と特定の動産を対象とする動産の先取特権、特定の不動産を対象とする不動産の先取特権があります。

　質権は、債権の担保として債務者又は物上保証人から受け取った物を債権者が占有し、その物について他の債権者に先立って自己の債権の弁済を受けることができる担保物権です（民法342条）。質権の特徴は、**債権者が、担保物を占有し、かつ、他の債権者に先立って自己の債権の弁済を受けることができる**という**優先弁済的効力**を有することです。質権は、動産や不動産のほか財産権もその目的物とすることができます。

　抵当権は、債務者又は物上保証人が占有を移転しないで抵当権を設定した不動産について、他の債権者に先立って自己の債権の弁済を受ける担保物権です（民法369条1項）。抵当権の特徴は、**担保物が不動産であり**（ただし、民法369条2項により地上権又は永小作権にも抵当権を設定することはできます）、**その不動産の占有は債権者に移転せずに抵当権の設定者のもとに残る**ということです。
　根抵当権は、設定行為で定めるところにより、一定の範囲に属する不特定の債権を極度額の限度で担保する抵当権です（民法398条の2）。根抵当権は、元本の確定前には被担保債権が特定されないので、元本の確定前には付従性も随伴性もありません。

● 3 民法上の担保物権の共通の効力

民法上の担保物権の共通の効力を表にまとめて、付従性、随伴性、不可分性、物上代位的効力、優先弁済的効力、留置的効力、収益的効力について説明します。

▼民法上の担保物権の共通の効力

	付従性	随伴性	不可分性	物上代位的効力	優先弁済的効力	留置的効力	収益的効力
留置権	○	○	○	×	×	○	×
先取特権	○	○	○	○	○	×	×
質権	○	○	○	○	○	○	×（不動産質権○）
抵当権	○（根抵当権×）	○（根抵当権×）	○	○	○	×	×

①担保物権の付従性

担保物権の付従性とは、担保物権が成立するためには被担保債権が存在している必要があり、被担保債権が消滅すれば担保物権も消滅するということです。

留置権、先取特権、質権、抵当権には、いずれも担保物権の付従性が認められますが、根抵当権には元本の確定前には担保物権の付従性がありません。

②担保物権の随伴性

担保物権の随伴性とは、被担保債権が移転すると、これに伴って担保物権も移転するということです。

留置権、先取特権、質権、抵当権には、いずれも担保物権の随伴性が認められますが、根抵当権には元本の確定前には担保物権の随伴性がありません。

③担保物権の不可分性

担保物権の不可分性とは、担保物権者は、被担保債権の全額の弁済を受けるまで担保物に対して担保物権の権利の行使をすることができるということです。

留置権（民法296条）、先取特権（民法305条）、質権（民法350条）、抵当権（民法372条）には、いずれも担保物権の不可分性が認められています。

106

④担保物権の物上代位的効力

担保物権の物上代位的効力とは、担保物の売却、賃貸、滅失又は損傷によって債務者が受けるべき金銭その他の物に対して担保物権を行使することができるということです。

留置権には担保物権の物上代位的効力はありませんが、先取特権（民法304条）、質権（民法350条）、抵当権（民法372条）には、いずれも担保物権の物上代位的効力が認められています。

⑤担保物権の優先弁済的効力

担保物権の優先弁済的効力とは、担保物権者は、他の債権者に先立って自己の債権の弁済を受けることができるということです。

留置権には担保物権の優先弁済的効力はありませんが、先取特権（民法303条）、質権（民法342条）、抵当権（民法369条）には、いずれも担保物権の優先弁済的効力が認められています。

⑥担保物権の留置的効力

担保物権の留置的効力とは、担保物権者が担保物を占有して、被担保債権の弁済があるまでその引渡しを拒むことができるということです。

留置権（民法295条）と質権（民法342条）には担保物権の留置的効力がありますが、先取特権と抵当権には担保物権の留置的効力はありません。

⑦担保物権の収益的効力

担保物権の収益的効力とは、担保物権者が担保物の収益から優先弁済を受けることができるということです。

民法上の担保物権の中で唯一不動産質権について担保物権の収益的効力が認められています（民法356条）。

2 会社が破産！給料はどうなる？
先取特権

会社が破産した。僕の給料まだもらってない！

あきらめるしかないんじゃない？

会社が破産したら給料はどうなるの？

　勤めていた会社が突然破産。会社に行っても入り口は閉ざされたまま。雇用保険をもらって新しい勤務先を探さなければなりません。新しい仕事を探すのは大変です。
　ところで、破産した会社からの給料が未払いの場合、支払ってもらえるのでしょうか。それともあきらめるしかないのでしょうか。

問題のツボ〜先取特権

　破産法の知識になりますが、会社が破産した場合、従業員の給料は破産手続において優先的な地位が与えられています（破産法98条、101条、149条など）。給料は生活の糧だからです。しかし、破産した会社の財産が乏しければ、残念ながら、不十分な支払いしか受けられません。
　では、従業員の給料は、民法の中ではどのように保護されているのでしょうか。
　従業員の給料は、民法上は一般の先取特権として保護されています（民法306条2号、308条）。

問題解決のコツ

　先取特権は、債務者の財産から他の債権者に先立って優先弁済を受けることができる担保物権であり（民法303条）、当事者間の合意によって生じるのではなく法律の規定によって成立する**法定担保物権**です。先取特権には、一般の先取特権と特別の先取特権（動産の先取特権、不動産の先取特権）があります。

108

従業員の給料は、雇用関係に基づいて生じた債権であり、債務者の総財産について先取特権が認められ、とくに債務者が破産したときに威力を発揮します。

▼先取特権の体系

> 条文
>
> **民法306条** （一般の先取特権）
> 　次に掲げる原因によって生じた債権を有する者は、債務者の総財産について先取特権を有する。
> 1　共益の費用
> 2　雇用関係
> 3　葬式の費用
> 4　日用品の供給
>
> **民法308条** （雇用関係の先取特権）
> 　雇用関係の先取特権は、給料その他債務者と使用人との間の雇用関係に基づいて生じた債権について存在する。

3 お金を借りるため、彼女の指輪に質権を設定
質権

彼女に頼んで彼女の指輪に質権を設定してもらって、Aさんから30万円を借りたんだ

ちゃんとお金を返さないと彼女の指輪とられちゃうよ

お金を返さないと指輪を処分されてしまう？

Aさんから30万円を借りるのに担保として彼女の指輪に質権を設定。彼女が指輪を担保にすることを応じてくれたまではいいのですが、借りたお金を返さないと指輪はどうなってしまうのか。Aさんは指輪を売ってその代金から30万円を回収できるのか。そんなことをされたら彼女に怒られるのは間違いなし。

問題のツボ～契約による質物の処分の禁止

お金を借りて担保として質権を設定することがあります。**質権**は、債権者である質権者が質権の目的物（質物）を占有し、他の債権者に先立って自己の債権の弁済を受ける権利を有する担保物権です（民法342条）。動産、不動産のほか財産権にも質権を設定することができます。

質物として提供する物はお金を借りた人の所有物であることが多いでしょうが、第三者の所有物に質権を設定することも可能です。ただし、その第三者が質権の設定を承諾しなければなりません。このように債務者以外の人で担保権を設定する人のことを**物上保証人**といいます。物上保証人は、自己が債権者に弁済し、又は、質権の実行によって質物の所有権を失ったときには、債務者に求償することができます（民法351条）。

では、お金を借りた人が弁済しない場合、債権者は質物を処分してその代金から債権の回収を図ることはできるのでしょうか。

▼彼女の指輪に質権を設定

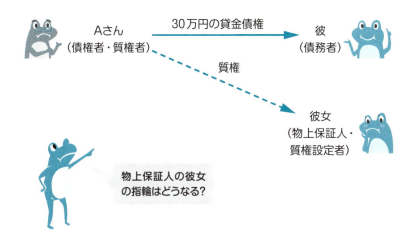

問題解決のコツ

　質権設定者は、設定行為又は債務の弁済期前の契約において、質権者に弁済として質物の所有権を取得させ、その他法律に定める方法によらないで質物の処分をさせることはできないと規定されています（民法349条）。債権者が債務者に不利な契約を押しつけることを防ぐ趣旨で規定されています。

　ただし、動産質権者は、その債権の弁済を受けないときには、正当な理由がある場合に限り、鑑定人の評価に従って質物を直ちに弁済に充てることを裁判所に請求することができます。この場合には予めその請求をする旨を債務者に通知しなければなりません（民法354条）。

　債務者としては弁済しないと質権を実行されて質物の返還を求めることができなくなる可能性がありますから、弁済期に弁済をして質物を返してもらうようにつとめなければなりません。

用語の解説

質権：債権の担保として債務者又は物上保証人から受け取った物を債権者が占有し、その物について他の債権者に先立って自己の債権の弁済を受けることができる担保物権。
物上保証人：債務者以外の者で担保物権を設定する者。

民法342条 （質権の内容）
　質権者は、その債権の担保として債務者又は第三者から受け取った物を占有し、かつ、その物について他の債権者に先立って自己の債権の弁済を受ける権利を有する。

民法349条 （契約による質物の処分の禁止）
　質権設定者は、設定行為又は債務の弁済期前の契約において、質権者に弁済として質物の所有権を取得させ、その他法律に定める方法によらないで質物を処分させることを約することができない。

民法351条 （物上保証人の求償権）
　他人の債務を担保するため質権を設定した者は、その債務を弁済し、又は質権の実行によって質物の所有権を失ったときは、保証債務に関する規定に従い、債務者に対して求償権を有する。

民法354条 （動産質権の実行）
　動産質権者は、その債権の弁済を受けないときは、正当な理由がある場合に限り、鑑定人の評価に従い質物をもって直ちに弁済に充てることを裁判所に請求することができる。この場合において、動産質権者は、あらかじめ、その請求をする旨を債務者に通知しなければならない。

コラム

抵当権を理解するバックボーン・抵当権の実行手続

担保物権で最も利用されているものは抵当権です。ここでは抵当権を理解するためのバックボーンになる知識として、抵当権の実行手続の概略を説明します。

抵当権の実行というのは、被担保債権が弁済されない場合にその回収を図るために抵当権に基づいて担保物である不動産を裁判所を通じて売りに出して、買い手（買受人といいます）の代金を配当して、その配当から被担保債権の回収をはかることです。

抵当権の実行手続は、民事執行法180条から188条に規定されています。

まず、抵当権者は、債務者が被担保債権の弁済をしない場合に、裁判所に対して不動産担保権実行の申立を行うことができます（民事執行法188条、44条1項）。

裁判所は、抵当権実行の要件が備わっているときには、競売手続開始決定を行い、担保物である不動産を差押さえます（民事執行法188条、45条1項）。

　差押えがあっても債務者は通常の用法に従って担保物である不動産を使用し、又収益することができますが（民事執行法188条、46条2項）、担保物である不動産の所有者は抵当権者の権利に影響する処分行為が禁じられ、仮に不動産を売却しても買主は所有権の取得を抵当権者や買受人に対抗することができません。

　裁判所は、執行官に担保物である不動産の現況を調査させ（民事執行法188条、57条）、評価人に担保物である不動産の評価をさせて（民事執行法188条、58条）、その評価に基づいて売却基準価額（不動産の売却の額の基準となるべき価額）を定めます（民事執行法188条、60条1項）。また、裁判所書記官は物件明細書を作成し、裁判所に備え置きます（民事執行法188条、62条）。

　担保物の不動産の売却は入札などの方法によって行われ、債務者以外の者は買受けの申出を行うことができます（民事執行法188条、68条）。

　買受けの申出があると、裁判所は、売却決定期日を開き、売却の許可又は不許可を言い渡します（民事執行法188条、69条）。

　売却の許可があると、買受人は裁判所に代金を納付し（民事執行法188条、78条）、買受人は代金を納付したときに担保物である不動産の所有権を取得します（民事執行法188条、79条）。

　裁判所は、買受人から代金の納付があった場合には、配当表に基づいて配当を実施し（民事執行法188条、84条）、抵当権者はこの配当によって被担保債権の回収を図ることができます（民事執行法188条、87条）。

4 宅地に抵当権を設定した。石灯籠、庭石、植木は？
抵当権の目的物

Bさんは、Aさんからお金を借りて、自分が所有している宅地に抵当権を設定したけど、その宅地には石灯籠、取り外すことができる庭石があり、また植木が植えてあったんだ。Bさんがお金を返せずに抵当権が実行されたら、買受人は宅地のほかこれらの石灯籠、庭石、植木の所有権も取得するのかな？

植木は土地の一部だろうけど、石灯籠や庭石は動かすことができる動産だからそもそも抵当に入っているの？

宅地に対する抵当権が実行されたら、宅地上の石灯籠、庭石、植木はどうなるの？

　Bさんは、Aさんに対する貸金債務を担保するために自分が所有する宅地に抵当権を設定しました。その宅地には、石灯籠、取り外すことができる庭石、それと植木がありました。

　もしもBさんがこの貸金債務を弁済しないとAさんは抵当権を実行してこの宅地は裁判所を通じて買受人の手に渡ることになります。

　その場合、買受人は宅地のほか石灯籠や庭石や植木の所有権を取得するのでしょうか。

▼宅地に抵当権を設定

Aさん　——貸金債権→　Bさん
　　　　←‐‐抵当権‐‐‐
　　　　　　　　　　　①宅地
　　　　　　　　　　　②石灯籠
　　　　　　　　　　　③取り外すことができる庭石
　　　　　　　　　　　④植木

抵当権が実行されると②〜④の所有権も移動するの？

問題のツボ〜抵当権設定当時存在する抵当地上の従物

　抵当権は不動産に対する担保物権です（民法369条1項）。ただし、地上権や永小作権も抵当権の目的とすることができます（民法369条2項）。**不動産**とは、土地及びその定着物です（民法86条1項）。

　宅地は、土地ですからもちろん不動産です。

　植木は、土地の構成部分になっています。植木を引き抜いてその植木だけを売買することはありますが、その場合は引き抜かれた植木は動産として売買されるわけで、宅地に植木が植えてある状態では植木は土地の一部と考えられます。

　石灯籠や取り外すことができる庭石は、土地から分離することが可能であり、土地の定着物ではありません。土地の上にのっている動産です。

　物の所有者が、その物の常用に供するため、自己の所有に属する他の物をこれに付属させたとき、その付属された物を**従物**といいます（民法87条1項）。これに対して、「その物」のことを**主物**といいます。従物は、主物の処分に従います（民法87条2項）。従物は主物の効能を助けるものであり、主物と運命をともにするということです。

　石灯籠や取り外すことができる庭石は、宅地の常用に供せられており、宅地という主物に対する従物といえます。

問題解決のコツ

　宅地や植木は不動産あるいはその一部として抵当権の目的物になりますが、石灯籠や取り外すことができる庭石は、動産ですから抵当権の目的物になるのでしょうか。

　この点民法370条は、抵当権はその目的である不動産に付加して一体となっている物に及ぶと規定しています。

　判例は、結論として、抵当権設定当時に抵当権の目的となっていた土地上にある従物に対しても抵当権の効力が及ぶと解しています。

　この判例の結論には賛成するとしても、その根拠条文として民法370条を根拠にするのか、民法87条2項を根拠にするのか、2通りの解釈が考えられます。

　以上のように、Aさんの抵当権は宅地や植木のほか石灯籠や取り外すことができる庭石にも効力が及んでいますから、その抵当権が実行された場合には、買受人はこれらすべての所有権を取得することになります。

116

用語の解説

不動産：土地及びその定着物。
動産：不動産以外の物。
従物：主物の常用に供するために主物に付属された物。

条文

民法86条　（不動産及び動産）
1　土地及びその定着物は、不動産とする。
2　不動産以外の物は、すべて動産とする。

民法87条　（主物及び従物）
1　物の所有者が、その物の常用に供するため、自己の所有に属する他の物をこれに附属させたときは、その附属させた物を従物とする。
2　従物は、主物の処分に従う。

民法369条　（抵当権の内容）
1　抵当権者は、債務者又は第三者が占有を移転しないで債務の担保に供した不動産について、他の債権者に先立って自己の債権の弁済を受ける権利を有する。
2　地上権及び永小作権も、抵当権の目的とすることができる。この場合においては、この章の規定を準用する。

民法370条　（抵当権の効力の及ぶ範囲）
抵当権は、抵当地の上に存する建物を除き、その目的である不動産（以下「抵当不動産」という。）に付加して一体となっている物に及ぶ。
ただし、設定行為に別段の定めがある場合及び債務者の行為について第424条第3項に規定する詐害行為取消請求をすることができる場合は、この限りでない。

民法424条　（詐害行為取消請求）
1　債権者は、債務者が債権者を害することを知ってした行為の取消しを裁判所に請求することができる。
ただし、その行為によって利益を受けた者（以下この款において「受益者」という。）がその行為の時において債権者を害することを知らなかったときは、この限りでない。
2　前項の規定は、財産権を目的としない行為については、適用しない。
3　債権者は、その債権が第1項に規定する行為の前の原因に基づいて生じたものである場合に限り、同項の規定による請求（以下「詐害行為取消請求」という。）をすることができる。
4　債権者は、その債権が強制執行により実現することのできないものであるときは、詐害行為取消請求をすることができない。

5 抵当に入れた建物が焼失、貸主はどうなる？
抵当権の物上代位

Aさんは事業資金にあてるために銀行から1000万円を借りて自宅の建物に抵当権をつけていたんだけど、その建物が火事になってしまって……

Aさんは火災保険をつけていたの？

抵当権を付けた建物が火事で焼失　抵当権はどうなるの？

　Aさんは事業の資金に使うために銀行から1000万円を借りて、その担保として自宅の建物に抵当権を設定しました。

　ところが、その建物が火事で焼失してしまいました。Aさんは住むところを探さなければならず大変です。ところで、その建物が焼失してしまったときその建物に設定されていた抵当権はどうなってしまうのでしょうか。抵当に入れていた建物がなくなってしまったので抵当権も消滅してしまうのでしょうか。

問題のツボ〜抵当権の物上代位

　抵当権は、債務者又は物上保証人が占有を移転しないで債務の担保に供した不動産について、他の債権者に先立って自己の債権の弁済を受けることができる担保物権です（民法369条1項）。抵当権は、地上権や永小作権にも設定することができます（民法369条2項）。

　もしもAさんがこの建物に火災保険をつけていたのであれば、抵当権は火災保険金の支払請求権に対して効力を及ぼすことができます。これを**物上代位**といいます。

　物上代位は、先取特権について認められているのですが（民法304条）、民法372条によって抵当権にこの民法304条が準用されていますので、抵当権にも物上代位が認められているのです。

問題解決のコツ

抵当権が火災保険金支払請求権に物上代位できるのは、抵当権は不動産の交換価値を把握していたところ、その不動産の交換価値が火災保険金支払請求権に変形した場合には、その変形物にも抵当権の効力が及ぶと考えられるからです。

ただし、火災保険金支払請求権に対して抵当権の効力を及ぼすためには、保険金が支払われる前に差押えをしなければなりません（民法304条1項ただし書）。

もし火災保険がつけられていなかった場合には、他に物上代位できるものがないときには、抵当権は目的物が消滅したことにより消滅することになります。

▼抵当権を設定した建物が焼失

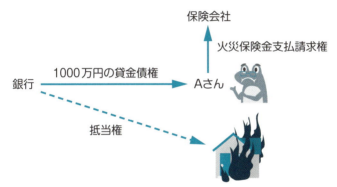

火災保険あり・なしで大違いだけど…
火災保険がついていても差押さえないといけないんだね…

条文

民法304条 （物上代位）
1 先取特権は、その目的物の売却、賃貸、滅失又は損傷によって債務者が受けるべき金銭その他の物に対しても、行使することができる。ただし、先取特権者は、その払渡し又は引渡しの前に差押えをしなければならない。
2 債務者が先取特権の目的物につき設定した物権の対価についても、前項と同様とする。

6 普通の抵当権と根抵当権、どこが違う？

根抵当権

BさんはA銀行からお金を借りてコンビニを経営することになったんだけど、A銀行から開業資金のほか将来は運営資金の貸し付けや手形や小切手の取引もあるだろうから根抵当権を設定してくれませんかと言われているんだって

普通の抵当権じゃいけないの？

普通の抵当権と根抵当権　どこが違う？

　Bさんは、空いている土地を有効活用しようとしてコンビニエンスストアの経営を始めることにしました。フランチャイズチェーンの本部との契約や店舗の建設、店員の採用など何かとお金がかかります。

　Bさんは手元の資金だけでは足りないのでA銀行からお金を借りることにしましたが、A銀行から**根抵当権**（ねていとうけん）を設定してほしいと言われました。

　普通の抵当権のことはなんとなく知っていましたが、根抵当権は普通の抵当権とはどこが違うのでしょうか。

問題のツボ～普通抵当権と根抵当権の違い

　根抵当権は、設定行為で定めるところにより、一定の範囲に属する不特定の債権を極度額の限度において担保する抵当権です（民法398条の2第1項）。

　普通抵当権は、たとえばA銀行がBさんに対して貸し付けた1000万円の貸金債権を担保するためにBさんの土地に設定された抵当権のように、抵当権が担保する被担保債権が1000万円の貸金債権として特定されています。

　これに対して、根抵当権では、根抵当権が担保する債権が特定されておらず、「一定の範囲に属する不特定の債権」を担保します。そして、「一定の範囲に属する債権」として、5つのものが認められています。

120

①債務者との特定の継続的取引契約によって生ずる債権（民法398条の2第2項）
②債務者との一定の種類の取引によって生ずる債権（民法398条の2第2項）
③特定の原因に基づいて債務者との間に継続して生ずる債権（民法398条の2第3項）
④手形上若しくは小切手上の請求権（民法398条の2第3項）
⑤電子記録債権（民法398条の2第3項）

です。

　BさんとA銀行の間では金銭消費貸借契約も1回だけではなく、将来も多くの契約が結ばれることが予想されますし、手形や小切手の取引も生じるかもしれません。

　Bさんとしても、金銭消費貸借契約を結ぶたびにそのつど普通の抵当権を設定するのは面倒ですし、その登記のたびに登録免許税や司法書士の手数料がかかります。A銀行との複数の取引が予想されて、担保に供する土地の負担の上限がはっきりすれば、根抵当権のほうが合理的です。

▼普通抵当権と根抵当権の違い

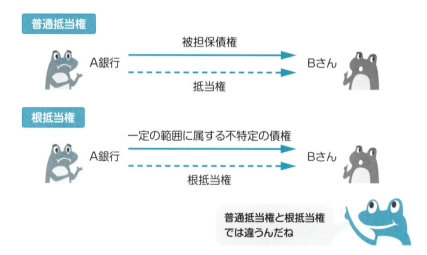

問題解決のコツ

　根抵当権は、極度額の限度で債権を担保します。**極度額**とは、負担の限度額です。例えば、BさんがA銀行との根抵当権設定契約で極度額を3000万円と定めた場合、担保に供した土地の価額が5000万円であれば、Bさんは2000万円（5000万円－

3000万円＝2000万円）の枠内で後順位の抵当権等を設定して資金を借りる計算がたちます。

　根抵当権者や根抵当権設定者の請求により、又一定の事由の発生により、根抵当権の担保すべき元本は確定します（民法398条の19、398条の20）。元本が確定することにより根抵当権が担保する被担保債権が特定されます。

　根抵当権において元本が確定する前の段階では、根抵当権が担保する被担保債権が特定されていませんから、例えば「一定の範囲に属する不特定の債権」の1つとして100万円の債権があってそれを債務者が弁済しても根抵当権が消滅することはありません。

　これに対し、元本が確定して、債務者がその元本や利息や損害金などすべての債務を弁済すれば根抵当権は消滅します。

用語の解説

根抵当権：設定行為で定めるところにより、一定の範囲に属する不特定の債権を極度額の限度において担保する抵当権。
極度額：負担の限度額。
被担保債権：担保物権によって担保される債権。

条文

民法398条の2　（根抵当権）

1　抵当権は、設定行為で定めるところにより、一定の範囲に属する不特定の債権を極度額の限度において担保するためにも設定することができる。

2　前項の規定による抵当権（以下「根抵当権」という。）の担保すべき不特定の債権の範囲は、債務者との特定の継続的取引契約によって生ずるものその他債務者との一定の種類の取引によって生ずるものに限定して、定めなければならない。

3　特定の原因に基づいて債務者との間に継続して生ずる債権、手形上若しくは小切手上の請求権又は電子記録債権（電子記録債権法（平成19年法律第102号）第2条第1項に規定する電子記録債権をいう。次条第2項において同じ。）は、前項の規定にかかわらず、根抵当権の担保すべき債権とすることができる。

民法398条の19　（根抵当権の元本の確定請求）

1　根抵当権設定者は、根抵当権の設定の時から3年を経過したときは、担保すべき元本の確定を請求することができる。この場合において、担保すべき元本は、その請求の時から2週間を経過することによって確定する。

2 根抵当権者は、いつでも、担保すべき元本の確定を請求することができる。この場合において、担保すべき元本は、その請求の時に確定する。
3 前2項の規定は、担保すべき元本の確定すべき期日の定めがあるときは、適用しない。

民法398条の20 （根抵当権の元本の確定事由）
1 次に掲げる場合には、根抵当権の担保すべき元本は、確定する。
　1 根抵当権者が抵当不動産について競売若しくは担保不動産収益執行又は第372条において準用する第304条の規定による差押えを申し立てたとき。ただし、競売手続若しくは担保不動産収益執行手続の開始又は差押えがあったときに限る。
　2 根抵当権者が抵当不動産に対して滞納処分による差押えをしたとき。
　3 根抵当権者が抵当不動産に対する競売手続の開始又は滞納処分による差押えがあったことを知った時から2週間を経過したとき。
　4 債務者又は根抵当権設定者が破産手続開始の決定を受けたとき。
2 前項第3号の競売手続の開始若しくは差押え又は同項第4号の破産手続開始の決定の効力が消滅したときは、担保すべき元本は、確定しなかったものとみなす。ただし、元本が確定したものとしてその根抵当権又はこれを目的とする権利を取得した者があるときは、この限りでない。

非典型担保

　民法に規定されている担保物権は、留置権、先取特権、質権、抵当権の4つです。これらを**典型担保**といいます。

　民法には規定されていませんが、他の法律、判例あるいは実務で行われている担保物権があります。それらの担保は**非典型担保**といわれています。

　ここでは、非典型担保として、**仮登記担保**、**譲渡担保**、**所有権留保**を紹介します。

　仮登記担保は、はじめは現実の取引社会で認められていたのですが、弊害が大きかったため、仮登記担保契約に関する法律という法律が制定され、担保制度として合理化されました。

　仮登記担保は、金銭債務を担保するため、その不履行があるときには債権者に債務者又は第三者に属する所有権等の移転等を目的としてなされた代物弁済の予約、停止条件付代物弁済契約その他の契約で、その契約による権利について仮登記又は仮登録されているものです（仮登記担保契約に関する法律1条）。

　この法律が制定される前は、債権額に比べて目的物が高額である場合にも債務不履行があれば債権者は目的物の所有権を取得できてしまうため、あまりに債権者に有利であり真に担保とはいえないものでした。本来担保というものは債権の回収を確実にするためのものなので、債権者とすれば債権を回収できればよいわけで、債権額より過大な目的物の所有権を債権者に与える必要はありません。そこで、仮登記担保契約に関する法律3条では債権者の清算金支払いを義務付けています。

　譲渡担保は、債権を担保するために目的物の所有権を債権者に移転させるというものです。多く利用されていますが、担保としての実質を考慮して、判例上債権者には債権額と目的物の価額の清算義務があり、また、債務者には目的物を取り戻す権利（受戻権）が認められています。

　所有権留保は、買主が自動車等を購入するに際して代金を分割払いにし、代金の完済があるまで所有権を売主に留保するというものです。売主が所有権を確保することによって買主の代金の支払いを促す機能があります。

第4章 債権の一生とは？債権が生まれてからなくなるまで
～債権総論～

1 注文を受けた瓶ビール、バイトが割っちゃった

種類債権の特定

ホームパーティをするので酒屋さんに行って同じ銘柄の瓶ビールを10本買って、区分けして、当日まで保管してもらうことにしたんだけど、酒屋さんのアルバイトが誤ってその瓶ビールを割ってしまった

酒屋さんはどんな責任を負うの？

酒屋さんのアルバイトが瓶ビールを破損！ 酒屋さんの責任は？

わざわざ酒屋さんに行ってホームパーティ用に瓶ビールを買って酒屋さんにホームパーティ当日まで保管してもらう約束をしていたところ、酒屋さんのアルバイトが誤ってその瓶ビールを割ってしまいました。

こんな場合、酒屋さんと買主が話し合って同じ銘柄の代わりの瓶ビールを引き渡せば、ことは済んでしまうでしょう。この点は後述します。

でも、このような場合、そもそも売主である酒屋さんはどのような責任を負うのでしょうか？

▼アルバイトが瓶ビールを割っちゃった

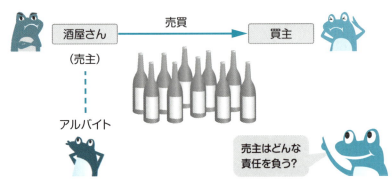

問題のツボ〜種類債権の特定

　酒屋さんと買主との間ではある銘柄の瓶ビール10本の売買契約が成立していました。同じ銘柄の瓶ビール10本というのは、**不特定物（種類物）**です。

　売買契約は、売主は目的物の引渡義務を負い、買主は代金支払義務を負う契約です（民法555条）。売主が目的物を引き渡す場合、その物が特定していなければなりません。そこで、売買契約の目的物が不特定物（種類物）であるときには、引き渡すものを特定する必要があります。これを**種類債権の特定**といい、債務者が物の給付をするのに必要な行為を完了したとき、又は、債権者の同意を得てその給付すべき物を指定したときに、特定します（民法401条2項）。買主が酒屋さんに行って同じ銘柄の瓶ビール10本を買って区分けしてもらったということは、債務者である酒屋さんが債権者である買主の同意を得てその給付すべき物を指定したとみることができるでしょう。

　給付すべき物が特定すると、酒屋さんは引き渡しをするまでの間**善良な管理者の注意**をもってその特定した物を保存しなければなりません（民法400条）。

　酒屋のご主人自身の過失によってビール瓶が割れたのではなく雇っていたアルバイトの過失によってビール瓶が割れたことは、アルバイトは酒屋さんの**履行補助者**ですから酒屋さんの責に帰すべき事由にあたり、酒屋さんは善良な管理者の注意をもって瓶ビールを保存すべき義務に違反したことになり、債務不履行に基づき買主に対して損害賠償責任を負います（民法415条）。

　また、酒屋さんが給付すべき瓶ビール10本が特定したことにより、瓶ビール10本の所有権は酒屋さんから買主に移転します。従って、アルバイトが瓶ビール10本を割るということは買主の所有権を侵害したことになります。この場合、アルバイトは酒屋さんにとって被用者にあたりますから、酒屋さんは**使用者責任**（民法715条1項）を負い、買主に対して不法行為に基づく損害賠償責任を負担します。

問題解決のコツ

　以上のように、酒屋さんは、買主に対して債務不履行により、又、使用者責任により、損害賠償責任を負いますが、酒屋さんと買主が話し合って、同じ銘柄の瓶ビールが10本別にあればそれを給付することによって解決することが多いと思います。

　このような合意は、**代物弁済**（民法482条）、あるいは買主が損害賠償請求権を放棄するかわりに酒屋さんはほかのビールを給付することを合意する**和解**（民法695条）を結んだと考えられます。

用語の解説

特定物：取引の当事者が物の個性に着眼した物。
不特定物（種類物）：取引の当事者が物の種類に着眼した物。
特定物債権：給付の内容が特定物の給付である債権。
不特定物債権（種類債権）：給付の内容が不特定物（種類物）の給付である債権。
種類債権の特定：種類債権において給付の目的物が特定すること。
善良な管理者の注意義務（善管注意義務）：その職業や地位に応じて取引上要求される程度の注意義務。
履行補助者：債務者の手足となって行動する者。

条文

民法400条　（特定物の引渡しの場合の注意義務）
　債権の目的が特定物の引渡しであるときは、債務者は、その引渡しをするまで、契約その他の債権の発生原因及び取引上の社会通念に照らして定まる善良な管理者の注意をもって、その物を保存しなければならない。

民法401条　（種類債権）
1　債権の目的物を種類のみで指定した場合において、法律行為の性質又は当事者の意思によってその品質を定めることができないときは、債務者は、中等の品質を有する物を給付しなければならない。
2　前項の場合において、債務者が物の給付をするのに必要な行為を完了し、又は債権者の同意を得てその給付すべき物を指定したときは、以後その物を債権の目的物とする。

民法482条　（代物弁済）
　弁済をすることができる者（以下「弁済者」という。）が、債権者との間で、債務者の負担した給付に代えて他の給付をすることにより債務を消滅させる旨の契約をした場合において、その弁済者が当該他の給付をしたときは、その給付は、弁済と同一の効力を有する。

民法695条　（和解）
　和解は、当事者が互いに譲歩をしてその間に存する争いをやめることを約することによって、その効力を生ずる。

民法715条　（使用者等の責任）
1　ある事業のために他人を使用する者は、被用者がその事業の執行について第三者に加えた損害を賠償する責任を負う。ただし、使用者が被用者の選任及びその事業の監督について相当の注意をしたとき、又は相当の注意をしても損害が生ずべきであったときは、この限りでない。
2　使用者に代わって事業を監督する者も、前項の責任を負う。
3　前2項の規定は、使用者又は監督者から被用者に対する求償権の行使を妨げない。

２ 買主が骨董品を受け取ってくれない
受領遅滞

骨董品の壺を買ってくれた買主の家にその壺をもっていったんだけど、買主が受け取ってくれない。

地震が来てその壺が壊れてしまったらどうなるんだろう？

買主が骨董品を受け取らない。その後に地震が来てその骨董品が壊れてしまったら？

　骨董品を販売しているＡさんは骨董品の壺を買ってくれたＢさんの家にその壺を持っていったのですが、Ｂさんは気が変わったのかその壺を受け取ってくれません。
　しかたなくＡさんはその壺をお店に持ち帰ったのですが、もし地震が来てその壺が壊れてしまったらどうなるのか心配です。

 売主　　　　　　　　　　　　　　買主

売主　　　　　　　　　　　　　　買主

困ったな、受け取ってくれない…

その間に地震が来て壊れでもしたら…

4

129

問題解決のツボ〜受領遅滞

Aさんは、骨董品の壺をBさんの家に持って行き弁済の提供をしたのですから（民法493条）、**債務不履行**の責任を負いません（民法492条）。

Bさんは買った壺を受け取ることを拒絶したのですから**受領遅滞**となります（民法413条1項）。

以後Aさんは、自己の財産に対するのと同一の注意をもってその壺を保存すれば足ります（民法413条1項）。

また、履行の費用が増加した場合には、その増加額はBさんの負担になります（民法413条2項）。

問題解決のコツ

債権者が債務の履行を受けることを拒んだ場合で、履行の提供があった時以後に当事者双方の責めに帰することができない事由によってその債務の履行が不能になった場合には、その履行の不能は、債権者の責めに帰すべき事由によるものとみなされます（民法413条の2第2項）。

そこで、Aさんがその壺をお店に持ち帰り、その後地震が来てその壺が壊れてしまった場合には、その履行の不能は、債権者であるBさんの責めに帰すべき事由によるものとみなされますので（民法413条の2第2項）、Bさんは代金の支払いを拒むことができません（民法536条2項）。

条文

民法413条　（受領遅滞）

1　債権者が債務の履行を受けることを拒み、又は受けることができない場合において、その債務の目的が特定物の引渡しであるときは、債務者は、履行の提供をした時からその引渡しをするまで、自己の財産に対するのと同一の注意をもって、その物を保存すれば足りる。

2　債権者が債務の履行を受けることを拒み、又は受けることができないことによって、その履行の費用が増加したときは、その増加額は、債権者の負担とする。

民法492条　（弁済の提供の効果）

債務者は、弁済の提供の時から、債務を履行しないことによって生ずべき責任を免れる。

民法493条 （弁済の提供の方法）

　弁済の提供は、債務の本旨に従って現実にしなければならない。

　ただし、債権者があらかじめその受領を拒み、又は債務の履行について債権者の行為を要するときは、弁済の準備をしたことを通知してその受領の催告をすれば足りる。

民法536条 （債務者の危険負担等）

　1　当事者双方の責めに帰することができない事由によって債務を履行することができなくなったときは、債権者は、反対給付の履行を拒むことができる。

　2　債権者の責めに帰すべき事由によって債務を履行することができなくなったときは、債権者は、反対給付の履行を拒むことができない。

　この場合において、債務者は、自己の債務を免れたことによって利益を得たときは、これを債権者に償還しなければならない。

3 遅延損害金の利率は？
法定利率

Bさんに利息なしで100万円を貸したんだけど、約束した返済期日になっても1円も返してくれない

利息の約束はしていないとして、君はBさんにいくら請求できるんだろう？

貸した100万円を返してくれない。いくら請求できるの？

　AさんはBさんに無利息で100万円を貸したのですが、返済期日が来てもBさんは1円も返してくれません。
　利息の約束はなかったのですから利息は請求できないとして、AさんはBさんにいくら請求できるのでしょうか？

問題のツボ〜遅延損害金

　AさんとBさんの間には100万円の金銭消費貸借契約が成立しています（民法587条）。
　Aさんは利息の約束はしなかったのですから、利息を請求することはできません

（民法589条1項）。

　Bさんは確定期限である返済期日が来ても1円も弁済していないので、その期限の到来した時から**履行遅滞**の責任を負い（民法412条1項）、BさんはAさんに元金100万円のほか**遅延損害金**を支払わなければなりません（民法419条1項）。

　Aさんは、Bさんに対して元金100万円と遅延損害金を請求できるわけです。

　この場合、Aさんは損害の証明をする必要はなく（民法419条2項）、また、Bさんは不可抗力をもって抗弁とすることができません（民法419条3項）。

問題解決のコツ

　遅延損害金の利率は、原則として、**法定利率**によります。ただし、約定利率が法定利率を超えるときには、約定利率によります（民法419条）。

　法定利率は年3%ですが（民法404条2項）、法定利率に関しては緩やかな変動制がとられているために（民法404条3項ないし5項）、いつの時点の法定利率によるかが問題になります。

　この点については、債務者が遅滞の責任を負った最初の時点における法定利率によります（民法419条1項）。

　Bさんが支払うべき遅延損害金の利率は、Bさんの返済期日の時点における法定利率によることになります。

条文

民法404条　（法定利率）

1　利息を生ずべき債権について別段の意思表示がないときは、その利率は、その利息が生じた最初の時点における法定利率による。
2　法定利率は、年3パーセントとする。
3　前項の規定にかかわらず、法定利率は、法務省令で定めるところにより、3年を一期とし、一期ごとに、次項の規定により変動するものとする。
4　各期における法定利率は、この項の規定により法定利率に変動があった期のうち直近のもの（以下この項において「直近変動期」という。）における基準割合と当期における基準割合との差に相当する割合（その割合に1パーセント未満の端数があるときは、これを切り捨てる。）を直近変動期における法定利率に加算し、又は減算した割合とする。
5　前項に規定する「基準割合」とは、法務省令で定めるところにより、各期の初日の属する年の6年前の年の1月から前々年の12月までの各月における

短期貸付けの平均利率（当該各月において銀行が新たに行った貸付け（貸付期間が1年未満のものに限る。）に係る利率の平均をいう。）の合計を60で除して計算した割合（その割合に0.1パーセント未満の端数があるときは、これを切り捨てる。）として法務大臣が告示するものをいう。

民法412条　（履行期と履行遅滞）

1　債務の履行について確定期限があるときは、債務者は、その期限の到来した時から遅滞の責任を負う。

2　債務の履行について不確定期限があるときは、債務者は、その期限の到来した後に履行の請求を受けた時又はその期限の到来したことを知った時のいずれか早い時から遅滞の責任を負う。

3　債務の履行について期限を定めなかったときは、債務者は、履行の請求を受けた時から遅滞の責任を負う。

民法419条　（金銭債務の特則）

1　金銭の給付を目的とする債務の不履行については、その損害賠償の額は、債務者が遅滞の責任を負った最初の時点における法定利率によって定める。ただし、約定利率が法定利率を超えるときは、約定利率による。

2　前項の損害賠償については、債権者は、損害の証明をすることを要しない。

3　第1項の損害賠償については、債務者は、不可抗力をもって抗弁とすることができない。

4 期限が来ても退去してくれない！ 損害賠償請求できる？
損害賠償の範囲

マンションの一室を賃貸しているんだけど、契約の期限が来ても賃借人が出て行かない

損害賠償請求できると思うけど、いったいどこまでの損害を賠償してもらえるんだろう？

新しい賃借人へ貸せない！ どこまで損害賠償を請求できる？

　マンションの一室を賃貸したのに契約期限になっても賃借人が部屋を明け渡さない。悪いのは賃借人なのだから損害を賠償してもらわないと困ります。部屋を返してもらえないと、どの程度部屋がいたんでいるのかわからず、修繕する必要があるのか、修繕費用はいくらかかるのかも調べられません。また、新しい賃借人に貸すこともできません。

　部屋を返さない賃借人にはどのような損害を賠償請求できるのでしょうか？

▼賃借人がマンションの一室を返さない

賃貸人にできることは？

問題のツボ〜損害賠償の範囲

　債務の履行について**確定期限**があるときには、債務者は、その期限の到来したときから**履行遅滞**になります（民法412条1項）。マンションの賃貸借契約の契約期間が定められているときに賃借人がその責に帰すべき事由により期限が来ても部屋を明け渡さないときには、履行遅滞として債務不履行になり、損害賠償責任があります（民法415条）。

　債務不履行による**損害賠償**の範囲は、債務不履行によって通常生ずべき損害を賠償することが原則です（民法416条1項）。ただし、例外として、特別の事情によって生じた損害であっても、当事者がその事情を予見すべきであったときは、債権者は、その賠償を請求することができます（民法416条2項）。

問題解決のコツ

　賃貸人は賃借人が約束の期限に明け渡してくれれば他に賃貸することができたでしょうから、期限が来たにもかかわらず明け渡してもらえないことによる損害は、賃料相当額の金額であるのが原則です。期限に明け渡してくれれば有利な条件で売却できたことなどは、特別の事情にあたりますから、その事情による損害については、賃借人がその事情を予見すべきであったときに賃貸人は賠償請求することができます。

用語の解説

確定期限：いつ到来するのか確実な期限。
不確定期限：いつかは到来するけれども、いつ到来するのか不確実な期限。
履行遅滞：履行が可能であるのに、債務者が履行期に履行しないこと。

条文

民法416条　（損害賠償の範囲）
1　債務の不履行に対する損害賠償の請求は、これによって通常生ずべき損害の賠償をさせることをその目的とする。
2　特別の事情によって生じた損害であっても、当事者がその事情を予見すべきであったときは、債権者は、その賠償を請求することができる。

5 債務者の債務者に請求？
債権者代位権

Bさんに200万円を貸していて、BさんもCさんに150万円貸しているんだけど、BさんはCさんから貸したお金をなかなか取り立てようとしないんだ

いっそのこと君がCさんから取り立てたら？

債務者がやらなければ自分がやる？

　AさんはBさんに対して200万円を貸していて、BさんはCさんに150万円を貸しています。Bさんにはほかにめぼしい資産はありません。BさんがなかなかCさんからお金を取り立てない場合、AさんはCさんに対して150万円を支払うように請求できるのでしょうか？

▼BのCに対する権利をAが行使する

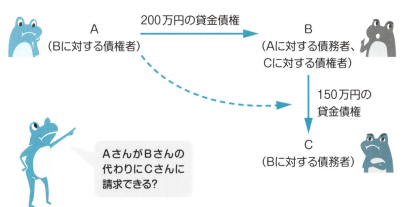

問題のツボ～債権者代位権

BさんのCさんに対する貸金債権はあくまでもBさんの権利です。Bさんの権利なのですからBさんしかその権利を行使できないのが当然のような気がします。

しかし、Bさんが権利行使に熱心でないと、BさんはCさんから貸金を回収することができず、結果としてAさんはBさんから貸金を回収できなくなります。この結果はAさんには気の毒です。

問題解決のコツ

債権者は、自己の債権を保全するため必要があるときには、債務者に属する権利（被代位権利）を行使することができます。ただし、被代位権利が、債務者の一身に専属する権利である場合や差押えを禁じられた権利である場合には、この限りではありません（民法423条1項）。

また、債権者は、自己の債権の期限が到来していない間は、被代位権利を行使することができませんが、被代位権利に関する保存行為は行うことができます（民法423条2項）。

Aさんとしては、BさんがCさんに対して何もしない場合には、自己の200万円の貸金債権を保全するためにBさんのCさんに対する150万円の貸金債権についてCさんを被告として訴訟を提起することができます。Aさんが訴訟を提起した場合には、Bさんに対して訴訟告知をしなければなりません（民法423条の6）。

用語の解説

保存行為：財産の現状を維持する行為。

条文

民法423条　（債権者代位権の要件）
1　債権者は、自己の債権を保全するため必要があるときは、債務者に属する権利（以下「被代位権利」という。）を行使することができる。
　　ただし、債務者の一身に専属する権利及び差押えを禁じられた権利は、この限りでない。
2　債権者は、その債権の期限が到来しない間は、被代位権利を行使することができない。
　　ただし、保存行為は、この限りでない。
3　債権者は、その債権が強制執行により実現することのできないものであるときは、被代位権利を行使することができない。

債権者代位権（民法423条）の構造

債権者代位権とは、債権者が、自己の債権を保全するために、債務者に属する権利を債務者に代わって（代位して）行使することができる権利です。

例えば、AがBに対して300万円の貸金債権を有し、BがCに対して200万円の貸金債権を有している場合に、BのCに対する貸金債権の消滅時効の完成がまじかであるにもかかわらずBが時効の完成猶予の措置をとらずにいるときに、AがBに代わってBのCに対する200万円の貸金債権の訴訟を提起するようなケースです。

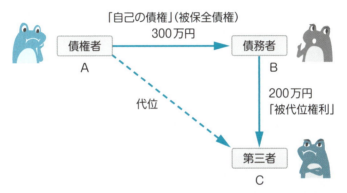

Bとすれば、Cに対する貸金債権は自分の権利なのですから自分の権利をどうしようと本来自由なはずです（**債務者の財産管理処分の自由**）。

Cとすれば、自分はBの債務者なのですから200万円の貸金債務に関してBに主張できることはAがBの権利を代位行使してきた場合にも主張できるはずです（**第三者の権利主張の確保**）。

このような状況下でAがBの権利を代わって行使できるのは、そうしなければBの財産が減少してしまって、ひいてはAのBに対する債権が回収できなくなってしまうからです（**Aの債権の保全**）。

このように、債権者代位権は、

①債権者の債権の保全
②債務者の財産管理処分の自由
③第三者の権利主張の確保

という三者の関係を調整する制度です。

6 債務者が安い価格で売却、債権者は取り消せない？
詐害行為取消権

Bさんに600万円貸しているんだけど、Bさんが唯一の資産である時価2000万円相当のマンションを破格の500万円でBさんの友人であるCさんに売ってしまったの

Bさんのマンションの売却をなかったことにはできないの？

不相当な代金でマンションを売却　取り消すことはできる？

　Aさんは、Bさんに600万円を貸していましたが、Bさんは唯一の資産であって時価2000万円のマンションを友人のCさんに破格の500万円で売ってしまいました。代金があまりにも安いのですが、Bさんには何かあったのでしょうか。あるいはCさんにだまされたのか。

　こんなときAさんは何もできないのでしょうか。BさんがCさんから得た代金500万円をすぐに使ってしまえば、Aさんは600万円の貸金を回収することは事実上不可能になってしまいます。

▼マンションの売買を取り消せる？

140

問題のツボ～詐害行為取消請求

　BさんがCさんにだまされたのであれば、Bさんは詐欺を理由にCさんとの売買契約を取り消すことができます（民法96条1項）。Bさんがこの取消権を行使しない場合には、AさんがBさんに代位してこの取消権を行使することも考えられます（民法423条）。

　CさんがBさんの債権者を害することを知ってBさんからマンションを購入した場合は、どうでしょうか？

問題解決のコツ

　債権者は、債務者が債権者を害することを知ってした行為の取消しを裁判所に請求することができます。ただし、その行為によって利益を受けた者（受益者）がその行為の時において債権者を害することを知らなかったときは、この限りではありません（**詐害行為取消請求**、民法424条1項）。

　CさんがBさんから500万円でマンションを購入した時点でその売買が債権者を害することを知っていた時には、Aさんは、Cさんを被告としてその売買契約を取消す裁判を提起することができます（民法424条の7第1項1号）。

　そして、この訴訟でAさんは、Cさんに対してマンションの売買契約の取消しとともにそのマンションをBさんに返還するように請求することができます（民法424条の6第1項）。

　この訴訟の判決の効力は、債務者及び債務者のすべての債権者に対しても効力が及びます（民法425条）。

用語の解説

受益者：債務者から財産を取得した者。
転得者：受益者から財産を取得した者。

条文

民法424条　（詐害行為取消請求）

1　債権者は、債務者が債権者を害することを知ってした行為の取消しを裁判所に請求することができる。
　ただし、その行為によって利益を受けた者（以下この款において「受益者」という。）がその行為の時において債権者を害することを知らなかったとき

は、この限りでない。

2 前項の規定は、財産権を目的としない行為については、適用しない。

3 債権者は、その債権が第1項に規定する行為の前の原因に基づいて生じたものである場合に限り、同項の規定による請求（以下「詐害行為取消請求」という。）をすることができる。

4 債権者は、その債権が強制執行により実現することのできないものであるときは、詐害行為取消請求をすることができない。

民法424条の6 （財産の返還又は価額の償還の請求）

1 債権者は、受益者に対する詐害行為取消請求において、債務者がした行為の取消しとともに、その行為によって受益者に移転した財産の返還を請求することができる。

受益者がその財産の返還をすることが困難であるときは、債権者は、その価額の償還を請求することができる。

2 債権者は、転得者に対する詐害行為取消請求において、債務者がした行為の取消しとともに、転得者が転得した財産の返還を請求することができる。

転得者がその財産の返還をすることが困難であるときは、債権者は、その価額の償還を請求することができる。

民法424条の7 （被告及び訴訟告知）

1 詐害行為取消請求に係る訴えについては、次の各号に掲げる区分に応じ、それぞれ当該各号に定める者を被告とする。

1 受益者に対する詐害行為取消請求に係る訴え　受益者

2 転得者に対する詐害行為取消請求に係る訴え　その詐害行為取消請求の相手方である転得者

2 債権者は、詐害行為取消請求に係る訴えを提起したときは、遅滞なく、債務者に対し、訴訟告知をしなければならない。

民法425条 （認容判決の効力が及ぶ者の範囲）

詐害行為取消請求を認容する確定判決は、債務者及びその全ての債権者に対してもその効力を有する。

詐害行為取消請求権（民法424条）の構造

詐害行為取消請求権とは、債務者が債権者を害することを知ってした行為の取消しを裁判所に請求することができる権利です。

例えば、AがBに対して1000万円の貸金債権を有している場合に、Bが唯一の資産である時価2000万円のマンションをAを害することを知って妻に贈与した場合に、妻もAを害すべき事実を知っていたときに、AはBとその妻とのマンションの贈与契約の取消しを裁判所に請求できるというものです。

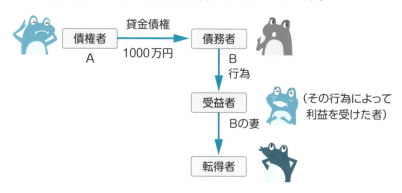

Bとすれば、本来は自分の財産をどのように管理し、処分するのは自由なはずです（**債務者の財産管理処分の自由**）。

また、Bの妻とすれば、Bと取引する場合、本来どのような取引をしようと自由であって、後からその取引を他人に取り消されるいわれはないはずです（**受益者や転得者の取引の安全**）。

にもかかわらず、AがBとその妻との間のマンションの贈与契約の取消しを裁判所に請求できるのは、AのBに対する貸金債権を保全する必要があり、Bにもその妻にもマンションの贈与を取り消されてもやむを得ない理由があるからです（**債権者の債権の保全**）。

詐害行為取消請求権は、このように、

①債権者の債権の保全
②債務者の財産管理処分の自由
③受益者や転得者の取引の安全

という利害を調整する制度です。

7 お金を貸して！連帯して返すから
連帯債務

BさんとCさんが共同して事業を興すので300万円を貸してくれって言われて、彼らは連帯して返すって言うんだ

じゃ君は合計して600万円返してもらえるの？

連帯して返すとはどういうこと？

BさんとCさんは起業するにあたりAさんから300万円を借りようとしています。BさんとCさんは二人で連帯して返すと言っていますが、これはどういう意味でしょうか？　二人で300万円を返すということ？

それともBさんが300万円、Cさんが300万円、合計600万円を返すということ？

▼連帯して300万円を返す

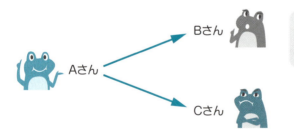

300万円の連帯債務って…Bさん、Cさんは、いくら返すの？

問題のツボ～連帯債務

Aさんは300万円を貸し渡すのですから返してもらうお金が倍の600万円になるのは、あまりにもAさんが得をすることになります。そのようなことはBさんもCさんも意図してはいないでしょう。

BさんとCさんは二人で頑張ってAさんに300万円を返すと考えているでしょうし、Aさんとしても300万円が返ってくればよいわけで、それがBさんからでもCさんからでも、あるいは二人それぞれからでもいいと考えているでしょう。

問題解決のコツ

　AさんとBさん、Cさんとの間には、Aさんを貸主とし、Bさん、Cさんを借主とする300万円の**金銭消費貸借契約**が成立しています（民法587条）。

　問題はBさんとCさんが貸金300万円を連帯して返すという意味ですが、これは連帯債務であると考えられます。

　連帯債務とは、債権の目的がその性質上可分である場合において、法令の規定又は当事者の意思表示によって数人が連帯して債務を負担するものです。

　Aさんは、BさんとCさんにそれぞれ300万円全額請求することもできます。また、Aさんは、たとえばBさんには100万円請求して、Cさんには200万円請求することもできます。この場合BさんとCさんの負担部分がそれぞれ2分の1のときには、CさんはBさんに対して50万円求償することができます。

　しかし、いずれの場合にもAさんが回収できる金額は300万円が限度であり、600万円回収できるわけではありません。

用語の解説

負担部分：連帯債務者内部間の負担割合。

条文

民法436条　（連帯債務者に対する履行の請求）
　債務の目的がその性質上可分である場合において、法令の規定又は当事者の意思表示によって数人が連帯して債務を負担するときは、債権者は、その連帯債務者の一人に対し、又は同時に若しくは順次に全ての連帯債務者に対し、全部又は一部の履行を請求することができる。

民法587条　（消費貸借）
　消費貸借は、当事者の一方が種類、品質及び数量の同じ物をもって返還をすることを約して相手方から金銭その他の物を受け取ることによって、その効力を生ずる。

145

8 借主の債務が消滅時効に！保証人の責任は？

保証債務

BさんがAさんから借りた100万円について僕が保証したんだけど、そろそろ消滅時効が完成しそうなんだ

もうちょっとの辛抱だね

借主の債務が消滅時効にかかりそう Aさん、Bさん、Cさん、3人の関係は？

Cさん（保証人）は、Bさん（主たる債務者）がAさん（債権者）から借りた100万円について保証しましたが、Bさんが返済しないままでいたところ、そろそろ消滅時効が完成しそうです。Aさんはそんにお金を貸したことをわすれてしまったのか、それとも何かほかの理由があるのか、いまのところ何もしていません。

Aさん、Bさん、Cさん、3人の関係はどうなるのでしょうか。

▼主たる債務が消滅時効にかかりそう

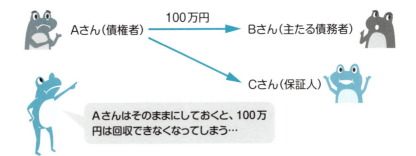

Aさんはそのままにしておくと、100万円は回収できなくなってしまう…

問題のツボ〜保証人による主たる債務の消滅時効の援用

保証人は、主たる債務者がその債務を履行しないときに、その履行をする責任を負います（民法446条1項）。**保証債務**は、債権者と保証人との保証契約によって生

じる債務ですが、保証債務は主たる債務を担保するために存在しますから、保証人の負担が債務の目的又は態様において主たる債務よりも重いときには、主たる債務の限度に減縮されます（民法448条）。

　主たる債務が消滅時効にかかり、主たる債務者がその消滅時効を**援用**すれば（民法145条）主たる債務は消滅し、主たる債務に付従している保証債務も消滅することになります。

　これに対して、債権者が主たる債務者に請求するなどして消滅時効の完成が猶予されると消滅時効の完成猶予は保証人に対しても及びます（民法457条1項）。

問題解決のコツ

　保証人は、主たる債務の消滅時効について援用することができます（民法145条）。従って、主たる債務者が消滅時効を援用しない場合も、保証人はその消滅時効を援用して主たる債務の時効による消滅、及び、主たる債務に付従している保証債務の消滅を主張することができます。

用語の解説

保証債務：主たる債務を担保するため、債権者と保証人との保証契約によって
　　　　　　 生ずる保証人の債務。
援用：時効の利益を享受すること。

条文

民法145条　（時効の援用）
　時効は、当事者（消滅時効にあっては、保証人、物上保証人、第三取得者その他権利の消滅について正当な利益を有する者を含む。）が援用しなければ、裁判所がこれによって裁判をすることができない。

民法457条　（主たる債務者について生じた事由の効力）
1　主たる債務者に対する履行の請求その他の事由による時効の完成猶予及び更新は、保証人に対しても、その効力を生ずる。
2　保証人は、主たる債務者が主張することができる抗弁をもって債権者に対抗することができる。
3　主たる債務者が債権者に対して相殺権、取消権又は解除権を有するときは、これらの権利の行使によって主たる債務者がその債務を免れるべき限度において、保証人は、債権者に対して債務の履行を拒むことができる。

9 父親の会社の事業を承継することで保証人になることに

事業にかかる債務についての保証

近い将来父親の会社の事業を引き継ぐことになって、父親の会社で働くことになったんだけど、父親の会社の借入金について保証人になることになった

慎重に考えた方がいいんじゃない？

会社の事業資金の借入れの保証人に。保証契約はどのように結べばいいの？

　Bさんは、父親の会社（A社）の事業を父親から引き継ぐことになり、サラリーマンを辞めてA社で働くことになりました。父親が引退した後はA社の代表取締役になり、そのA社を経営することになります。

　Bさんは、A社の銀行からの借入金について保証人になることになったのですが、保証契約はどのように結べばよいのでしょうか？

お金

主たる債務者
会社（A社）

銀行

保証契約は誰とどう結ぶ？

保証人
Bさん

問題のツボ〜個人根保証契約、個人貸金等根保証契約

　一定の範囲に属する不特定の債務を主たる債務とする保証契約を**根保証契約**といい、根保証契約で保証人が法人でないものを**個人根保証契約**といいます（民法465条の2第1項）。個人根保証契約は、**極度額**を定めなければ無効であり（民法465条の2第2項）、個人根保証契約の保証人は極度額を限度として責任を負います（民法465条の2第1項）。

　また、極度額の定めは、書面でしなければ無効です（民法465条の2第3項による民法446条2項、3項の準用）。

　また、金銭の貸渡し又は手形の割引を受けることによって負担する債務を**貸金等債務**といいます（民法465条の3第1項）。

　BさんがA社の借入金について保証する場合には個人根保証契約や個人貸金等根保証契約を結ぶことが多いと思われます。

問題解決のコツ

　事業のために負担した貸金等債務を主たる債務とする保証契約又は主たる債務の範囲に事業のために負担する貸金等債務が含まれる根保証契約は、保証契約や根保証契約の締結に先立ち、その締結の日前1か月以内に作成された**公正証書**で保証人になろうとする者が保証債務を履行する意思を表示していなければ、無効となります（民法465条の6）。

　BさんがA社の借入金について保証する場合には、A社の事業のために負担した貸金等債務を主たる債務とする保証契約又は主たる債務の範囲に事業のために負担する貸金等債務が含まれる根保証契約が結ばれることが多いと思われますが、その場合にはこれらの保証契約が結ばれる1か月前にBさんの保証意思を確認する公正証書が作成されなければなりません。

　また、主たる債務者（A社）は、事業のために負担する債務を主たる債務とする保証を委託するときなどには、委託を受ける者（Bさん）に対し、主たる債務者（A社）の財産の状況等の情報を提供する義務があります（民法465条の10第1項）。

用語の解説

根保証契約：一定の範囲に属する不特定の債務を主たる債務とする保証契約。
個人根保証契約：根保証契約で保証人が法人でないもの。
貸金等債務：金銭の貸渡し又は手形の割引を受けることによって負担する債務。
個人貸金等根保証契約：個人根保証契約であってその主たる債務の範囲に貸金等債務が含まれるもの。

条文

民法465条の2　（個人根保証契約の保証人の責任等）

1　一定の範囲に属する不特定の債務を主たる債務とする保証契約（以下「根保証契約」という。）であって保証人が法人でないもの（以下「個人根保証契約」という。）の保証人は、主たる債務の元本、主たる債務に関する利息、違約金、損害賠償その他その債務に従たる全てのもの及びその保証債務について約定された違約金又は損害賠償の額について、その全部に係る極度額を限度として、その履行をする責任を負う。

2　個人根保証契約は、前項に規定する極度額を定めなければ、その効力を生じない。

3　第446条第2項及び第3項の規定は、個人根保証契約における第1項に規定する極度額の定めについて準用する。

民法465条の3　（個人貸金等根保証契約の元本確定期日）

1　個人根保証契約であってその主たる債務の範囲に金銭の貸渡し又は手形の割引を受けることによって負担する債務（以下「貸金等債務」という。）が含まれるもの（以下「個人貸金等根保証契約」という。）において主たる債務の元本の確定すべき期日（以下「元本確定期日」という。）の定めがある場合において、その元本確定期日がその個人貸金等根保証契約の締結の日から5年を経過する日より後の日と定められているときは、その元本確定期日の定めは、その効力を生じない。

2　個人貸金等根保証契約において元本確定期日の定めがない場合（前項の規定により元本確定期日の定めがその効力を生じない場合を含む。）には、その元本確定期日は、その個人貸金等根保証契約の締結の日から3年を経過する日とする。

3　個人貸金等根保証契約における元本確定期日の変更をする場合において、変更後の元本確定期日がその変更をした日から5年を経過する日より後の日となるときは、その元本確定期日の変更は、その効力を生じない。
ただし、元本確定期日の前2箇月以内に元本確定期日の変更をする場合において、変更後の元本確定期日が変更前の元本確定期日から5年以内の日

となるときは、この限りでない。

4 第446条第2項及び第3項の規定は、個人貸金等根保証契約における元本確定期日の定め及びその変更（その個人貸金等根保証契約の締結の日から3年以内の日を元本確定期日とする旨の定め及び元本確定期日より前の日を変更後の元本確定期日とする変更を除く。）について準用する。

民法465条の6 （公正証書の作成と保証の効力）

1 事業のために負担した貸金等債務を主たる債務とする保証契約又は主たる債務の範囲に事業のために負担する貸金等債務が含まれる根保証契約は、その契約の締結に先立ち、その締結の日前1箇月以内に作成された公正証書で保証人になろうとする者が保証債務を履行する意思を表示していなければ、その効力を生じない。

2 前項の公正証書を作成するには、次に掲げる方式に従わなければならない。

1 保証人になろうとする者が、次のイ又はロに掲げる契約の区分に応じ、それぞれ当該イ又はロに定める事項を公証人に口授すること。

イ 保証契約（ロに掲げるものを除く。）

主たる債務の債権者及び債務者、主たる債務の元本、主たる債務に関する利息、違約金、損害賠償その他その債務に従たる全てのものの定めの有無及びその内容並びに主たる債務者がその債務を履行しないときには、その債務の全額について履行する意思（保証人になろうとする者が主たる債務者と連帯して債務を負担しようとするものである場合には、債権者が主たる債務者に対して催告をしたかどうか、主たる債務者がその債務を履行することができるかどうか、又は他に保証人があるかどうかにかかわらず、その全額について履行する意思）を有していること。

ロ 根保証契約

主たる債務の債権者及び債務者、主たる債務の範囲、根保証契約における極度額、元本確定期日の定めの有無及びその内容並びに主たる債務者がその債務を履行しないときには、極度額の限度において元本確定期日又は第465条の4第1項各号若しくは第2項各号に掲げる事由その他の元本を確定すべき事由が生ずる時までに生ずべき主たる債務の元本及び主たる債務に関する利息、違約金、損害賠償その他その債務に従たる全てのものの全額について履行する意思（保証人になろうとする者が主たる債務者と連帯して債務を負担しようとするものである場合には、債権者が主たる債務者に対して催告をしたかどうか、主たる債務者がその債務を履行することができるかどうか、又は他に保証人があるかどうかにかかわらず、その全額について履行する意思）を有している

こと。

2 公証人が、保証人になろうとする者の口述を筆記し、これを保証人になろうとする者に読み聞かせ、又は閲覧させること。

3 保証人になろうとする者が、筆記の正確なことを承認した後、署名し、印を押すこと。

ただし、保証人になろうとする者が署名することができない場合は、公証人がその事由を付記して、署名に代えることができる。

4 公証人が、その証書は前3号に掲げる方式に従って作ったものである旨を付記して、これに署名し、印を押すこと。

3 前2項の規定は、保証人になろうとする者が法人である場合には、適用しない。

民法465条の10　（契約締結時の情報の提供義務）

1 主たる債務者は、事業のために負担する債務を主たる債務とする保証又は主たる債務の範囲に事業のために負担する債務が含まれる根保証の委託をするときは、委託を受ける者に対し、次に掲げる事項に関する情報を提供しなければならない。

1 財産及び収支の状況

2 主たる債務以外に負担している債務の有無並びにその額及び履行状況

3 主たる債務の担保として他に提供し、又は提供しようとするものがあるときは、その旨及びその内容

2 主たる債務者が前項各号に掲げる事項に関して情報を提供せず、又は事実と異なる情報を提供したために委託を受けた者がその事項について誤認をし、それによって保証契約の申込み又はその承諾の意思表示をした場合において、主たる債務者がその事項に関して情報を提供せず又は事実と異なる情報を提供したことを債権者が知り又は知ることができたときは、保証人は、保証契約を取り消すことができる。

3 前2項の規定は、保証をする者が法人である場合には、適用しない。

10 債権譲渡で債務をなしに？
債権譲渡

僕（C）はAさんに100万円貸しているんだけど、AさんはBさんに120万円の売買代金債権を持っていて、その債権を僕に譲渡するからそれで僕の債権をなしにしてほしいって言うんだ

Bさんの立場はどうなるの？

債権譲渡ですべてうまくおさまる？

　CさんはAさんに100万円の貸金債権があり、AさんはBさんに120万円の代金債権を持っています。AさんはBさんから120万円支払ってもらって、Aさんがそのお金でCさんに100万円弁済すれば、すべては円満に終わります。

　でも、例えばAさんが現在お金の余裕がなくて120万円の代金債権の弁済期がまだ来ていないときなどに、AさんがCさんに頼んで120万円の代金債権をCさんに譲渡するからこれで100万円の貸金債務の弁済にあててほしいと頼んできたとき、Cさんはこの申出に応じたほうがよいでしょうか。

　CさんはAさんのBさんに対する代金債権を譲り受ければBさんに120万円請求することができます。

　しかし、債権譲渡はAさんとCさんの間で行われるので、Bさんの立場はどうなるのでしょうか？

▼債権譲渡と債務者

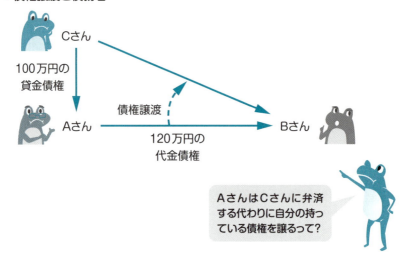

問題のツボ〜債権譲渡と債務者に対する対抗要件

債権譲渡はAさんとCさんの間で行われることですから、Bさんは、はたして本当に債権譲渡があったのかなかったのか不安な立場におかれます。

そこで、Bさんの立場を考えて債権譲渡をBさんに対抗するための何らかの措置が必要です。

問題解決のコツ

債権譲渡とは、債権の同一性を維持しながら債権を移転することです。

債権は、原則として、譲渡することができます。ただし、扶養を受ける権利（民法881条）などのように債権の性質が譲渡を許さないものについては、債権譲渡はできません（民法466条1項）。

また、債権者と債務者が合意をして、債権の譲渡を禁止したり、債権の譲渡を制限することもできます。しかし、このような譲渡制限がつけられた債権を譲渡した場合、債権譲渡は有効です（民法466条2項）。譲渡制限がつけられた債権が譲渡された場合、債務者は、譲渡制限を知っていた、あるいは、重大な過失によって知らなかった譲受人や第三者に対して、債務の履行を拒むことができますし、譲渡人に弁済していたことなどを譲受人や第三者に対して主張することができます（民法466条3項）。

債権譲渡があった場合に債務者は本当に譲渡があったのかわかりませんし、だれ

に弁済すればよいのか、譲渡人に対して相殺の意思表示をしようと考えていたのに債権譲渡があった場合に相殺はできなくなってしまうのかなど、不安定な立場に置かれます。

そこで、債権の譲渡は、譲渡人が債務者に債権を譲渡したことを通知し、又は、債務者が承諾しなければ、債務者その他の第三者に対抗することはできません（民法467条1項）。

そして、債務者は、これらの対抗要件が具備された時までに譲渡人に対して有していた事由をもって譲受人に対抗することができます（民法468条1項）。

また、債務者は、対抗要件具備時より前に取得した譲渡人に対する債権による相殺を譲受人に対抗することができます（民法469条1項）。

AさんとCさんとの間でAさんのBさんに対する120万円の代金債権をCさんに譲渡することになった場合、CさんがBさんにこの120万円の代金債権を請求するためには、AさんがBさんに対して債権譲渡の通知をするか、Bさんがその債権譲渡を承諾する必要があります。

用語の解説

債権譲渡：債権の同一性を維持しながら債権を移転すること。

条文

民法466条　（債権の譲渡性）

1. 債権は、譲り渡すことができる。
   ただし、その性質がこれを許さないときは、この限りでない。
2. 当事者が債権の譲渡を禁止し、又は制限する旨の意思表示（以下「譲渡制限の意思表示」という。）をしたときであっても、債権の譲渡は、その効力を妨げられない。
3. 前項に規定する場合には、譲渡制限の意思表示がされたことを知り、又は重大な過失によって知らなかった譲受人その他の第三者に対しては、債務者は、その債務の履行を拒むことができ、かつ、譲渡人に対する弁済その他の債務を消滅させる事由をもってその第三者に対抗することができる。
4. 前項の規定は、債務者が債務を履行しない場合において、同項に規定する第三者が相当の期間を定めて譲渡人への履行の催告をし、その期間内に履行がないときは、その債務者については、適用しない。

民法467条 （債権の譲渡の対抗要件）

1 債権の譲渡（現に発生していない債権の譲渡を含む。）は、譲渡人が債務者に通知をし、又は債務者が承諾をしなければ、債務者その他の第三者に対抗することができない。

2 前項の通知又は承諾は、確定日付のある証書によってしなければ、債務者以外の第三者に対抗することができない。

民法468条 （債権の譲渡における債務者の抗弁）

1 債務者は、対抗要件具備時までに譲渡人に対して生じた事由をもって譲受人に対抗することができる。

2 第466条第4項の場合における前項の規定の適用については、同項中「対抗要件具備時」とあるのは、「第466条第4項の相当の期間を経過した時」とし、第466条の3の場合における同項の規定の適用については、同項中「対抗要件具備時」とあるのは、「第466条の3の規定により同条の譲受人から供託の請求を受けた時」とする。

民法469条 （債権の譲渡における相殺権）

1 債務者は、対抗要件具備時より前に取得した譲渡人に対する債権による相殺をもって譲受人に対抗することができる。

2 債務者が対抗要件具備時より後に取得した譲渡人に対する債権であっても、その債権が次に掲げるものであるときは、前項と同様とする。
　ただし、債務者が対抗要件具備時より後に他人の債権を取得したときは、この限りでない。

　1 対抗要件具備時より前の原因に基づいて生じた債権

　2 前号に掲げるもののほか、譲受人の取得した債権の発生原因である契約に基づいて生じた債権

3 第466条第4項の場合における前2項の規定の適用については、これらの規定中「対抗要件具備時」とあるのは、「第466条第4項の相当の期間を経過した時」とし、第466条の3の場合におけるこれらの規定の適用については、これらの規定中「対抗要件具備時」とあるのは、「第466条の3の規定により同条の譲受人から供託の請求を受けた時」とする。

コラム 債務の引受け、履行の引受け、契約上の地位の移転

債権譲渡は、債権の同一性を維持しながら債権を移転することです。債権譲渡が行われると債権者が変更することになります。

では、債務者が変更する制度はないのでしょうか。また、契約上の地位そのものを移転する制度はないのでしょうか。

これらに関しては、**債務の引受け**、**履行の引受け**、**契約上の地位の移転**が認められています。

債務の引受けとは、債務の同一性を維持しながら、債務者を変更することです。債務の引受けには、元の債務者から新たな債務者に債務を移転して元の債務者が債務を負担しなくなる**免責的債務引受**と、元の債務者も存続し新たな債務者が加わる**併存的債務引受**があります。

免責的債務引受が成立すると、原債務者は債務を免れ、債務引受人だけが債務を負担することになります。

▼免責的債務引受（民法472条）

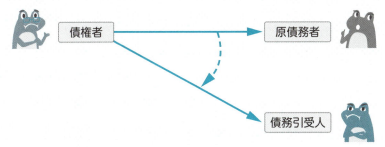

免責的債務引受を行う当事者については、

①債権者、原債務者、債務引受人の三者でもちろん行うことができます。
②債権者と債務引受人の二者で行うこともできますが、このときには債権者が原債務者にその契約をした旨を通知した時に免責的債務引受けの効力が生じます（民法472条2項）。
③債務者と債務引受人の二者で行う場合には、債権者が債務引受人に承諾する必要があります（民法472条3項）。

併存的債務引受が成立すると、原債務者と債務引受人は連帯して債務を負担することになります（民法470条1項）。

▼併存的債務引受

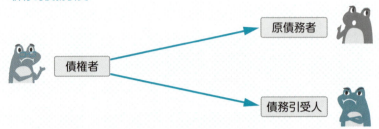

併存的債務引受を行う当事者については、

①債権者、原債務者、債務引受人の三者でもちろん行うことができます。
②債権者と債務引受人の二者で行うこともできます（民法470条2項）。
③債務者と債務引受人の二者で行う場合には、債権者が債務引受人に承諾をした時に効力が生じます（民法470条3項）。

　履行の引受けとは、債務者と履行引受人の合意により、履行引受人が債権者に債務を負担するのではなく、第三者として弁済することを債務者に対して約束することです。

▼履行の引受け

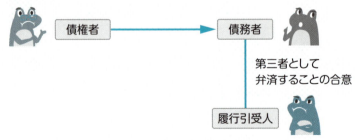

　従って、履行の引受けの当事者は、債務者と履行引受人です。

契約上の地位の移転とは、契約上の地位を包括的に移転することです。例えば、賃貸借契約における賃貸人の地位を移転することなどです。

▼契約上の地位の移転

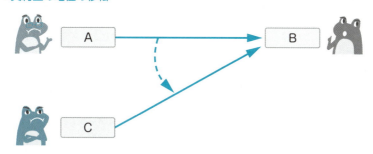

契約上の地位の移転があると、契約の解除権も譲受人に移転します。これは契約の解除権は、契約の当事者である地位にある者に帰属すると考えられているからです。

従って、債権譲渡があったにすぎない場合には、契約の解除権は譲受人に移転しません。

契約上の地位の移転の当事者は、譲渡人、譲受人、他方当事者の三者で行うことはもちろん可能です。譲渡人と譲受人との合意によって行うこともできますが、他方当事者の承諾が必要です（民法539条の2）。

11 自称貸金債権の譲受人？ この人に払ってもOK？

受領権者としての外観を有する者に対する弁済

Aさんから10万円借りているんだけど、Cさんという人がやってきて、『私(A)は、あなた(B)に貸している10万円の貸金をCさんに譲渡しましたから、10万円はCさんに支払ってください。』と書いてある紙を持ってきて、Cさんが自分に10万円を支払うように言ってきたんだ。友達に相談させてくださいと言ってその場はCさんに引き取ってもらったんだけど…

まずはAさんに連絡して本当にCさんに譲渡したのか確認した方がいいよ

貸金10万円を譲り受けたと称する人がやってきた この人に支払っても大丈夫か？

　Bさんは、Aさんとの金銭消費貸借契約に基づいて10万円を借りていました。そうしたところ、Bさんのところにcさんという人がやってきて、紙を見せました。その紙には「私(A)は、あなた(B)に貸している10万円の貸金をCさんに譲渡しましたから、10万円はCさんに支払ってください。」と書いてありました。Cさんは、自分はAさんから10万円の貸金債権を譲り受けたので10万円は私に支払ってくださいと言います。Bさんは、突然やってきたCさんにそう言われても心配になり、友達に相談させてくださいと言ってその場は逃れましたが、これからどうすればいいのか。

　Aさんに連絡してもなかなか連絡が取れずに返済の期限が迫って来て、返済の期限を過ぎてしまうと遅延損害金が発生してしまいます。

▼ Bさんのところに突然Cさんがやってきた

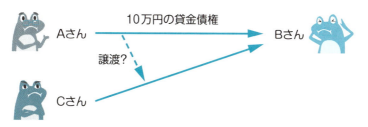

問題のツボ〜受領権者としての外観を有する者に対する弁済

　債権の譲渡は、譲渡人が債務者に通知をし、又は債務者が承諾しなければ、債務者その他の第三者に対抗することができません（民法467条1項）。467条1項の文言からいっても、この通知は、債権の譲渡人が行うことができて、債権の譲受人が行うことはできません。この通知の手段は限定されていませんが、確実を期するために内容証明郵便等によることが多いと思われます。

　Cさんは、「私（A）は、あなた（B）に貸している10万円の貸金をCさんに譲渡しましたから、10万円はCさんに支払ってください。」と書いてある紙を持ってきましたが、Aさんはこの紙をBさんに郵送することもできたはず、Bさんとしたらまったく知らないCさんが突然やってきて10万円の支払いを要求されても、本当にAさんが債権を譲渡したのかどうか確認したくなるのもうなずけます。

　では、BさんがCさんに10万円を支払ったとしたら、その弁済は有効でしょうか。

　もし、Aさんが本当に10万円の貸金債権をCさんに譲渡していたとしたら、債権はAさんからCさんに移転してCさんが債権者になりますから、BさんのCさんに対する弁済は有効であり、債権は消滅します。

問題解決のコツ

　AさんはCさんに10万円の貸金債権を譲渡していなかったにもかかわらず、BさんがCさんに10万円を支払った場合には、Bさんの弁済は無効なのでしょうか、それとも有効なのでしょうか。

　この場合には受領権者としての外観を有する者に対する弁済を規定した民法478条が適用されるのかが問題になります。

　まず、受領権者とは、債権者及び法令の規定又は当事者の意思表示によって弁済を受領する権限を付与された第三者です。

受領権者は弁済を受領する権限を持っていますから、受領権者に対する弁済は有効です。

　Cさんが持ってきた紙に書いてある内容をAさんが本当に書いたのであれば、Cさんは受領権者といえますから、BさんがCさんに10万円を支払った場合その弁済は有効です。

　では、Cさんが持ってきた紙に書いてある内容はAさんが書いたものではなく、BさんがAさんに無断で書いたものであった場合はどうでしょうか？

　この場合にはCさんは受領権者ではありません。

　しかし、Cさんが取引上の社会通念に照らして受領権者としての外観を有していて、BさんがCさんは弁済を受領する権限があると信じ、そのように信じることに過失がなかった場合には、BさんがCさんに10万円を弁済することは民法478条により有効になります。私見ですが、BさんとしてはCさんが持ってきた紙に書いてある内容を本当にAさんが書いたのかどうかAさんに問い合わせるべきでしょう。その問い合わせをせずにBさんがCさんに10万円を支払った場合には、Bさんには過失があったといえるでしょう。

条文

民法478条　（受領権者としての外観を有する者に対する弁済）

　受領権者（債権者及び法令の規定又は当事者の意思表示によって弁済を受領する権限を付与された第三者をいう。以下同じ。）以外の者であって取引上の社会通念に照らして受領権者としての外観を有するものに対してした弁済は、その弁済をした者が善意であり、かつ、過失がなかったときに限り、その効力を有する。

民法703条　（不当利得の返還義務）

　法律上の原因なく他人の財産又は労務によって利益を受け、そのために他人に損失を及ぼした者（以下この章において「受益者」という。）は、その利益の存する限度において、これを返還する義務を負う。

民法704条　（悪意の受益者の返還義務等）

　悪意の受益者は、その受けた利益に利息を付して返還しなければならない。この場合において、なお損害があるときは、その賠償の責任を負う。

民法709条　（不法行為による損害賠償）

　故意又は過失によって他人の権利又は法律上保護される利益を侵害した者は、これによって生じた損害を賠償する責任を負う。

12 大家が家賃の受領を拒否！賃借人はどうすれば？
弁済の提供と供託

家賃8万円でマンションを借りているんだけど、大家さんが家賃を受け取ってくれないんだ

ひどい大家さんだね。でも1円も払わないのはまずいんじゃないの？

大家さんが家賃を受け取ってくれない　どうすれば……

　家賃の支払方法は賃貸人の銀行口座に送金する方法をとることが多いでしょうが、毎月家賃を賃貸人のもとへ持参して支払うという契約もあります。その場合、家賃を賃貸人に渡して支払おうとしたところ、賃貸人は受け取ろうとしません。家賃を値上げすることでも考えているのでしょうか。賃借人としたらどうしたらいいのでしょうか。

▼賃貸人が家賃を受け取らない

賃貸人に家賃を払おうとしても受け取ってくれない……
どうしたらいい？

問題のツボ～弁済の提供と供託

賃借人としては自分の債務について**債務不履行**にならないようにしておく必要があります。債務不履行にならなければ賃貸人から賃貸借契約を解除されることもなく、遅延損害金を支払う必要もありません。では、賃借人が債務不履行にならないようにするためには、どうすればよいでしょうか。

問題解決のコツ

賃借人が債務不履行にならないようにするためには、自己の債務である賃料の支払いについて弁済の提供をしておく必要があります。**弁済の提供**をすれば、弁済の提供の時から債務の不履行によって生じる一切の責任を免れることができます（民法492条）。

弁済の提供の方法は、債務の本旨に従って現実に行うことが原則です（**現実の提供**、民法493条本文）。例外として、債権者があらかじめその受領を拒んでいるとき、又は、債務の履行について債権者の行為を要するときには、弁済の準備をしたことを通知してその受領を催告すれば足ります（**口頭の提供**、民法493条ただし書）。

また、賃借人は、大家さんが受領を拒否していることを理由に8万円を**供託**することによって、8万円の家賃の支払債務を消滅させることもできます（民法494条）。

用語の解説

弁済の提供：弁済が完了するためには債権者の協力が必要な債務について、債務者が給付の実現に必要な準備をして債権者の協力を求めること。
現実の提供：債務の本旨に従ってなすべき弁済の準備行為。
口頭の提供：債権者が予め受領を拒絶し、又は債務の履行について債権者の行為を要するときに、弁済の準備をしたことを通知してその受領を催告する弁済の準備行為。
供託：債権の目的物を供託所に保管させることによって債権を消滅させること。

条文

民法415条（債務不履行による損害賠償）
1　債務者がその債務の本旨に従った履行をしないとき又は債務の履行が不能であるときは、債権者は、これによって生じた損害の賠償を請求することができる。

ただし、その債務の不履行が契約その他の債務の発生原因及び取引上の社会通念に照らして債務者の責めに帰することができない事由によるものであるときは、この限りでない。
2　前項の規定により損害賠償の請求をすることができる場合において、債権者は、次に掲げるときは、債務の履行に代わる損害賠償の請求をすることができる。
　　1　債務の履行が不能であるとき。
　　2　債務者がその債務の履行を拒絶する意思を明確に表示したとき。
　　3　債務が契約によって生じたものである場合において、その契約が解除され、又は債務の不履行による契約の解除権が発生したとき。

民法492条　（弁済の提供の効果）
　　債務者は、弁済の提供の時から、債務を履行しないことによって生ずべき責任を免れる。

民法493条　（弁済の提供の方法）
　　弁済の提供は、債務の本旨に従って現実にしなければならない。ただし、債権者があらかじめその受領を拒み、又は債務の履行について債権者の行為を要するときは、弁済の準備をしたことを通知してその受領の催告をすれば足りる。

民法494条　（供託）
1　弁済者は、次に掲げる場合には、債権者のために弁済の目的物を供託することができる。
　　この場合においては、弁済者が供託をした時に、その債権は、消滅する。
　　1　弁済の提供をした場合において、債権者がその受領を拒んだとき。
　　2　債権者が弁済を受領することができないとき。
2　弁済者が債権者を確知することができないときも、前項と同様とする。ただし、弁済者に過失があるときは、この限りでない。

13 車をぶつけられた！借金と相殺できる？

相殺

勤務先の会社の駐車場に止めていた僕（A）の車に会社の配送車がぶつかって修理代が30万円かかるんだけど、僕が会社から借りている50万円と相殺するって会社から言われた

それじゃ車の修理ができないね

車をぶつけられて相殺されるの？

　Aさんは会社の駐車場に止めていた自分の車に会社の配送車がぶつかってきたので会社に修理代30万円を請求しようとしたところ、会社の方から会社がAさんに貸している50万円と相殺すると言われました。

　相殺が有効だとすればAさんの借金は20万円（50万円－30万円＝20万円）になりますが、車の修理代は自腹で支払わなければなりません。

　はたしてこのような相殺は有効なのでしょうか？

▼会社の方から相殺できる？

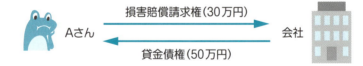

こんなことできる？

166

問題のツボ～不法行為によって生じた債権を受働債権とする相殺の禁止

相殺は、二人が互いに同種の目的を有する債務を負担する場合において、双方の債務が弁済期にあるときに、各債務者は、その対当額について債務を免れるという一方的な意思表示です。ただし、債務の性質が相殺を許さないときには、相殺することはできません（民法505条1項）。また、当事者が相殺を禁止し、又は相殺を制限する旨の意思表示をした場合には、その意思表示は、第三者がこれを知り、又は重大な過失によって知らなかったときに限り、その第三者に対抗することができます。

相殺する人が有している債権を**自働債権**といい、相殺を受ける人が有している債権を**受働債権**といいます。

Ａさんの勤務先の配送車がＡさんの車にぶつかって傷つけたということは、配送車の運転手が勤務中に起こした不法行為ですので、その運転手は不法行為に基づいて損害賠償責任を負いますが（民法709条）、会社も使用者責任に基づいて損害賠償責任を負います（民法715条1項）。

会社は、Ａさんに対する貸金債権を自働債権とし、自社が負担する損害賠償金支払債務とを対当額で相殺することはできるのでしょうか？

問題解決のコツ

悪意による不法行為に基づく損害賠償の債務、あるいは、人の生命又は身体の侵害による損害賠償の債務に関しては、債務者は、これらの債務を受働債権とする相殺をすることは禁じられています（民法509条本文）。これは被害者を現実に救済しようとすることと、不法行為を誘発することを防ぐ趣旨から相殺が禁じられています。

会社の配送車を運転していた従業員に悪意はなかったでしょうし、Ａさんは車を損傷しましたが自分の生命や身体を侵害されたものではありません。

従って、会社がなした相殺は有効です。

条文

第505条 （相殺の要件等）

1　二人が互いに同種の目的を有する債務を負担する場合において、双方の債務が弁済期にあるときは、各債務者は、その対当額について相殺によってその債務を免れることができる。
ただし、債務の性質がこれを許さないときは、この限りでない。

2　前項の規定にかかわらず、当事者が相殺を禁止し、又は制限する旨の意思表

示をした場合には、その意思表示は、第三者がこれを知り、又は重大な過失によって知らなかったときに限り、その第三者に対抗することができる。

民法509条 （不法行為により生じた債権を受働債権とする相殺の禁止）

次に掲げる債務の債務者は、相殺をもって債権者に対抗することができない。ただし、その債権者がその債務に係る債権を他人から譲り受けたときは、この限りでない。

1　悪意による不法行為に基づく損害賠償の債務
2　人の生命又は身体の侵害による損害賠償の債務（前号に掲げるものを除く。）

民法709条 （不法行為による損害賠償）

故意又は過失によって他人の権利又は法律上保護される利益を侵害した者は、これによって生じた損害を賠償する責任を負う。

民法715条 （使用者等の責任）

1　ある事業のために他人を使用する者は、被用者がその事業の執行について第三者に加えた損害を賠償する責任を負う。
　ただし、使用者が被用者の選任及びその事業の監督について相当の注意をしたとき、又は相当の注意をしても損害が生ずべきであったときは、この限りでない。
2　使用者に代わって事業を監督する者も、前項の責任を負う。
3　前2項の規定は、使用者又は監督者から被用者に対する求償権の行使を妨げない。

14 ワインを渡すことをやめて日本酒を渡すことに変更　これってどういう契約？

更改

ホームパーティーをするので酒屋さんにワインを10本注文したんだけど、ワインをやめて日本酒を8本注文することにした

それってどういう契約になるの？

ワインを買ったが、日本酒に変更　これってどういう契約？

　Aさんは、ホームパーティーのために酒屋さんからワインを10本購入することにしました。これはワイン10本を購入する売買契約（民法555条）を酒屋さんとの間で結んだことになります。

　ところがその後、Aさんはワインではなく日本酒を注文することにしたのですが、酒屋さんも応じてくれました。結局酒屋さんはAさんの家に日本酒を届けることになりました。

　AさんとBさんの売買契約はどうなったのでしょうか？

ワイン10本
注文したけど、やめて日本酒

酒屋さん

やっぱり、日本酒にしよっと

問題のツボ〜更改

　Aさんと酒屋さんとの間には、最初はワイン10本の売買契約が成立していたのですが、その後両者はワインではなく日本酒に変えることに合意しました。

　この新たな合意は、従前の給付の内容について重要な変更をするものであり、更改に当たります（民法513条1号）。

　更改とは、新しい債務（新債務）を成立させることによって旧い債務（旧債務）を消滅させる契約であり、旧債務と新債務には同一性がありません。

問題解決のコツ

　更改には、①債務の内容の変更による更改（民法513条1号）、②債務者の交替による更改（民法513条2号）、③債権者の交替による更改（民法513条3号）があります。

　債務者の交替による更改は、債権者と新債務者の契約によって行うことができますが、この場合には、債権者が旧債務者にその契約をした旨を通知した時に更改の効力が生じます（民法514条1項）。

　債権者の交替による更改は、旧債権者、新債権者、債務者の契約によって行うことができます（民法515条1項）。

用語の解説

　更改：債務の要素を変更することにより、新たな債務を成立させ、従前の債務を
　　　　　消滅させる契約。

条文

民法513条　（更改）
　　当事者が従前の債務に代えて、新たな債務であって次に掲げるものを発生させる契約をしたときは、従前の債務は、更改によって消滅する。
　　1　従前の給付の内容について重要な変更をするもの
　　2　従前の債務者が第三者と交替するもの
　　3　従前の債権者が第三者と交替するもの

民法514条　（債務者の交替による更改）
　1　債務者の交替による更改は、債権者と更改後に債務者となる者との契約によってすることができる。
　　　この場合において、更改は、債権者が更改前の債務者に対してその契約をし

た旨を通知した時に、その効力を生ずる。

2 債務者の交替による更改後の債務者は、更改前の債務者に対して求償権を取得しない。

民法515条　（債権者の交替による更改）

1 債権者の交替による更改は、更改前の債権者、更改後に債権者となる者及び債務者の契約によってすることができる。

2 債権者の交替による更改は、確定日付のある証書によってしなければ、第三者に対抗することができない。

民法518条　（更改後の債務への担保の移転）

1 債権者（債権者の交替による更改にあっては、更改前の債権者）は、更改前の債務の目的の限度において、その債務の担保として設定された質権又は抵当権を更改後の債務に移すことができる。

ただし、第三者がこれを設定した場合には、その承諾を得なければならない。

2 前項の質権又は抵当権の移転は、あらかじめ又は同時に更改の相手方（債権者の交替による更改にあっては、債務者）に対してする意思表示によってしなければならない。

4

第5章 二人の間に契約があるときとないとき
～債権各論～

1 腕時計を売りたい。相手が1万円だったら考えるというだけではダメ？
契約の成立

素敵な腕時計しているね

そう？　最近買ったんだけどなんかパッとしなくて。2万円で買わない？

1万円だったら考えるけど…

契約はどのようにして成立するのか

　先日買ったばかりの腕時計。実際に使用してみるとなんかしっくりこない。いっそ友人に買ってもらって、違う腕時計を購入したい。友人が2万円で買ってくれればいいのですが、2万円では買いそうもありません。
　では、1万円に下げて買ってもらう？

問題のツボ～申込みと承諾

　契約は**申込み**と**承諾**によって成立するのが原則です。申込みとは、契約の成立を意図する確定的な意思表示であり、承諾とは、契約の成立を意図する特定の申込みに対する意思表示です。例外として、申込者の意思表示または慣習により承諾の通知を必要としない場合には、承諾の意思表示と認めるべき事実があった時に契約は成立します（民法527条）。
　では、腕時計の売買の例で「1万円だったら考える」という発言は、どのように評価されるのでしょうか。

▼売買契約は成立したのか？

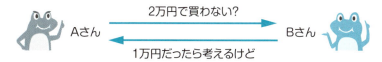

問題解決のコツ

「2万円で買わない？」というのは、代金2万円で腕時計の売買を成立させようとする確定的な意思表示と考えられます。これに対して「1万円だったら考える」というのは「考える」だけであり契約を成立させようとする意図はなく、承諾とは言えません。従って、「1万円だったら考える」と言うだけでは、売買契約は成立していません。

では、「1万円だったら買う」と言った場合どうなるのでしょうか。

これは、2万円では買わないけれども1万円なら買うという意思表示です。

2万円で売るという申込みに対して、変更を加えて承諾したものであり、2万円で売るという申込みを拒絶し、「1万円で買う」という新たな申込みをしたとみなされます（民法528条）。従って、相手方が「1万円で売る」という意思表示をすれば、それは承諾にあたり、代金1万円での腕時計の売買契約が成立します。

用語の解説

申込み：契約の成立を意図する確定的な意思表示。
承諾：契約の成立を意図する特定の申込みに対する意思表示。

条文

民法522条　（契約の成立と方式）
1　契約は、契約の内容を示してその締結を申し入れる意思表示（以下「申込み」という。）に対して相手方が承諾をしたときに成立する。
2　契約の成立には、法令に特別の定めがある場合を除き、書面の作成その他の方式を具備することを要しない。

民法527条 （承諾の通知を必要としない場合における契約の成立時期）

　申込者の意思表示又は取引上の慣習により承諾の通知を必要としない場合には、契約は、承諾の意思表示と認めるべき事実があった時に成立する。

民法528条 （申込みに変更を加えた承諾）

　承諾者が、申込みに条件を付し、その他変更を加えてこれを承諾したときは、その申込みの拒絶とともに新たな申込みをしたものとみなす。

2 アロハシャツの代金、先払いをお願いされたが…

同時履行の抗弁権

Aさんがハワイでアロハシャツをたくさん買ってきて、僕はその中から3着を3万円で買うことにしたんだけど、Aさんは同じアロハシャツをハワイから仕入れるから代金を先に払ってくれないかって言うんだ。なんで今あるアロハシャツを売ってくれないのか…

代金を先に払ってしまってアロハシャツを渡してくれなかったら大変だよ！

代金の先払いをお願いされたが、不安

　Aさんはハワイに行ってアロハシャツをたくさん買い込んできましたが、ハワイで遊びすぎてお金がなくなり、日本に帰ってきて今月のマンションの家賃が払えるか心配な状態です。そんなAさんからBさんはアロハシャツを3着3万円で買うことにしましたが、Aさんは同じアロハシャツをハワイから仕入れるから代金を先に払ってくれないかと頼んできました。
　でも、代金を先に払ってしまってアロハシャツが手元に来なければ大変です。そもそもアロハシャツをすぐに渡せないなんて、Aさんはどこか怪しい感じがします。

▼代金を先に払ってくれといわれたけど

 Aさん ─ アロハシャツ3着の売買 ─ Bさん

問題のツボ〜同時履行の抗弁権

　ＡさんとＢさんはアロハシャツ３着の代金も取り決めたのですから、売買契約が成立していると考えられます（民法555条）。問題はアロハシャツの引渡しと代金の支払い時期との関係です。

　売買契約のような**双務契約**の当事者の一方は、相手方がその債務の履行を提供するまでは、自己の債務の履行を拒むことができます。ただし、相手方の債務が弁済期にないときには、この限りではありません（民法533条）。この履行を拒むことができる権利のことを**同時履行の抗弁権**といいます。当事者の一方が先に履行して相手方が履行しないときには、先に履行した当事者は不利益を受けますから、同時履行の抗弁権は公平の観点から認められたものです。

　ＡさんがＢさんにアロハシャツを渡すこととＢさんがＡさんに代金３万円を支払うこととは同時履行の関係に立ちます。従って、Ｂさんは、民法533条に基づいて、ＡさんがＢさんにアロハシャツ３着を渡すという履行の提供をするまでは、代金３万円を支払うことを拒むことができます。

　Ｂさんはアロハシャツ３着の引渡しと引き換えに代金３万円を支払うか、Ａさんと話し合って売買契約をなかったことにする（すなわち**合意解除**する）のが賢明でしょう。Ｂさんが今すぐアロハシャツを渡してくれなければ買うのはやめますと言ってＡさんがそれに応じれば、売買契約は合意解除されたといえます。

問題解決のコツ

　同時履行の抗弁権はいろいろな場面で出てきます。まず、法律が民法533条を準用している場合があります。たとえば、契約解除に基づく双方の当事者の**原状回復義務**は同時履行の関係にあり（民法546条）、たとえば、弁済と受取証書の交付も同時履行の関係にあります（民法486条）。

用語の解説

双務契約：契約の各当事者がともに債務を負担する契約。
同時履行の抗弁権：双務契約の当事者の一方は、相手方がその債務の履行を提供するまでは、自己の債務の履行を拒むことができるという権利。

> **条文**
>
> **民法486条** (受取証書の交付請求)
>   弁済をする者は、弁済と引換えに、弁済を受領する者に対して受取証書の交付を請求することができる。
>
> **民法533条** (同時履行の抗弁)
>   双務契約の当事者の一方は、相手方がその債務の履行(債務の履行に代わる損害賠償の債務の履行を含む。)を提供するまでは、自己の債務の履行を拒むことができる。
>   ただし、相手方の債務が弁済期にないときは、この限りでない。
>
> **民法546条** (契約の解除と同時履行)
>   第533条の規定は、前条の場合について準用する。

5

3 買った建物が火事に！代金は支払うの？
危険負担

買った建物が火事で焼失した

代金はどうなるの？ 支払わなければならないの？

買った建物が焼失　代金は支払わなければならないのか？

せっかく購入した建物が消失してしまいました。

このような事態に備えて売買契約書で特約してあればその約定によって処理されることになりますが、特約していない場合にはどうなるのでしょうか？

買主は建物が焼失したのに代金は支払わなければならないのでしょうか？

問題のツボ〜危険負担

建物に関して売買契約が成立すると、売主は、売買契約の目的物である建物を買主に引き渡す債務を負担し、買主は、売主に代金を支払う債務を負担します（民法555条）。

▼買主の代金支払債務は残るのか

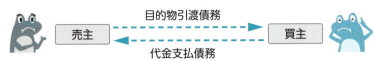

しかし、売買契約の目的物である建物が焼失してしまったので売主の建物引渡し債務は履行不能になります。この場合買主の代金支払い債務はどうなってしまうのでしょうか？

　これが**危険負担の問題**です。

　危険負担に関しては、売主が目的物を買主に引渡すという債務を履行することができなくなったという危険を債務者（＝売主）が負担するという考え（**債務者主義**＝買主は代金を支払う必要がなくなる）と、売主が目的物を買主に引渡すという債務を履行することができなくなったという危険を債権者（＝買主）が負担するという考え（**債権者主義**＝買主は代金を支払う必要がある）があります。

問題解決のコツ

　①売主の目的物引渡し債務に関して、売主買主双方の責めに帰することができない事由によって債務を履行することができなくなったときには、債権者（＝買主）は、反対給付の履行を拒むことができます（民法536条1項、債務者主義）。従って、買主は代金の支払いを拒絶することができます。

　これに対し、②売主の目的物引渡し債務に関して、債権者（＝買主）の責めに帰すべき事由によって債務を履行することができなくなったときには、債権者（＝買主）は、反対給付の履行を拒むことができません（民法536条2項、債権者主義）。従って、買主は代金の支払いを拒絶することができません。

　しかし、③売主が買主に売買の目的として特定した目的物を引き渡した場合において、その引渡しがあった時以後にその目的物が当事者双方の責めに帰することができない事由によって滅失又は損傷したときには、買主は、売主に対して、履行の追完請求、代金の減額請求、損害賠償請求、契約の解除などは行うことができず、また、代金の支払いを拒むことができません（民法567条1項、債権者主義）。これは目的物の引渡しがあった以上危険も買主に移転すると考えられるからです。

民法536条　（債務者の危険負担等）

1. 当事者双方の責めに帰することができない事由によって債務を履行することができなくなったときは、債権者は、反対給付の履行を拒むことができる。
2. 債権者の責めに帰すべき事由によって債務を履行することができなくなったときは、債権者は、反対給付の履行を拒むことができない。
この場合において、債務者は、自己の債務を免れたことによって利益を得たときは、これを債権者に償還しなければならない。

民法567条　（目的物の滅失等についての危険の移転）

1. 売主が買主に目的物（売買の目的として特定したものに限る。以下この条において同じ。）を引き渡した場合において、その引渡しがあった時以後にその目的物が当事者双方の責めに帰することができない事由によって滅失し、又は損傷したときは、買主は、その滅失又は損傷を理由として、履行の追完の請求、代金の減額の請求、損害賠償の請求及び契約の解除をすることができない。
この場合において、買主は、代金の支払を拒むことができない。
2. 売主が契約の内容に適合する目的物をもって、その引渡しの債務の履行を提供したにもかかわらず、買主がその履行を受けることを拒み、又は受けることができない場合において、その履行の提供があった時以後に当事者双方の責めに帰することができない事由によってその目的物が滅失し、又は損傷したときも、前項と同様とする。

4 三者の関係を簡潔に処理したい！
第三者のためにする契約

AさんはBさんに100万円貸しているけど、AさんはCさんから100万円借りている

だったらBさんがCさんに100万円支払えばまるくおさまるのでは……

三者の関係を一挙に処理

　AさんはBさんに100万円の貸金債権を有していますが、AさんはCさんから100万円借りている場合、AさんはBさんから100万円の弁済を受けて、その100万円をCさんに弁済するのが型通りの処理です。

　しかし、BさんがCさんに100万円支払うことによって、BさんのAさんに対する債務もAさんのCさんに対する債務も消滅することにすれば、手間が省けて簡明でもあります。

　このような処理はできないのでしょうか。

▼第三者のためにする契約の構造

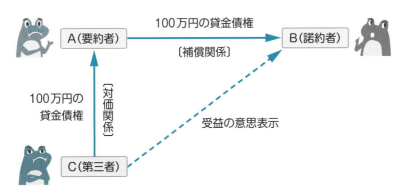

問題のツボ〜第三者のためにする契約の構造

AさんとBさんが合意して、BさんがCさんに100万円を支払うことを約したときには、CさんはBさんに対して直接自分に100万円を支払うよう請求することができます（民法537条）。このようなAさんとBさんの契約を**第三者のためにする契約**といい、Aさんのように第三者に給付するように請求できる当事者を**要約者**といい、Bさんのように第三者に給付する債務を負担する当事者を**諾約者**といいます。そして、要約者と諾約者との関係を**補償関係**といい、要約者と第三者の関係を**対価関係**といいます。

問題解決のコツ

第三者のためにする契約においては、第三者の権利は、第三者が諾約者に対して契約の利益を享受する意思を表示したときに発生します（民法537条3項）。この意思表示を**受益の意思表示**といいます。

第三者のためにする契約において、諾約者は、要約者に対して抗弁を有しているときには、その抗弁を第三者に対抗することができます（民法539条）。例えば、諾約者が要約者に対して同時履行の抗弁権（民法533条）を有しているときには、要約者が諾約者に対して債務の履行を提供するまでは、諾約者は、第三者に対して履行を拒絶することができます。

条文

民法533条　（同時履行の抗弁）

双務契約の当事者の一方は、相手方がその債務の履行（債務の履行に代わる損害賠償の債務の履行を含む。）を提供するまでは、自己の債務の履行を拒むことができる。

ただし、相手方の債務が弁済期にないときは、この限りでない。

民法537条　（第三者のためにする契約）

1　契約により当事者の一方が第三者に対してある給付をすることを約したときは、その第三者は、債務者に対して直接にその給付を請求する権利を有する。

2　前項の契約は、その成立の時に第三者が現に存しない場合又は第三者が特定していない場合であっても、そのためにその効力を妨げられない。

3　第1項の場合において、第三者の権利は、その第三者が債務者に対して同項の契約の利益を享受する意思を表示した時に発生する。

民法539条　（債務者の抗弁）

債務者は、第537条第1項の契約に基づく抗弁をもって、その契約の利益を受ける第三者に対抗することができる。

5 買った車がまだ納車されない 契約を解除するには？

契約の解除

100万円払って中古車を買ったんだけど、引渡しの約束の日から1か月たつのにまだ車が来ない

契約を解除しちゃえば…

契約を解除するには……

　代金を支払ったのに引渡しを約束した日が過ぎても売主が中古車を引き渡さない。売主に早く中古車を持ってくるように催促してもなかなか応じない。

　売主は約束した日に中古車を買主に引き渡す義務がありますから、売主の責に帰すべき事由によって引渡し期限を過ぎると、売主は**債務不履行（履行遅滞）**になります。買主に損害が生じている場合には損害賠償を請求することもできますが（民法415条）、いっそのこと売買契約を解除するにはどうすればよいでしょうか。

▼債務不履行の類型

債務不履行の態様	意味
履行遅滞	履行期に履行がなされないこと
履行不能	履行することができないこと
不完全履行	履行はなされたが、それが不完全であること

問題のツボ〜契約の解除

　債務不履行があり、その債務不履行についての帰責事由が①債務者にある場合、②債権者、債務者のいずれにもない場合には、債権者はその契約を解除することができます。③債権者に帰責事由がある場合には、債権者は契約を解除することはできません（民法541条〜543条）。

　解除は、債務不履行がある場合に債権者を契約の拘束力から解放する制度です。

解除をするためには、債務者に履行の機会を与えるために相当の期間を定めてその履行を催告する必要がありますが（催告解除、民法541条）、債務の全部が履行不能である場合等債務者に履行の機会を与える必要がない場合には、催告なしで契約を解除することができます（無催告解除、民法542条）。

問題解決のコツ

　解除は、相手方に対する意思表示によって行い、また、解除の意思表示は撤回することができません（民法540条）。

　解除は契約を終了する意思表示ですから相手方に到達して効力が生じます（民法97条1項）。従って、解除の意思表示は、内容証明郵便等を利用するなどして解除の意思表示が相手方に到達したことを証明できるようにしておくのが得策です。

　解除が有効に行われると、各当事者はその相手方を原状に復させる義務を負います（民法545条1項本文）。

用語の解説

解除：当事者の一方の意思表示によって契約関係を解消すること。

条文

民法540条　（解除権の行使）
1　契約又は法律の規定により当事者の一方が解除権を有するときは、その解除は、相手方に対する意思表示によってする。
2　前項の意思表示は、撤回することができない。

民法541条　（催告による解除）
　当事者の一方がその債務を履行しない場合において、相手方が相当の期間を定めてその履行の催告をし、その期間内に履行がないときは、相手方は、契約の解除をすることができる。
　ただし、その期間を経過した時における債務の不履行がその契約及び取引上の社会通念に照らして軽微であるときは、この限りでない。

民法542条　（催告によらない解除）
1　次に掲げる場合には、債権者は、前条の催告をすることなく、直ちに契約の解除をすることができる。
　　1　債務の全部の履行が不能であるとき。

2　債務者がその債務の全部の履行を拒絶する意思を明確に表示したとき。

3　債務の一部の履行が不能である場合又は債務者がその債務の一部の履行を拒絶する意思を明確に表示した場合において、残存する部分のみでは契約をした目的を達することができないとき。

4　契約の性質又は当事者の意思表示により、特定の日時又は一定の期間内に履行をしなければ契約をした目的を達することができない場合において、債務者が履行をしないでその時期を経過したとき。

5　前各号に掲げる場合のほか、債務者がその債務の履行をせず、債権者が前条の催告をしても契約をした目的を達するのに足りる履行がされる見込みがないことが明らかであるとき。

2　次に掲げる場合には、債権者は、前条の催告をすることなく、直ちに契約の一部の解除をすることができる。

1　債務の一部の履行が不能であるとき。

2　債務者がその債務の一部の履行を拒絶する意思を明確に表示したとき。

民法543条　（債権者の責めに帰すべき事由による場合）

債務の不履行が債権者の責めに帰すべき事由によるものであるときは、債権者は、前2条の規定による契約の解除をすることができない。

民法545条　（解除の効果）

1　当事者の一方がその解除権を行使したときは、各当事者は、その相手方を原状に復させる義務を負う。
ただし、第三者の権利を害することはできない。

2　前項本文の場合において、金銭を返還するときは、その受領の時から利息を付さなければならない。

3　第1項本文の場合において、金銭以外の物を返還するときは、その受領の時以後に生じた果実をも返還しなければならない。

4　解除権の行使は、損害賠償の請求を妨げない。

コラム 13の典型契約

　契約は、当事者の意思表示の合致ですが、民法は第3編債権の中に第2章契約を置き、その第2節贈与から第14節和解まで13の契約を規定しています。すなわち、

①贈与（549条）　　　②売買（555条）
③交換（586条）　　　④消費貸借（587条）
⑤使用貸借（593条）　⑥賃貸借（601条）
⑦雇用（623条）　　　⑧請負（632条）
⑨委任（643条）　　　⑩寄託（657条）
⑪組合（667条）　　　⑫終身定期金（689条）
⑬和解（695条）

です。
　この民法が規定している13の契約を**典型契約**といい、民法に規定されていない契約を**非典型契約**といいます。
　典型契約のうち雇用については労働契約法、労働基準法、労働組合法その他の多くの特別法が制定されています。
　また、終身定期金については厚生年金や国民年金等の公的年金制度があるため、民法の終身定期金はほとんど利用されていないといわれています。
　契約は、いろいろな観点から分類されます。
　契約の各当事者がともに債務を負担する契約を**双務契約**といい、契約の一方の当事者のみが債務を負担する契約を**片務契約**といいます。**同時履行の抗弁権**（533条）や**危険負担**（536条）などは双務契約について問題になります。
　契約の各当事者が互いに対価的意味を有する給付をする義務を負う契約を**有償契約**といい、契約の一方の当事者が対価的意味を有する給付をする義務を負わない契約を**無償契約**といいます。売買は有償契約の典型であり、売買の規定は、原則として、売買以外の有償契約に準用されます。ただし、その有償契約の性質がこれを許さないときは、この限りではありません（559条）。
　当事者の合意のみで成立する契約を**諾成契約**といい、契約が成立するためには当事者の合意のほか物の授受を必要とする契約を**要物契約**といいます。

▼ 13の典型契約

番号	契約	当事者	目的物	内容	双務・片務の別	有償・無償の別	諾成・要物の別
1	贈与(549条)	贈与者/受贈者	財産	無償で与える	片務契約	無償契約	諾成契約
2	売買(555条)	売主/買主	財産権	代金を払って財産権の移転を受ける	双務契約	有償契約	諾成契約
3	交換(586条)	当事者	金銭の所有権以外の財産権	互いに金銭の所有権以外の財産権を移転する	双務契約	有償契約	諾成契約
4	消費貸借(587条)	貸主/借主	種類、品質及び数量の同じ物	借りて、返す	片務契約	利息付→有償契約 無利息→無償契約	要物契約 書面でする諾成的消費貸借もある(民法587条の2)
5	使用貸借(593条)	貸主/借主	借用物	無償で借りる	片務契約	無償契約	諾成契約
6	賃貸借(601条)	賃貸人/賃借人	賃貸物	賃料を払って借りる	双務契約	有償契約	諾成契約
7	雇用(623条)	使用者/労働者	労働	労働に従事して報酬を得る	双務契約	有償契約	諾成契約
8	請負(632条)	注文者/請負人	仕事	仕事を完成して報酬を得る	双務契約	有償契約	諾成契約
9	委任(643条)	委任者/受任者	法律行為	法律行為をすることを委託する	報酬の特約なし→片務契約 報酬の特約あり→双務契約	報酬の特約なし→無償契約 報酬の特約あり→有償契約	諾成契約
10	寄託(657条)	寄託者/受寄者	寄託物	寄託物を保管する	報酬の特約なし→片務契約 報酬の特約あり→双務契約	報酬の特約なし→無償契約 報酬の特約あり→有償契約	諾成契約
11	組合(667条)	組合員	組合財産	出資をして共同の事業を営む	双務契約説と合同行為説の争いあり		諾成契約
12	終身定期金(689条)	定期金債務者/相手方	金銭その他の物	死亡に至るまで金銭その他の物を給付する	対価を伴わない場合→片務契約 対価を伴う場合→双務契約	対価を伴わない場合→無償契約 対価を伴う場合→有償契約	諾成契約
13	和解(695条)	当事者	争い	譲歩して争いをやめる	双務契約	有償契約	諾成契約

5

6 インターネットによる物品の販売
定型約款

私が海外で買ってきたおしゃれな物をインターネットで販売することにしたの

購入約款は作ったの？

インターネットによる物品の販売

　Aさんは、海外で購入してきたおしゃれな物品をインターネットで販売することにしました。

　インターネットでの販売は客の面前での販売とは異なり、購入希望者の要望を一つ一つ聞いて販売するものではありません。相手が不特定多数です。

　そこで、**購入約款（利用規約）**を作って購入の条件や購入の方法などを定めなければなりません。

　このような購入約款（利用規約）は法律上はどのように定められているのでしょうか？

問題解決のツボ～定型約款

　購入約款（利用規約）は、**定型約款**に当たります。

　定型約款の定義は複雑なのですが、まず、定型取引という概念があります。

　定型取引とは、ある特定の者が不特定多数の者を相手方として行う取引であって、その内容の全部又は一部が画一的であることがその双方にとって合理的なもののことです（民法548条の2第1項）。

　Aさんが行うインターネットでの物品販売は、不特定多数の客を相手方とするものであり、契約内容の全部が画一的であることがAさんにとっても相手方にとっても合理的ですから、購入約款（利用規約）は定型取引に当たります。

　そして、**定型約款**とは、定型取引において、契約の内容とすることを目的としてそ

の特定の者により準備された条項の総体をいいます（民法548条の2第1項）。

　Aさんが作る購入約款（利用規約）は、定型取引において、契約の内容とすることを目的としてAさんにより準備された条項の総体ですから、定型約款に当たります。

問題解決のコツ

　定型取引をした者は、①定型約款を契約の内容とする旨の合意をしたとき、又は、②定型約款を準備した者があらかじめその定型約款を契約の内容とする旨を相手方に表示していたときには、定型約款の個別の条項についても合意したものとみなされます（民法548条の2第1項）。

　Aさんは、あらかじめ購入約款（利用規約）をホームページに表示し、かつ、購入約款（利用規約）を契約の内容とする旨を表示しておけば、Aさんのホームページから物品を購入した者と購入約款（利用規約）の個別の条項についても合意したものとみなされます。

　しかし、定型約款の条項のうち信義誠実の原則（民法1条2項）に反して相手方の利益を一方的に害するものは、合意をしなかったものとみなされます（民法548条の2第2項）。

用語の解説

定型取引：ある特定の者が不特定多数の者を相手方として行う取引であって、その内容の全部又は一部が画一的であることがその双方にとって合理的なもののこと（民法548条の2第1項）。
定型約款：定型取引において、契約の内容とすることを目的としてその特定の者により準備された条項の総体（民法548条の2第1項）。

条文

民法1条　（基本原則）
1　私権は、公共の福祉に適合しなければならない。
2　権利の行使及び義務の履行は、信義に従い誠実に行わなければならない。
3　権利の濫用は、これを許さない。

民法548条の2　（定型約款の合意）
1　定型取引（ある特定の者が不特定多数の者を相手方として行う取引であって、その内容の全部又は一部が画一的であることがその双方にとって合理的なものをいう。以下同じ。）を行うことの合意（次条において「定型取引合

意」という。)をした者は、次に掲げる場合には、定型約款（定型取引において、契約の内容とすることを目的としてその特定の者により準備された条項の総体をいう。以下同じ。）の個別の条項についても合意をしたものとみなす。

　1　定型約款を契約の内容とする旨の合意をしたとき。

　2　定型約款を準備した者（以下「定型約款準備者」という。）があらかじめその定型約款を契約の内容とする旨を相手方に表示していたとき。

2　前項の規定にかかわらず、同項の条項のうち、相手方の権利を制限し、又は相手方の義務を加重する条項であって、その定型取引の態様及びその実情並びに取引上の社会通念に照らして第1条第2項に規定する基本原則に反して相手方の利益を一方的に害すると認められるものについては、合意をしなかったものとみなす。

7 彼女へのプレゼントなかったことにできる？
贈与

海外旅行に行くので彼女にバッグを買ってきてプレゼントする約束をしたんだ

この間彼女は君以外の男性とデートしていたよ。そんなプレゼントやめちゃえば…

贈与は撤回できるのか？

ボーイフレンドが海外旅行に行くので彼女はプレゼントとしてバッグを希望。ボーイフレンドは気前よく彼女の申出に応じましたが、彼女は違う男性とデート。頭にきたボーイフレンドはプレゼントの約束をなかったことにできるのか。彼女の方が悪いのでプレゼントをあげることをやめることもできそうな気もしますが、一度約束してしまった以上そんなことできるのでしょうか？

問題のツボ～書面によらない贈与の解除

プレゼントをあげる約束はその対価を得ないで無償で渡すわけですから、契約としては贈与です。**贈与**は、当事者の一方がある財産を無償で相手方に与える意思を表示し、相手方が受諾することによってその効力を生じる契約です（民法549条）。

海外旅行に行ってバッグを買ってきて彼女にプレゼントすることを彼女と合意した場合には、バッグの贈与契約が成立していると考えられます。では、いったん成立した贈与契約は解除することができないのでしょうか？

問題解決のコツ

書面によらない贈与は、各当事者が解除することができます。ただし、履行の終わった部分については、解除することはできません（民法550条）。

バッグという動産を贈与する場合には、バッグを引き渡すことによって贈与者の履行が終わります。海外旅行に行ってバッグを買ってくると約束した段階では、まだ

贈与契約の履行が終わっていません。従って、贈与者は贈与契約を解除することができます。

> **用語の解説**
>
> **無効**：効力がないこと。
> **取消し**：有効な行為の効力を消滅させること。
> **撤回**：行為者自身が欲しないことに基づいて、その行為がなかったものにすること。
> **解除**：当事者の一方の意思表示によって契約関係を解消すること。

> **条文**
>
> **民法549条 （贈与）**
> 　贈与は、当事者の一方がある財産を無償で相手方に与える意思を表示し、相手方が受諾をすることによって、その効力を生ずる。
>
> **民法550条 （書面によらない贈与の解除）**
> 　書面によらない贈与は、各当事者が解除をすることができる。
> 　ただし、履行の終わった部分については、この限りでない。

8 購入物件から水漏れ！売主に責任はないの？
売買

中古の戸建て住宅を買ったらお風呂から水が漏れるんだ

ひどいね。売主の責任ってあるんじゃないの？

購入した中古の戸建て住宅のお風呂から水漏れ　売主の責任は？

　中古の戸建て住宅を買ってお風呂に入ろうとお湯を入れたらお湯がたまらない。お湯が漏れているみたい。これじゃお風呂に入れない。近くに銭湯なんかないし、とりあえずは応急措置として防水工事をしてもらって漏れを止めないと。

　水漏れ物件を売った売主に責任をとってもらいたい。売主にはどんな請求ができるのか？

問題のツボ〜売主の担保責任

　売買契約が成立すると、売主は、買主に対して売買の目的物である財産権を買主に移転する債務を負担し、これに対して買主は、売主に代金を支払う債務を負担します。

　そして、売主は、この財産権を単に移転する債務だけではなく、種類、品質、及び数量に関して売買契約の内容に適合した目的物を買主に引渡す債務を負担しています。

　従って、売主が買主に引き渡した物が種類、品質、及び数量に関して売買契約に適合していないときには、売主は、買主に対して担保責任を負担します。

　ただし、その不適合が買主の責めに帰すべき事由による場合は、この限りではありません（民法562条2項、563条3項）。

問題解決のコツ

　売主の担保責任の内容としては、まず、①引き渡された物が種類、品質、及び数量に関して売買契約に適合していないときには、買主は、売主に対して、目的物の修補、

代替物の引渡し又は不足分の引渡しによる履行の追完を請求することができます（民法562条1項本文）。

次に、②引き渡された物が種類、品質、及び数量に関して売買契約に適合していない場合において、買主が相当の期間を定めて履行の追完の催告をし、その期間内に履行の追完がないときには、買主は、その不適合の程度に応じて代金の減額を請求できます（民法563条1項）。

さらに、買主は、売主の債務不履行に関して売主に帰責事由があり、買主に損害が発生している場合には民法415条に基づいて売主に対して損害賠償を請求することができますし、民法541条又は542条に基づいて売買契約を解除することもできます（民法564条）。

条文

民法415条 （債務不履行による損害賠償）
1 債務者がその債務の本旨に従った履行をしないとき又は債務の履行が不能であるときは、債権者は、これによって生じた損害の賠償を請求することができる。
　ただし、その債務の不履行が契約その他の債務の発生原因及び取引上の社会通念に照らして債務者の責めに帰することができない事由によるものであるときは、この限りでない。
2 前項の規定により損害賠償の請求をすることができる場合において、債権者は、次に掲げるときは、債務の履行に代わる損害賠償の請求をすることができる。
　1 債務の履行が不能であるとき。
　2 債務者がその債務の履行を拒絶する意思を明確に表示したとき。
　3 債務が契約によって生じたものである場合において、その契約が解除され、又は債務の不履行による契約の解除権が発生したとき。

民法541条 （催告による解除）
　当事者の一方がその債務を履行しない場合において、相手方が相当の期間を定めてその履行の催告をし、その期間内に履行がないときは、相手方は、契約の解除をすることができる。
　ただし、その期間を経過した時における債務の不履行がその契約及び取引上の社会通念に照らして軽微であるときは、この限りでない。

民法542条 （催告によらない解除）
1 次に掲げる場合には、債権者は、前条の催告をすることなく、直ちに契約の解除をすることができる。
　1 債務の全部の履行が不能であるとき。

2 債務者がその債務の全部の履行を拒絶する意思を明確に表示したとき。
3 債務の一部の履行が不能である場合又は債務者がその債務の一部の履行を拒絶する意思を明確に表示した場合において、残存する部分のみでは契約をした目的を達することができないとき。
4 契約の性質又は当事者の意思表示により、特定の日時又は一定の期間内に履行をしなければ契約をした目的を達することができない場合において、債務者が履行をしないでその時期を経過したとき。
5 前各号に掲げる場合のほか、債務者がその債務の履行をせず、債権者が前条の催告をしても契約をした目的を達するのに足りる履行がされる見込みがないことが明らかであるとき。
2 次に掲げる場合には、債権者は、前条の催告をすることなく、直ちに契約の一部の解除をすることができる。
1 債務の一部の履行が不能であるとき。
2 債務者がその債務の一部の履行を拒絶する意思を明確に表示したとき。

民法562条 （買主の追完請求権）
1 引き渡された目的物が種類、品質又は数量に関して契約の内容に適合しないものであるときは、買主は、売主に対し、目的物の修補、代替物の引渡し又は不足分の引渡しによる履行の追完を請求することができる。
ただし、売主は、買主に不相当な負担を課するものでないときは、買主が請求した方法と異なる方法による履行の追完をすることができる。
2 前項の不適合が買主の責めに帰すべき事由によるものであるときは、買主は、同項の規定による履行の追完の請求をすることができない。

民法563条 （買主の代金減額請求権）
1 前条第1項本文に規定する場合において、買主が相当の期間を定めて履行の追完の催告をし、その期間内に履行の追完がないときは、買主は、その不適合の程度に応じて代金の減額を請求することができる。
2 前項の規定にかかわらず、次に掲げる場合には、買主は、同項の催告をすることなく、直ちに代金の減額を請求することができる。
1 履行の追完が不能であるとき。
2 売主が履行の追完を拒絶する意思を明確に表示したとき。
3 契約の性質又は当事者の意思表示により、特定の日時又は一定の期間内に履行をしなければ契約をした目的を達することができない場合において、売主が履行の追完をしないでその時期を経過したとき。
4 前3号に掲げる場合のほか、買主が前項の催告をしても履行の追完を受ける見込みがないことが明らかであるとき。
3 第1項の不適合が買主の責めに帰すべき事由によるものであるときは、買主は、前2項の規定による代金の減額の請求をすることができない。

民法564条 （買主の損害賠償請求及び解除権の行使）
前2条の規定は、第415条の規定による損害賠償の請求並びに第541条及び第542条の規定による解除権の行使を妨げない。

9 交換で得たワイン。一部が他人の物だった？

交換

Bさんが持っているワイン4本と僕の日本酒1本を交換することにして、それだけでは釣り合いがとれないので僕は現金3万円もBさんに支払うことになったんだけど、Bさんが持っていたワインのうち2本はCさんの物だったんだ

Bさんが君にワインを2本しか渡せないとどうなってしまうの？

交換した物の一部が他人の物だった

　Aさんは日本酒1本に3万円を添えてBさんが持っているワイン4本と交換することにしました。

　ところが、Bさんが持っていたワイン4本のうち2本はBさんではなくCさんが所有している物でした。BさんはCさんが所有しているワイン2本はAさんに移転することができません。

　Aさんの立場はどうなってしまうのでしょうか？

▼日本酒1本＋3万円とワイン4本を交換

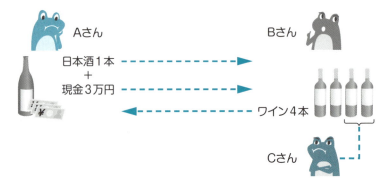

問題のツボ〜交換

　当事者が互いに金銭の所有権以外の財産権を移転することを約する契約は、**交換**です（民法586条1項）。人類は昔から物々交換を行ってきましたから、交換はもっとも古い契約のひとつでしょう。

　交換は有償契約ですから売買の規定が準用されますが（民法559条）、交換契約を結んだ当事者の一方が他の権利とともに金銭の所有権を移転することを約した場合において、その金銭については売買の代金に関する規定が準用されます（民法586条2項）。

問題解決のコツ

　交換は有償契約ですから売買に関する規定が準用されます（民法559条）。

　その結果、Bさんは、他人のものであるワイン2本をその他人から取得してこれをAさんに移転する義務があります（民法561条の準用）。

　Bさんがこの他人のワイン2本をAさんに引き渡すことができない場合には、Aさんは、Bさんに対して不足分を引き渡すように請求することができます（民法562条1項の準用）。

　そして、AさんがBさんに相当の期間を定めて履行の追完の催告をしてその期間内に履行の追完がないときには、交付しようとしていた3万円について減額を請求することができます（民法563条1項の準用）。

　また、Bさんが他人のワイン2本をAさんに引き渡すことができず、その債務不履行についてBさんに帰責事由がある場合でAさんに損害が発生したときには、AさんはBさんに債務不履行による損害賠償を請求することができます（民法564条の準用による民法415条）。

　また、Bさんが他人のワイン2本をAさんに引き渡すことができない場合で、その債務不履行についてAさんの帰責事由がないときには、Aさんはこの交換契約を解除することができます（民法564条の準用による541条、542条）。

用語の解説

- **交換**：当事者が互いに金銭の所有権以外の財産権を移転することを約する契約（民法586条）。
- **準用**：条文に他の規定が準用される旨が規定されている場合にその他の規定を適用すること。

民法559条　（有償契約への準用）
この節の規定は、売買以外の有償契約について準用する。ただし、その有償契約の性質がこれを許さないときは、この限りでない。

民法561条　（他人の権利の売買における売主の義務）
他人の権利（権利の一部が他人に属する場合におけるその権利の一部を含む。）を売買の目的としたときは、売主は、その権利を取得して買主に移転する義務を負う。

民法562条　（買主の追完請求権）
1　引き渡された目的物が種類、品質又は数量に関して契約の内容に適合しないものであるときは、買主は、売主に対し、目的物の修補、代替物の引渡し又は不足分の引渡しによる履行の追完を請求することができる。
ただし、売主は、買主に不相当な負担を課するものでないときは、買主が請求した方法と異なる方法による履行の追完をすることができる。
2　前項の不適合が買主の責めに帰すべき事由によるものであるときは、買主は、同項の規定による履行の追完の請求をすることができない。

民法563条　（買主の代金減額請求権）
1　前条第1項本文に規定する場合において、買主が相当の期間を定めて履行の追完の催告をし、その期間内に履行の追完がないときは、買主は、その不適合の程度に応じて代金の減額を請求することができる。
2　前項の規定にかかわらず、次に掲げる場合には、買主は、同項の催告をすることなく、直ちに代金の減額を請求することができる。
　1　履行の追完が不能であるとき。
　2　売主が履行の追完を拒絶する意思を明確に表示したとき。
　3　契約の性質又は当事者の意思表示により、特定の日時又は一定の期間内に履行をしなければ契約をした目的を達することができない場合において、売主が履行の追完をしないでその時期を経過したとき。
　4　前3号に掲げる場合のほか、買主が前項の催告をしても履行の追完を受ける見込みがないことが明らかであるとき。
3　第1項の不適合が買主の責めに帰すべき事由によるものであるときは、買主は、前2項の規定による代金の減額の請求をすることができない。

民法564条　（買主の損害賠償請求及び解除権の行使）
前2条の規定は、第415条の規定による損害賠償の請求並びに第541条及び第542条の規定による解除権の行使を妨げない。

10 借金を払いすぎた！過払金を返してもらう
消費貸借

サラ金からお金を借りたんだけど、何度も何度も返しても借金が減らない

払いすぎているんじゃないの？

借金を払いすぎたら過払金を返してもらう

　サラ金（もともとはサラリーマンを対象にしてお金を貸したことに由来する金融業者の金銭の貸付）からお金を借りて、返してはまた借りることを繰り返す。何度も何度も返すのになかなか借金が減らない。

　でも利息を払いすぎたら過払金を返してくれると聞きますが、これってどういうことなのでしょうか。

問題のツボ～過払金

　お金を借りて利息と元本を返す、これは**金銭消費貸借契約**です。**消費貸借**は、当事者の一方が種類、品質及び数量の同じ物を返還することを約して相手方から金銭その他の物を受け取ることによって効力を生じる契約です（民法587条）。また、書面でする諾成的消費貸借も認められています（民法587条の2）。

　消費貸借の目的物は金銭に限りませんが、最も多く利用されているのは金銭を目的とするものであり、金銭を目的とする消費貸借が金銭消費貸借契約です。金銭消費貸借契約は利息付きのものとそうでないものがありますが、多くは利息付きのものです。利息とは、元本を利用したことによる対価です。利息付きの金銭消費貸借契約の借主は、貸主に利息と元本を返すことになりますが、問題は利息の利率です。

　金銭消費貸借契約の利息については、利息制限法1条が最高利率を規定していて、利率がその最高利率を超えるときには超過部分は無効です。

▼利息制限法1条の規定する最高利率

元本の額	最高利率
10万円未満の場合	年2割
10万円以上100万円未満の場合	年1割8分
100万円以上の場合	年1割5分

問題解決のコツ

では、借主が利息制限法1条の最高利率を超える利息を支払ってゆくとどうなるのでしょうか。

ここではまず弁済の充当の順番を確認しておく必要があります。債務者が債務を弁済する際に元本のほか利息及び費用を支払う必要がある場合には、費用、利息、元本の順番に充当されます（民法489条）。

従って、借主が利息制限法1条の最高利率を超える利息を支払った場合には、支払った利息は、まず利息制限法1条の最高利率内の利息に充当され、最高利率を超える部分は元本に充当されます。そして、借主が何度も何度も利息制限法1条の最高利率を超える利息を支払うとそれだけ元本に充当されてゆき、しまいには元本を完済したのにまだ支払っていた状態になります。この元本完済を超える部分がいわゆる**過払金**です。

過払金は貸主にとって**不当利得**です。不当利得とは、法律上の原因なくして他人の財産等によって利益を受けた者は、そのために損失を受けた者にその利益を返還しなければならないという制度です（民法703条、704条）。従って、借主は不当利得を根拠として貸主に過払金の返還を請求することができます。

あまりにも高利の契約をしたときには、刑事罰が下されることがあります。そのことを規定しているのが「出資の受け入れ、預り金及び金利等の取締りに関する法律」（略して出資法といわれます）です。例えば、金銭の貸付を行う者が年109.5%を超える割合による利息の契約をしたときには、5年以下の懲役若しくは1000万円以下の罰金に処し、又はこれが併科されます（出資法5条1項）。

用語の解説

消費貸借：当事者の一方が種類、品質及び数量の同じ物をもって返還することを約して相手方から金銭のその他の物を受け取ることによって効力を生じる契約（民法587条）。

利息：元本を利用したことによる対価。

条文

民法489条　（元本、利息及び費用を支払うべき場合の充当）

1　債務者が1個又は数個の債務について元本のほか利息及び費用を支払うべき場合（債務者が数個の債務を負担する場合にあっては、同一の債権者に対して同種の給付を目的とする数個の債務を負担するときに限る。）において、弁済をする者がその債務の全部を消滅させるのに足りない給付をしたときは、これを順次に費用、利息及び元本に充当しなければならない。

2　前条の規定は、前項の場合において、費用、利息又は元本のいずれかの全てを消滅させるのに足りない給付をしたときについて準用する。

民法587条　（消費貸借）

消費貸借は、当事者の一方が種類、品質及び数量の同じ物をもって返還をすることを約して相手方から金銭その他の物を受け取ることによって、その効力を生ずる。

民法587条の2　（書面でする消費貸借等）

1　前条の規定にかかわらず、書面でする消費貸借は、当事者の一方が金銭その他の物を引き渡すことを約し、相手方がその受け取った物と種類、品質及び数量の同じ物をもって返還をすることを約することによって、その効力を生ずる。

2　書面でする消費貸借の借主は、貸主から金銭その他の物を受け取るまで、契約の解除をすることができる。

この場合において、貸主は、その契約の解除によって損害を受けたときは、借主に対し、その賠償を請求することができる。

3　書面でする消費貸借は、借主が貸主から金銭その他の物を受け取る前に当事者の一方が破産手続開始の決定を受けたときは、その効力を失う。

4　消費貸借がその内容を記録した電磁的記録によってされたときは、その消費貸借は、書面によってされたものとみなして、前3項の規定を適用する。

民法703条　（不当利得の返還義務）

法律上の原因なく他人の財産又は労務によって利益を受け、そのために他人に損失を及ぼした者（以下この章において「受益者」という。）は、その利益の存する限度において、これを返還する義務を負う。

民法704条　（悪意の受益者の返還義務等）

悪意の受益者は、その受けた利益に利息を付して返還しなければならない。この場合において、なお損害があるときは、その賠償の責任を負う。

11 ただでマンションを借用。これってどんな契約？

使用貸借

結婚資金がたまったら出ていく約束で、父親が持っているワンルームマンションをただで借りているんだけど、今度のボーナスで何とかたまりそう

じゃあ、マンションを出ていかなければいけないの？

マンションをただで借りる　これはどういう契約か？

　Aさんは、大学を卒業して社会人になった際に一人住まいの生活を始めましたが、父親から結婚資金がたまるまでワンルームマンションをただで借りることになりました。ようやく次のボーナスで結婚資金がたまりそうです。

　Aさんは家賃は払ってこなかったので父親との契約は賃貸借（民法601条）ではありません。では、Aさんのようにただで（無償で）マンションを借りることはどのような契約なのでしょうか？

問題のツボ～使用貸借

　Aさんと父親の間には父親が所有しているマンションに関して使用貸借が成立していました。

　賃貸借と異なり使用貸借は借用物の使用及び収益の対価が無償であることに特徴があります。無償で貸すのですから、貸主と借主との間には親子などの近しい関係があるのが一般的です。

　そこで、借主は、契約又はその目的物の性質によって定まった用法に従って借用物を使用及び収益をしなければならず、また、借主は、貸主の承諾がなければ第三者に借用物を使用、収益させることができません。

　これらに違反すると貸主は使用貸借契約を解除することができます（民法594条）。

▼ただでマンションを借りる

問題解決のコツ

Aさんは父親から結婚資金がたまるまでマンションを無償で貸してもらいました。次のボーナスで結婚資金がたまりそうですが、Aさんは父親にマンションを返さなければならないでしょうか。

使用貸借における借用物の返還時期については、契約で返還時期を定めていた場合には、その時期が到来したら借主は貸主に借用物を返還しなければなりません（民法597条1項）。

では、契約で返還時期を定めていなかった場合はどうなるでしょうか。

この場合には、借主は、契約で定めた目的に従い使用及び収益を終わった時に借用物を返還しなければなりません（民法597条2項）。Aさんの父親はAさんが一人暮らしを始めると何かとお金がかかって結婚資金をためるのが大変だろうからと考えて無償でワンルームマンションを貸したと思われます。Aさんは今度のボーナスで結婚資金をためることができるのですから、契約で定めた目的に従った使用が終わるわけで、今度のボーナスをもらったときにはワンルームマンションを父親に返還しなければなりません。

用語の解説

賃貸借：当事者の一方がある物の使用及び収益を相手方にさせることを約し、相手方がこれに対してその賃料を支払うことを約することによって効力を生ずる契約（民法601条）。
使用貸借：当事者の一方がある物を引き渡すことを約し、相手方がその受け取った物について無償で使用及び収益をして契約が終了したときに返還することを約することによって成立する契約（民法593条）。

民法593条 （使用貸借）
使用貸借は、当事者の一方がある物を引き渡すことを約し、相手方がその受け取った物について無償で使用及び収益をして契約が終了したときに返還をすることを約することによって、その効力を生ずる。

民法594条 （借主による使用及び収益）
1 借主は、契約又はその目的物の性質によって定まった用法に従い、その物の使用及び収益をしなければならない。
2 借主は、貸主の承諾を得なければ、第三者に借用物の使用又は収益をさせることができない。
3 借主が前2項の規定に違反して使用又は収益をしたときは、貸主は、契約の解除をすることができる。

民法597条 （期間満了等による使用貸借の終了）
1 当事者が使用貸借の期間を定めたときは、使用貸借は、その期間が満了することによって終了する。
2 当事者が使用貸借の期間を定めなかった場合において、使用及び収益の目的を定めたときは、使用貸借は、借主がその目的に従い使用及び収益を終えることによって終了する。
3 使用貸借は、借主の死亡によって終了する。

民法601条 （賃貸借）
賃貸借は、当事者の一方がある物の使用及び収益を相手方にさせることを約し、相手方がこれに対してその賃料を支払うこと及び引渡しを受けた物を契約が終了したときに返還することを約することによって、その効力を生ずる。

12 賃借物件に友人が居座り嫌な予感が……
賃貸借

マンションを借りているんだけれど、僕が海外旅行に行っている間に友達が転がり込んで来てなかなか出て行かないんだ

大家さんに知れたらまずいんじゃない……

借りたマンションに友人が居座り　大家さんとの契約は大丈夫？

　海外旅行に行っている間に借りているマンションに友達が寝泊まり。少しの間だけ泊めてほしいと言っていたので泊めてあげたところ、なかなか出ていきません。友達にも何か事情があるのでしょうが、大家さんに知れたら何かまずいことになりそうな予感が……。

▼借りたマンションに友人が居座り

又貸しして居座られたってこと!?

問題のツボ〜賃借権の譲渡・転貸

　大家さんからマンションの一室を借りることは、借りた人は大家さんに賃料を支払うことを約束し、大家さんは一定の期間その部屋を使用することを認めるわけで

すから、賃貸借契約が成立しています（民法601条）。賃貸借契約に基づき賃借人は**賃借権**（賃借物を使用・収益することができる権利）を取得し、賃貸人である大家さんは賃料支払請求権を取得します。

では、賃借人は自由に賃借権を譲渡したり賃借した物を第三者に賃貸する（**転貸**）ことはできるのでしょうか。

賃貸人は賃借人がどのような人物であるかを重視します。乱暴な使われ方をされて賃貸した物を傷つけられたり、賃料の支払いがないと賃貸人の利益が害されるからです。

このように賃貸借契約は賃貸人と賃借人の継続的な契約関係であり、賃貸人にとっては賃借人がどのような使用収益をするのか、賃料をちゃんと支払うかなどが重要な関心事になりますので、賃借権の譲渡や転貸には賃貸人の承諾が必要です。そのため賃貸人の承諾を得ずに賃借人が賃借権を譲渡したり転貸した場合には、賃貸人は賃借人との賃貸借契約を解除することができます（民法612条）。

▼賃借権の譲渡と転貸

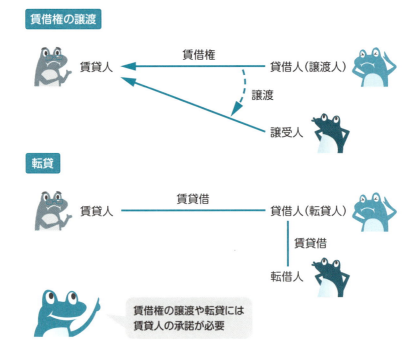

問題解決のコツ

借りたマンションに友達が居座ってしまうことは、賃借人が友達との間で賃借権の譲渡契約を結んだわけではなく、また、友達との間で賃貸借契約（転貸）を結んだわけではありませんから、賃借権の譲渡や転貸があったとは直ちにはいえません。

しかし、大家さんから見れば賃貸借契約を結んでいない見も知らない人が住んでいるわけで、賃借人とその友人との間で何か契約があったのではないかと不審に思うこともあるでしょう。大家さんの誤解を招く危険性がありますから、友達には早く出て行ってもらった方が無難です。

また、友人がそのマンションに住むことを希望するのであれば、友人も大家さんと賃貸借契約を結んで、賃借人と友人が一緒にマンションを賃借するという方法もあります。

用語の解説

転貸：賃借人（転貸人）が賃借物について転借人と契約する賃貸借。

条文

民法601条　（賃貸借）
　賃貸借は、当事者の一方がある物の使用及び収益を相手方にさせることを約し、相手方がこれに対してその賃料を支払うこと及び引渡しを受けた物を契約が終了したときに返還することを約することによって、その効力を生ずる。

民法612条　（賃借権の譲渡及び転貸の制限）
1　賃借人は、賃貸人の承諾を得なければ、その賃借権を譲り渡し、又は賃借物を転貸することができない。
2　賃借人が前項の規定に違反して第三者に賃借物の使用又は収益をさせたときは、賃貸人は、契約の解除をすることができる。

民法613条　（転貸の効果）
1　賃借人が適法に賃借物を転貸したときは、転借人は、賃貸人と賃借人との間の賃貸借に基づく賃借人の債務の範囲を限度として、賃貸人に対して転貸借に基づく債務を直接履行する義務を負う。
　この場合においては、賃料の前払をもって賃貸人に対抗することができない。
2　前項の規定は、賃貸人が賃借人に対してその権利を行使することを妨げない。
3　賃借人が適法に賃借物を転貸した場合には、賃貸人は、賃借人との間の賃貸借を合意により解除したことをもって転借人に対抗することができない。
　ただし、その解除の当時、賃貸人が賃借人の債務不履行による解除権を有していたときは、この限りでない。

13 大家さんが代わった。敷金はどうなるの？
不動産の賃貸人たる地位の移転

マンションを借りているんだけど、大家さんが代わったんだ

前の大家さんに渡した敷金はどうなるの？

賃借しているマンションが譲渡された。敷金はどうなるの？

　BさんはAさんからマンションを借りて住んでいるのですが。Aさんは、そのマンションをCさんに売却しました。
　BさんがAさんに渡していた敷金はどうなってしまうのでしょうか？

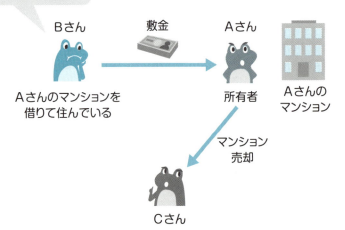

問題のツボ〜不動産の賃貸人たる地位の移転

民法605条、借地借家法10条、31条その他の法令により賃貸借の対抗要件を備えた場合において、その不動産が譲渡されたときには、その不動産の賃貸人たる地位は譲受人に移転します（民法605条の2第1項）。

この場合、譲受人が賃貸人たる地位が移転したことを賃借人に対抗するためには、その不動産について所有権移転登記をしなければなりません（民法605条の2第3項）。

Bさんは建物の賃借権の登記を備えていなくても建物の引渡しを受けていますから借地借家法31条により賃借権の対抗力を備えています。

従って、AさんがCさんに建物を譲渡すると、民法605条の2第1項により賃貸人たる地位はAさんからCさんに移転します。

問題解決のコツ

敷金とは、いかなる名目によるかを問わず、賃料債務その他の賃貸借に基づいて生ずる賃借人の賃貸人に対する金銭の給付を目的とする債務を担保する目的で、賃借人が賃貸人に交付する金銭です（民法622条の2第1項）。

民法605条の2第1項により賃貸人たる地位が不動産の譲受人に移転したときには、敷金の返還に関する債務は譲受人に移転します（民法605条の2第4項）。

従って、Bさんの賃貸借が終了し、かつ、BさんがCさんにマンションを返還したときには、BさんはCさんから敷金を返してもらうことになります（民法622条の2第1項第1号）。

用語の解説

敷金：いかなる名目によるかを問わず、賃料債務その他の賃貸借に基づいて生ずる賃借人の賃貸人に対する金銭の給付を目的とする債務を担保する目的で、賃借人が賃貸人に交付する金銭（民法622条の2第1項）。

条文

借地借家法31条　（建物賃貸借の対抗力等）

1　建物の賃貸借は、その登記がなくても、建物の引渡しがあったときは、その後その建物について物権を取得した者に対し、その効力を生ずる。

2　民法第566条第1項及び第3項の規定は、前項の規定により効力を有する

賃貸借の目的である建物が売買の目的物である場合に準用する。

3 民法第533条の規定は、前項の場合に準用する。

民法605条の2 （不動産の賃貸人たる地位の移転）

1 前条、借地借家法（平成3年法律第90号）第10条又は第31条その他の法令の規定による賃貸借の対抗要件を備えた場合において、その不動産が譲渡されたときは、その不動産の賃貸人たる地位は、その譲受人に移転する。

2 前項の規定にかかわらず、不動産の譲渡人及び譲受人が、賃貸人たる地位を譲渡人に留保する旨及びその不動産を譲受人が譲渡人に賃貸する旨の合意をしたときは、賃貸人たる地位は、譲受人に移転しない。

　この場合において、譲渡人と譲受人又はその承継人との間の賃貸借が終了したときは、譲渡人に留保されていた賃貸人たる地位は、譲受人又はその承継人に移転する。

3 第1項又は前項後段の規定による賃貸人たる地位の移転は、賃貸物である不動産について所有権の移転の登記をしなければ、賃借人に対抗することができない。

4 第1項又は第2項後段の規定により賃貸人たる地位が譲受人又はその承継人に移転したときは、第608条の規定による費用の償還に係る債務及び第622条の2第1項の規定による同項に規定する敷金の返還に係る債務は、譲受人又はその承継人が承継する。

民法622条の2

1 賃貸人は、敷金（いかなる名目によるかを問わず、賃料債務その他の賃貸借に基づいて生ずる賃借人の賃貸人に対する金銭の給付を目的とする債務を担保する目的で、賃借人が賃貸人に交付する金銭をいう。以下この条において同じ。）を受け取っている場合において、次に掲げるときは、賃借人に対し、その受け取った敷金の額から賃貸借に基づいて生じた賃借人の賃貸人に対する金銭の給付を目的とする債務の額を控除した残額を返還しなければならない。

　1　賃貸借が終了し、かつ、賃貸物の返還を受けたとき。

　2　賃借人が適法に賃借権を譲り渡したとき。

2 賃貸人は、賃借人が賃貸借に基づいて生じた金銭の給付を目的とする債務を履行しないときは、敷金をその債務の弁済に充てることができる。

　この場合において、賃借人は、賃貸人に対し、敷金をその債務の弁済に充てることを請求することができない。

14 改修工事で働けなくなった。アルバイト料はどうなる？

雇用

半年間の約束でアルバイトを始めたんだけど、お店の改修工事をするのでその間1週間仕事をしなくてもいいと言われたの

改修工事の期間はアルバイト料をもらえないの？

お店の改修工事でアルバイトができなくなった。アルバイト料はもらえるの？

　半年間お店でアルバイトをすることになりました。アルバイト料は当月分を毎月末日にもらっています。

　ところで、お店が改修工事をすることになり、その改修工事期間の1週間は仕事をしなくてもいいと言われました。

　この改修工事のために仕事をしなくなった期間のアルバイト料はもらえるのでしょうか？　もらえないのでしょうか？

アルバイト料は？

アルバイト

1週間仕事は
しなくていい

お店

問題のツボ～雇用

当事者の一方（労働者）が相手方（使用者）に対して労働に従事することを約し、相手方（使用者）がこれに対して報酬を与えることを約することによって効力を生じる契約は、雇用です（民法623条）。

アルバイト店員はお店で働くことを約束し、お店はこれに対して報酬を支払うことを約束するので、これによって成立する契約は雇用です。

お店が改修工事をするのでその工事期間中アルバイト店員が仕事をしなくなった場合、アルバイト店員はその工事期間中の報酬を請求することはできるのでしょうか？

問題解決のコツ

雇用契約が成立すると労働者は使用者に対して労働に従事する債務を負担します。

この労働に従事する債務の履行ができなくなった場合、労働者の報酬請求権はどうなってしまうのでしょうか。

それは労働に従事する債務の履行ができなくなったことに関して誰に帰責事由があるかによって決まります。

①労働に従事する債務の債権者である使用者の責めに帰すべき事由によって労働者が労働に従事する債務の履行ができない場合には、民法536条2項が適用され、労働者は、労働に従事することができない期間の報酬を請求することができます。

②労働に従事する債務を履行することができないことに関し使用者及び労働者双方に責めに帰すべき事由がない場合には、民法624条の2第1号が適用され、労働者は、既にした履行の割合に応じて報酬を請求することができます。

③労働に従事する債務を履行することができないことに関し労働者に責めに帰すべき事由がある場合には、民法624条の2第1号が適用され、労働者は、既にした履行の割合に応じて報酬を請求することができます。

お店の改修工事をしてその間アルバイト店員が仕事をすることができないことに関してお店に帰責事由がある場合には、民法536条2項が適用されてアルバイト店員は工事期間中の報酬を請求することができますが、それ以外の場合には民法624

条の2第1号が適用され、アルバイト店員は既にした履行の割合に応じた報酬しか請求できず、改修工事期間中の報酬を請求することはできません。

条文

民法536条 （債務者の危険負担等）

1 当事者双方の責めに帰することができない事由によって債務を履行することができなくなったときは、債権者は、反対給付の履行を拒むことができる。

2 債権者の責めに帰すべき事由によって債務を履行することができなくなったときは、債権者は、反対給付の履行を拒むことができない。
   この場合において、債務者は、自己の債務を免れたことによって利益を得たときは、これを債権者に償還しなければならない。

民法623条 （雇用）

雇用は、当事者の一方が相手方に対して労働に従事することを約し、相手方がこれに対してその報酬を与えることを約することによって、その効力を生ずる。

民法624条の2 （履行の割合に応じた報酬）

労働者は、次に掲げる場合には、既にした履行の割合に応じて報酬を請求することができる。

1 使用者の責めに帰することができない事由によって労働に従事することができなくなったとき。

2 雇用が履行の中途で終了したとき。

5

15 頼んでできたガレージ でもシャッターが閉まらない……
請負

工務店にガレージをつくってもらったんだけど、シャッターが閉まらない

工務店に連絡して修理してもらえば……

工務店に頼んでできあがったガレージ でもシャッターが閉まらない。工務店の責任は？

工務店にガレージをつくってもらうということは、工務店はガレージを完成するという仕事を引き受けて、依頼した人はそれに対して報酬を支払うことを合意したので、**請負契約**が成立しています（民法632条）。

完成したガレージのシャッターが閉まらないと、自動車が汚れたり、また、何者かに自動車を傷つけられたり盗まれたりする危険性もあります。

工務店に依頼した人はどんなことを工務店に請求できるのでしょうか。

問題のツボ～請負人の担保責任

請負人は、注文者に対して仕事を完成する債務を負担しますが（民法632条）、単に仕事を完成するのではなく、仕事の目的物が請負契約の内容に適合したものを完成させる債務があります。

そこで、仕事の目的物が請負契約の内容に適合していない場合には請負人の担保責任が問題になります。

請負人の担保責任に関しては、請負契約は有償契約ですから売買の規定が準用されます（民法559条）。

その結果、請負人が種類又は品質に関して請負契約の内容に適合しない仕事の目的物を注文者に引き渡したときには、注文者は、請負人に対して履行の追完を請求することができます（民法562条1項の準用）。

また、注文者は、請負人に対して相当の期間を定めて履行の追完を催告し、その期

間内に履行の追完がないときには、不適合の程度に応じて請負代金の減額を請求することができます（民法563条の準用）。

さらに、注文者は、民法415条に基づいて請負人に損害賠償を請求したり、民法541条又は542条に基づいて請負契約を解除することができます（民法564条の準用）。

問題解決のコツ

しかし、注文者は、注文者の供した材料の性質又は注文者の与えた指図によって生じた不適合を理由として、履行の追完の請求、請負代金の減額の請求、損害賠償の請求、請負契約の解除をすることはできません（民法636条本文）。

条文

民法559条　（有償契約への準用）

この節の規定は、売買以外の有償契約について準用する。

ただし、その有償契約の性質がこれを許さないときは、この限りでない。

民法562条　（買主の追完請求権）

1　引き渡された目的物が種類、品質又は数量に関して契約の内容に適合しないものであるときは、買主は、売主に対し、目的物の修補、代替物の引渡し又は不足分の引渡しによる履行の追完を請求することができる。

ただし、売主は、買主に不相当な負担を課するものでないときは、買主が請求した方法と異なる方法による履行の追完をすることができる。

2　前項の不適合が買主の責めに帰すべき事由によるものであるときは、買主は、同項の規定による履行の追完の請求をすることができない。

民法563条　（買主の代金減額請求権）

1　前条第1項本文に規定する場合において、買主が相当の期間を定めて履行の追完の催告をし、その期間内に履行の追完がないときは、買主は、その不適合の程度に応じて代金の減額を請求することができる。

2　前項の規定にかかわらず、次に掲げる場合には、買主は、同項の催告をすることなく、直ちに代金の減額を請求することができる。

1　履行の追完が不能であるとき。

2　売主が履行の追完を拒絶する意思を明確に表示したとき。

3　契約の性質又は当事者の意思表示により、特定の日時又は一定の期間内に履行をしなければ契約をした目的を達することができない場合において、売主が履行の追完をしないでその時期を経過したとき。

4　前３号に掲げる場合のほか、買主が前項の催告をしても履行の追完を受ける見込みがないことが明らかであるとき。

3　第１項の不適合が買主の責めに帰すべき事由によるものであるときは、買主は、前２項の規定による代金の減額の請求をすることができない。

民法564条　（買主の損害賠償請求及び解除権の行使）

前２条の規定は、第415条の規定による損害賠償の請求並びに第541条及び第542条の規定による解除権の行使を妨げない。

民法632条　（請負）

請負は、当事者の一方がある仕事を完成することを約し、相手方がその仕事の結果に対してその報酬を支払うことを約することによって、その効力を生ずる。

民法636条　（請負人の担保責任の制限）

請負人が種類又は品質に関して契約の内容に適合しない仕事の目的物を注文者に引き渡したとき（その引渡しを要しない場合にあっては、仕事が終了した時に仕事の目的物が種類又は品質に関して契約の内容に適合しないとき）は、注文者は、注文者の供した材料の性質又は注文者の与えた指図によって生じた不適合を理由として、履行の追完の請求、報酬の減額の請求、損害賠償の請求及び契約の解除をすることができない。

ただし、請負人がその材料又は指図が不適当であることを知りながら告げなかったときは、この限りでない。

16 弁護士に遺言作成を依頼 弁護士がやることは？
委任

僕のおじさんは会社を経営しているんだけど、将来のことを考えて遺言を作ることを弁護士に頼んだらしい

弁護士は何をするんだろう？

遺言の作成を依頼された弁護士と依頼者との関係は？

　おじさんは株式会社を設立して一代で立派な会社にしましたが、後継者をどうするかとか亡くなった後に相続でもめないようにしたいと考え、遺言の作成を弁護士に依頼しました。
　依頼者であるおじさんと弁護士はどのような関係にたつのでしょうか。また、依頼を受けた弁護士はどのように業務を遂行するのでしょうか。

問題のツボ～委任と準委任

　当事者の一方（委任者）が法律行為をすることを相手方（受任者）に委託し、相手方（受任者）がこれを承諾することによって成立する契約は、**委任**です（民法643条）。これに対して、法律行為ではない事務の委託は、**準委任**といい、準委任には委任に関する規定が準用されます（民法656条）。依頼者と弁護士の関係は、一般に準委任と解されています。
　そこで、受任者である弁護士は、善良な管理者の注意をもって依頼事項を処理する義務（**善管注意義務**）を負います（民法644条）。善管注意義務は、「自己の財産に対するのと同一の注意義務」（民法659条等）に対置する注意義務の程度です。すなわち、善管注意義務は、職業や地位などに基づいて一般的に要求される注意義務です。これに対して、自己の財産に対するのと同一の注意義務は、自分の能力に応じた注意義務です。
　受任者は、委任者の請求があるときには、いつでも報告する義務があり、また、委

219

任が終了したときにはその経過及び結果を報告する義務があります（民法645条）。

　費用関係については、受任者は、委任事務を処理するについて費用を要するときには、委任者にその費用の前払いを請求することができ（民法649条）、また、必要な費用を支出したときには、委任者に対してその費用及び支出の日以後における利息の償還を請求することができます（民法650条1項）。

　受任者の報酬は、特約がなければ委任者に請求することができません（民法648条1項）。

　委任は、各当事者がいつでも解除することができますが（民法651条1項）、相手方に不利な時期に解除したとき、及び、委任者が受任者の利益（専ら報酬を得ることを目的とするものを除く）をも目的とする委任を解除したときには、相手方の損害を賠償しなければなりません。ただし、やむを得ない事由があったときは、この限りではありません（民法651条2項）。また、委任は、委任者又は受任者の死亡、委任者又は受任者が破産手続開始決定を受けたとき、受任者が後見開始の審判を受けたときには、終了します（民法653条）。

▼委任の終了事由（民法653条）

	死亡	破産手続開始決定	後見開始の審判
委任者	○	○	×
受任者	○	○	○

問題解決のコツ

　弁護士がおじさんの遺言を作成するに当たっては、推定される相続人は誰か（主体の問題）、おじさんの財産や負債はどうなっているのか（客体の問題）、おじさんの財産の評価額の検討、遺留分など遺言には限界があることなどの説明、相続税の負担やその節税の検討、それぞれの遺言の方式の要件とメリット、デメリットの説明、また、おじさんは株式会社を設立したのでその会社の株式はどのように相続させるのか、等々をおじさんと相談しながら進めてゆくことになるでしょう。

　ことに会社をどのように承継させるかについてはおじさんは最も頭を悩ませることと思われますが、中小企業の事業承継を円滑に進めることを目的として平成20年に「中小企業における経営の承継の円滑化に関する法律」が制定され、遺留分に関する民法の特例などが規定されました。

用語の解説

委任：当事者の一方が法律行為をすることを相手方に委託し、相手方がこれを承諾することによって効力を生ずる契約（民法643条）。

準委任：法律行為ではない事務の委託をする契約（民法656条）。

条文

民法643条　（委任）

委任は、当事者の一方が法律行為をすることを相手方に委託し、相手方がこれを承諾することによって、その効力を生ずる。

民法644条　（受任者の注意義務）

受任者は、委任の本旨に従い、善良な管理者の注意をもって、委任事務を処理する義務を負う。

民法645条　（受任者による報告）

受任者は、委任者の請求があるときは、いつでも委任事務の処理の状況を報告し、委任が終了した後は、遅滞なくその経過及び結果を報告しなければならない。

民法651条　（委任の解除）

1　委任は、各当事者がいつでもその解除をすることができる。

2　前項の規定により委任の解除をした者は、次に掲げる場合には、相手方の損害を賠償しなければならない。

ただし、やむを得ない事由があったときは、この限りでない。

1　相手方に不利な時期に委任を解除したとき。

2　委任者が受任者の利益（専ら報酬を得ることによるものを除く。）をも目的とする委任を解除したとき。

民法653条　（委任の終了事由）

委任は、次に掲げる事由によって終了する。

1　委任者又は受任者の死亡

2　委任者又は受任者が破産手続開始の決定を受けたこと。

3　受任者が後見開始の審判を受けたこと。

民法656条　（準委任）

この節の規定は、法律行為でない事務の委託について準用する。

17 預けたものを勝手に使うってあり？
寄託

海外旅行に行くのでペットの猫をBさんに預かってもらったんだけど、Bさんは私の猫を猫カフェで働かせて、ちゃっかりお金を稼いでいたの

あなたの断りもなくBさんがそんなことをしてもいいの？

預かった猫を猫カフェで働かせることはできるか

　Aさんは海外旅行に行くのでペットの猫を知り合いのBさんに預かってもらいました。ところが、Bさんはその猫を猫カフェで働かせて猫カフェからお金をもらっていました。

　Aさんの許可なくBさんはその猫を猫カフェで働かせることができるのでしょうか。そもそも猫を預かったBさんはAさんとどのような関係にたつのでしょうか。

▼預かった猫を猫カフェへ

問題のツボ～寄託

当事者の一方（寄託者）がある物を保管することを相手方（受寄者）に委託し、相手方がこれを承諾することによって成立する契約を寄託といいます（民法653条）。寄託は無償のこともあれば、有償のこともあります（民法665条による民法648条の準用）。

Ａさんが海外旅行に行っている間ペットの猫をＢさんに預かってもらったことは、ＡさんとＢさんの間に**寄託契約**が成立していると考えられます。

無報酬で寄託を受けた者は、自己の財産に対するのと同一の注意義務をもって寄託物を保管すれば足りますが（民法659条）、預かった猫をＢさんはＡさんに無断で猫カフェで働かせることができるのでしょうか。

問題解決のコツ

受寄者は、寄託者の承諾を得たとき、又は、やむを得ない事由があるときでなければ、寄託物を第三者に保管させることができません（民法658条2項）。

ＢさんはＡさんから預かった猫を猫カフェで働かせるやむを得ない事由はありませんから、ＢさんはＡさんの承諾を得なければ猫を猫カフェで働かせることはできません。

ＢさんがＡさんの承諾を得ないで猫を猫カフェで働かせてほかの猫から病気を移されたような場合には、Ｂさんは、Ａさんに対して治療費相当額を損害賠償として支払わなければなりません。

用語の解説

消費寄託（民法666条）：受寄者が契約により寄託物を消費することができ、受寄者は、同種、同量の物を寄託者に返還することを内容とする寄託。

条文

民法648条　（受任者の報酬）
1　受任者は、特約がなければ、委任者に対して報酬を請求することができない。
2　受任者は、報酬を受けるべき場合には、委任事務を履行した後でなければ、これを請求することができない。
　　ただし、期間によって報酬を定めたときは、第624条第2項の規定を準用

する。
3 受任者は、次に掲げる場合には、既にした履行の割合に応じて報酬を請求することができる。
1 委任者の責めに帰することができない事由によって委任事務の履行をすることができなくなったとき。
2 委任が履行の中途で終了したとき。

民法657条 （寄託）
寄託は、当事者の一方がある物を保管することを相手方に委託し、相手方がこれを承諾することによって、その効力を生ずる。

民法658条 （寄託物の使用及び第三者による保管）
1 受寄者は、寄託者の承諾を得なければ、寄託物を使用することができない。
2 受寄者は、寄託者の承諾を得たとき、又はやむを得ない事由があるときでなければ、寄託物を第三者に保管させることができない。
3 再受寄者は、寄託者に対して、その権限の範囲内において、受寄者と同一の権利を有し、義務を負う。

民法659条 （無報酬の受寄者の注意義務）
無報酬の受寄者は、自己の財産に対するのと同一の注意をもって、寄託物を保管する義務を負う。

民法665条 （委任の規定の準用）
第646条から第648条まで、第649条並びに第650条第1項及び第2項の規定は、寄託について準用する。

民法665条の2 （混合寄託）
1 複数の者が寄託した物の種類及び品質が同一である場合には、受寄者は、各寄託者の承諾を得たときに限り、これらを混合して保管することができる。
2 前項の規定に基づき受寄者が複数の寄託者からの寄託物を混合して保管したときは、寄託者は、その寄託した物と同じ数量の物の返還を請求することができる。
3 前項に規定する場合において、寄託物の一部が滅失したときは、寄託者は、混合して保管されている総寄託物に対するその寄託した物の割合に応じた数量の物の返還を請求することができる。
この場合においては、損害賠償の請求を妨げない。

民法666条 （消費寄託）
1 受寄者が契約により寄託物を消費することができる場合には、受寄者は、寄託された物と種類、品質及び数量の同じ物をもって返還しなければならない。
2 第590条及び第592条の規定は、前項に規定する場合について準用する。
3 第591条第2項及び第3項の規定は、預金又は貯金に係る契約により金銭を寄託した場合について準用する。

18 友達と映画をつくる！どういう契約が必要？
組合

友達数人と映画をつくることにしたんだ

友達とはどんな契約を結ぶの？

友達と映画をつくるにはどんな契約がふさわしい？

　映画好きの友達が数人集まって映画をつくることになりました。趣味が高じて映画をつくることになりましたが、映画をつくるとなったら何かと大変です。

　どんな内容の映画にするのか、台本はどうするのか、役者、監督、カメラマンなどの手配をどうするか、予算はどのように準備するか、できあがった映画の著作権はどうするかなどなど、数え上げたらたくさんのことをこなさなければなりません。

　映画をつくるといっても趣味の延長なので、わざわざ会社を設立する必要はなさそうですが、友達どうしで約束事を決めておいた方がスムーズに事が運びそうですし、もめることもなさそうです。

　でも、どのような契約を結ぶのがよいでしょうか？

問題のツボ～組合の内容

　友達どうしが集まって何も決めずに事を始めても途中で挫折してしまうことが多いでしょう。成功させるためには予め取り決めをしておくことが得策です。

　友達数人で映画をつくるということは、映画の製作という共同の事業を営むことを目的とし、そのために各自が出資をすることを約束するという合意をすることが考えられます。

　契約としては民法の組合をベースにするのがよさそうです。**民法の組合**とは、各当事者が出資をして共同事業を営むことを約束する契約です（民法667条1項）。出資は金銭が多いでしょうが、労務の提供も出資とすることができます（民法667条2

項)。組合契約を結んだ各当事者を**組合員**といいます。

▼映画をつくるための契約

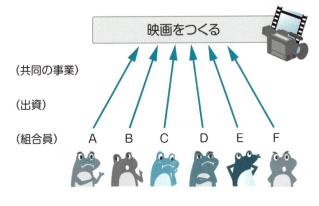

組合って方法も
あるんだね

問題解決のコツ

　共同事業を行うには、人、もの、お金が必要ですが、組合においてものやお金は、組合財産を形成します。組合財産の中身は組合員が出資した金銭その他の財産になりますが、組合財産は組合員という複数人の共有になります（民法668条）。

　組合の業務は、組合員の過半数をもって決定し、各組合員がこれを執行します（民法670条1項）。

　また、組合の業務の決定及び執行は、組合契約の定めるところにより、一人または数人の組合員又は第三者に委任することができます（民法670条2項）。

　これに対して、組合の常務は、各組合員又は各業務執行者が単独で行うことができますが、その完了前に他の組合員又は業務執行者が異議を述べたときは、この限りではありません（民法670条5項）。

　各組合員は、業務執行権を有しない場合でも、組合の業務及び組合財産の状況を検査することができます（民法673条）。

　損益分配の割合については、組合契約でその割合を定めなかったときには、各組合員の出資の価額に応じて定められます（民法674条）。

そして、組合は、その目的である事業の成功又はその成功の不能（成功できなかったこと）などによって解散し（民法682条）、解散したときには、清算は、総組合員が共同して、又はその選任した清算人が行います（民法685条）。

用語の解説

組合：各当事者が出資をして共同の事業を営むことを約することによって効力を生ずる契約（民法667条）。
組合員：組合契約を結んだ各当事者。

条文

民法667条　（組合契約）
1　組合契約は、各当事者が出資をして共同の事業を営むことを約することによって、その効力を生ずる。
2　出資は、労務をその目的とすることができる。

民法668条　（組合財産の共有）
　各組合員の出資その他の組合財産は、総組合員の共有に属する。

民法670条　（業務の決定及び執行の方法）
1　組合の業務は、組合員の過半数をもって決定し、各組合員がこれを執行する。
2　組合の業務の決定及び執行は、組合契約の定めるところにより、一人又は数人の組合員又は第三者に委任することができる。
3　前項の委任を受けた者（以下「業務執行者」という。）は、組合の業務を決定し、これを執行する。
　この場合において、業務執行者が数人あるときは、組合の業務は、業務執行者の過半数をもって決定し、各業務執行者がこれを執行する。
4　前項の規定にかかわらず、組合の業務については、総組合員の同意によって決定し、又は総組合員が執行することを妨げない。
5　組合の常務は、前各項の規定にかかわらず、各組合員又は各業務執行者が単独で行うことができる。
　ただし、その完了前に他の組合員又は業務執行者が異議を述べたときは、この限りでない。

民法673条　（組合員の組合の業務及び財産状況に関する検査）
　各組合員は、組合の業務の決定及び執行をする権利を有しないときであっても、その業務及び組合財産の状況を検査することができる。

民法682条　（組合の解散事由）

組合は、次に掲げる事由によって解散する。

1　組合の目的である事業の成功又はその成功の不能

2　組合契約で定めた存続期間の満了

3　組合契約で定めた解散の事由の発生

4　総組合員の同意

民法685条　（組合の清算及び清算人の選任）

1　組合が解散したときは、清算は、総組合員が共同して、又はその選任した清算人がこれをする。

2　清算人の選任は、組合員の過半数で決する。

19 交通事故にあった！示談ってよく聞くけど…

和解

交通事故にあったんだけど加害者と過失の割合でもめていて……

譲ってあげて早く示談したら？

譲るべきか譲らざるべきか

　交通事故はふつう見知らぬ人どうしの間で発生します。どんな被害を受けて、その被害額がいくらなのか、加害者に過失はあったが被害者にも何らかの過失があったのではないか、双方の過失の割合はどの程度なのかなど、交通事故では問題点がたくさんあります。

　そして、過失の割合ひとつとってもそれは最終的な賠償額に影響してきます。例えば、被害額が100万円だとして、加害者の過失が70パーセント、被害者の過失が30パーセントだとすると、被害者は70万円しか回収することができなくなります。100万円×0.7＝70万円というわけです。

　お互い同士が譲り合えば早めに解決しますが、そうでないと解決まで長引くこともあります。

▼交通事故が発生！

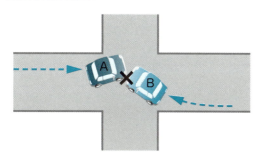

和解って方法があるね

229

問題のツボ～和解

　交通事故の加害者と被害者が譲り合って解決することを合意して、その合意に従って賠償金が支払われれば、一件落着ですが、そうでなければ最終的には裁判で決着をつけざるをえません。裁判が起こされれば、判決が下されるか、裁判の中で和解が成立して終了するのが一般的な流れです。

問題解決のコツ

　当事者が互いに譲歩してその間にある争いをやめることを約する合意は、**和解**です（民法695条）。和解は裁判外で行われることもありますが、裁判の中で当事者がお互い譲歩して和解し裁判を終わらせることも多く行われています（民事訴訟法89条、267条、275条）。これを**裁判上の和解**といいます。

　世の中ではよく**示談**ということばが使われています。民法の条文には「示談」という文言は出てこないのですが、示談は、民法の和解を指すこともあれば、より広く裁判によらないで当事者が合意をして紛争を解決することを指すこともあるようです。

　示談が成立したり、和解が成立したら、示談や和解による解決内容を明確にし、また、後日紛争が再燃しないようにするために、示談の内容や和解の内容を文書にして、示談書や和解契約書を作成しておくことが得策です。裁判上の和解が成立するときには、裁判所で和解調書が作成されます。

用語の解説

和解：当事者が互いに譲歩してその間にある争いをやめることを約する契約（民法695条）。

条文

民法695条　（和解）

　和解は、当事者が互いに譲歩をしてその間に存する争いをやめることを約することによって、その効力を生ずる。

20 病の知らない人を病院へ、病院までのタクシー代は？
事務管理

僕の家の近くで知らない人だけど具合が悪くなっている人がいたので、タクシーで病院まで連れて行ってあげたんだけど……

タクシー代は誰が負担するの？

見知らぬ人をタクシーに乗せて病院へ　タクシー代は誰が負担するの？

　自宅の近くで知らない人が具合が悪そうにしていました。救急車を呼ぶにも時間がかかるかもしれないので、急いでタクシーを止めて病院までタクシーで乗せていってあげることにしました。医師の診察の結果回復に向かっているようで、何よりでした。善意が報われました。
　ところで、タクシー代は誰が負担すべきでしょうか。タクシーを止めた人でしょうか。タクシーを止めた人は、自分が病気になったわけではなく、自分自身はタクシーに乗って病院まで行く必要はなかったわけですが……

▼タクシー代は誰が負担する？

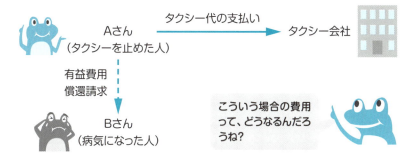

5

231

問題のツボ〜事務管理と委任

　病気になった人は自分でタクシーを止めて乗ったわけではありませんから、タクシー会社と契約をしたのはタクシーを止めた人ということになります。そうするとタクシー会社にタクシーの料金を支払わなければならない人はタクシーを止めた人です。

　でも、病気になった人のために、できるだけ早く医師に診察してもらうためにタクシーに乗せて病院まで連れて行ってあげたのであり、恩恵を受けたのは病気になった人です。そうだとすれば、最終的には病気になった人がタクシー代を負担するのが妥当な気がします。

問題解決のコツ

　義務なくして他人のために事務の管理を始めることを**事務管理**といいます（民法697条）。病気になった人をタクシーに乗せて病院まで連れて行ってあげたということは、タクシーを止めた人にとっては義務ではないのですが、病気になった人のために、病院に行くという事務の管理を行ったのであり、事務管理が成立します。

　これに対して、人から頼まれてその人のために法律行為を行うことは、**委任**です。委任は、当事者の一方が法律行為をすることを相手方に約し、相手方がこれを承諾することによって成立する契約です（民法643条）。

　事務管理が成立すると、管理者が本人のために有益な費用を支出したときには、本人に対してその償還を請求することができます（民法702条1項）。

　病気になった人ができるだけ早く医師の診察を受けること、そのためにタクシーを利用することは、病気になった人にとって有益な費用といえます。従って、タクシーを止めて病院まで連れて行ってあげた人は、病気になった人に対して払ってあげたタクシー代を請求することができます。

用語の解説

委任：当事者の一方が法律行為をすることを相手方に委託し、相手方がこれを承諾することによって効力を生ずる契約（民法643条）。
事務管理：義務なくして他人のために事務の管理を始めること（民法697条）。

民法643条 （委任）
委任は、当事者の一方が法律行為をすることを相手方に委託し、相手方がこれを承諾することによって、その効力を生ずる。

民法697条 （事務管理）
1 義務なく他人のために事務の管理を始めた者（以下この章において「管理者」という。）は、その事務の性質に従い、最も本人の利益に適合する方法によって、その事務の管理（以下「事務管理」という。）をしなければならない。
2 管理者は、本人の意思を知っているとき、又はこれを推知することができるときは、その意思に従って事務管理をしなければならない。

民法698条 （緊急事務管理）
管理者は、本人の身体、名誉又は財産に対する急迫の危害を免れさせるために事務管理をしたときは、悪意又は重大な過失があるのでなければ、これによって生じた損害を賠償する責任を負わない。

民法701条 （委任の規定の準用）
第645条から第647条までの規定は、事務管理について準用する。

民法702条 （管理者による費用の償還請求等）
1 管理者は、本人のために有益な費用を支出したときは、本人に対し、その償還を請求することができる。
2 第650条第2項の規定は、管理者が本人のために有益な債務を負担した場合について準用する。
3 管理者が本人の意思に反して事務管理をしたときは、本人が現に利益を受けている限度においてのみ、前2項の規定を適用する。

21 楽曲の使用料を無断徴収！支払いを求めるには？
不当利得

この間テレビのBGMに僕らのバンドのメンバーが作った曲が流れていたんだけど、どうやらバンドをやめたAがテレビ局に使用を許諾したらしい

テレビ局からの使用料はどうなるの？

バンドをやめた人が勝手にバンドの曲をテレビ局に使用許諾　楽曲の使用料は？

　テレビを見ていたらどこかで聞いた曲がテレビ番組のBGMで流れていました。バンドのメンバーが作った曲ではありませんか！！

　調べていったら、以前バンドに所属していたAが作曲したメンバーの了解を得ずにテレビ局に使用することを許諾したらしい。Aはテレビ局から楽曲の使用料をもらったみたいだけど、そんなことは許されないはず。楽曲の使用料はどうなるの？

問題のツボ～不法行為と不当利得

　楽曲は著作物であり、作曲した人は著作権を持っています。テレビ局がその楽曲を番組のBGMとして使用するには、著作権者の許諾を得なければなりません。著作権者とテレビ局が契約し、著作権者に楽曲の使用料を支払うことになります。このように著作権者とテレビ局が直接契約することもありますが、著作権管理団体が著作権者の著作物を管理し、テレビ局から使用料を徴収して著作権者に交付することが一般的です。

　いずれにしても、著作権者の著作物を使用するには著作権者に使用料を支払う必要があり、著作権使用料を取得できるのは著作権者です。

　Aは自分が作曲したのではないのに使用料を取得してしまっています。

　楽曲を作ったバンドのメンバーは、Aに使用料を自分に支払うよう請求できるはずですが、それはどのような根拠からでしょうか？

▼楽曲の使用料は誰に？

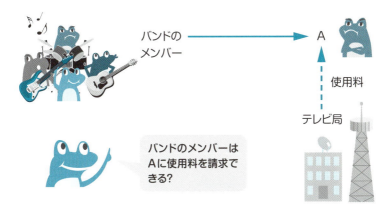

問題解決のコツ

　楽曲を作ったバンドのメンバーがAに使用料を自分に支払うよう請求する手立ては、二つ考えられます。

　一つ目は、**不法行為による損害賠償請求**です（民法709条）。Aが自分には著作権がないことを知っていた場合（故意）、あるいは知らなかったとしても過失があった場合には、不法行為が成立し、テレビ局からもらった使用料を損害として楽曲を作ったバンドのメンバーに賠償しなければなりません。

　もう一つは、**不当利得**として使用料を利得としてその返還を請求することです（民法703条、704条）。不当利得とは、法律上の原因なくして、他人の財産又は労務によって利得を受け、そのために他人に損失を及ぼした者は、その利得を返還する義務を負うというものです。利得者が善意の場合には民法703条が適用され、悪意の場合には民法704条が適用されます。

　Aは法律上の原因なくして使用料という利得を得、これに対して楽曲を作ったバンドのメンバーは使用料の損失を被っていますから、楽曲を作ったバンドのメンバーは、Aに対して不当利得を根拠に使用料の支払いを請求することができます。

　不法行為による損害賠償請求権と不当利得による返還請求権は、消滅時効期間が異なります。すなわち、不法行為による損害賠償請求権は、被害者又はその法定代理人が、損害及び加害者を知った時から3年間で時効消滅し、不法行為の時から20年行使しないときも同様です（民法724条）。これに対し、不当利得による返還請求権は、一般の債権として、権利を行使することができる時から10年で、あるいは権利

を行使することを知った時から5年で時効消滅します（民法166条1項）。

　従って、不法行為による損害賠償請求権が3年の経過により時効消滅しても、なお不当利得による返還請求権は時効消滅しませんから請求することが可能です。

用語の解説

不法行為：故意又は過失によって他人の権利又は法律上保護される利益を侵害した者は、これによって生じた損金を賠償する責任を負うという制度（民法709条）。

不当利得：法律上の原因なくして、他人の財産又は労務によって利益を受け、そのために他人に損失を及ぼした者は、その利益を返還する義務を負うという制度（民法703条）。

条文

民法166条1項　（債権等の消滅時効）

1　債権は、次に掲げる場合には、時効によって消滅する。

　1　債権者が権利を行使することができることを知った時から5年間行使しないとき。

　2　権利を行使することができる時から10年間行使しないとき。

民法703条　（不当利得の返還義務）

法律上の原因なく他人の財産又は労務によって利益を受け、そのために他人に損失を及ぼした者（以下この章において「受益者」という。）は、その利益の存する限度において、これを返還する義務を負う。

民法704条　（悪意の受益者の返還義務等）

悪意の受益者は、その受けた利益に利息を付して返還しなければならない。この場合において、なお損害があるときは、その賠償の責任を負う。

民法709条　（不法行為による損害賠償）

故意又は過失によって他人の権利又は法律上保護される利益を侵害した者は、これによって生じた損害を賠償する責任を負う。

民法724条　（不法行為による損害賠償請求権の消滅時効）

不法行為による損害賠償の請求権は、次に掲げる場合には、時効によって消滅する。

　1　被害者又はその法定代理人が損害及び加害者を知った時から3年間行使しないとき。

　2　不法行為の時から20年間行使しないとき。

22 あぶない！飼い犬にかまれた！
不法行為

近所の人が飼っている犬が急に飛びかかってきたので、蹴り飛ばしたら、僕は足をかまれ、犬は足の骨を折ってしまった

互いにケガをしたのだから、何も請求できないのかな？

人の足のケガと飼い犬の足の骨折はどうなるの？

突然近所の人の飼い犬が飛びかかってきたので、身を守るためにとっさに犬を蹴り飛ばしたところ、お互いケガをしてしまいました。人の足のケガの治療費は犬の飼い主に責任をとってほしい。犬のケガの治療費については、飼い主はその人に請求できるのか？

問題のツボ〜動物の占有者の責任

故意又は過失によって他人の権利又は法律上保護される利益を侵害した者は、これによって生じた損害を賠償する責任があります（民法709条）。これを**不法行為**による**損害賠償責任**といいます。

犬の飼い主が、犬を蹴り飛ばした人に対して犬の治療費を請求する場合は、この民法709条の不法行為による損害賠償責任を追及することになります。

一方、動物の占有者は、その動物が他人に加えた損害を賠償する責任があります。ただし、動物の種類及び性質に従い相当の注意をもってその管理をしたときには責任を負いません（民法718条1項）。従って、犬の飼い主は、相当の注意をもって犬の管理をしていなかったときには、被害者に対して治療費などの損害を賠償しなければなりません。

犬を蹴り飛ばした人が、犬の飼い主に対して治療費を請求する場合には、民法718条1項に基づいて請求することになります。

▼犬の治療費と足の治療費

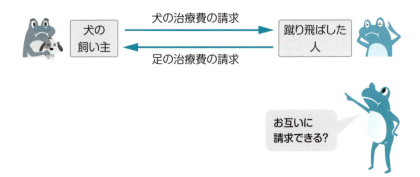

問題解決のコツ

　犬を蹴り飛ばした人が犬の飼い主から犬の治療費を請求された場合、これに応じなければならないでしょうか。
　この点に関しては、**緊急避難**が成立するかどうか検討する必要があります。
　緊急避難は刑法にも規定があるのですが（刑法37条）、民法の不法行為に関しても規定があります（民法720条2項）。民法の緊急避難は、他人の物から生じた急迫の危難を避けるためその物を損壊した場合には、損害賠償責任を負わないというものです。
　民法709条の不法行為による損害賠償責任が成立するためには、行為者の行為が違法なものでなければならないのですが、緊急避難が認められる場合には違法性がないとされるため、損害賠償責任を負わないことになるのです。
　緊急避難が認められないとして犬を蹴り飛ばした人も損害賠償責任を負うことになった場合、蹴り飛ばした人にも飼い主にも過失があったときには、裁判所は双方の過失を考慮して損害賠償の額を定めることができます（民法722条2項）。これを**過失相殺**といいます。
　過失相殺は、債務不履行に関しても規定があり、債務の不履行又は損害の発生若しくは拡大に関して債権者に過失があったときには、裁判所は、これを考慮して、損害賠償の責任及びその額を定めます（民法418条）。

民法418条 （過失相殺）
　債務の不履行又はこれによる損害の発生若しくは拡大に関して債権者に過失があったときは、裁判所は、これを考慮して、損害賠償の責任及びその額を定める。

民法709条 （不法行為による損害賠償）
　故意又は過失によって他人の権利又は法律上保護される利益を侵害した者は、これによって生じた損害を賠償する責任を負う。

民法718条 （動物の占有者等の責任）
1　動物の占有者は、その動物が他人に加えた損害を賠償する責任を負う。ただし、動物の種類及び性質に従い相当の注意をもってその管理をしたときは、この限りでない。
2　占有者に代わって動物を管理する者も、前項の責任を負う。

民法720条 （正当防衛及び緊急避難）
1　他人の不法行為に対し、自己又は第三者の権利又は法律上保護される利益を防衛するため、やむを得ず加害行為をした者は、損害賠償の責任を負わない。ただし、被害者から不法行為をした者に対する損害賠償の請求を妨げない。
2　前項の規定は、他人の物から生じた急迫の危難を避けるためその物を損傷した場合について準用する。

民法722条 （損害賠償の方法、中間利息の控除及び過失相殺）
1　第417条及び第417条の2の規定は、不法行為による損害賠償について準用する。
2　被害者に過失があったときは、裁判所は、これを考慮して、損害賠償の額を定めることができる。

刑法37条 （緊急避難）
1　自己又は他人の生命、身体、自由又は財産に対する現在の危難を避けるため、やむを得ずにした行為は、これによって生じた害が避けようとした害の程度を超えなかった場合に限り、罰しない。ただし、その程度を超えた行為は、情状により、その刑を減軽し、又は免除することができる。
2　前項の規定は、業務上特別の義務がある者には、適用しない。

コラム 債務不履行と不法行為

　法律問題は相手方がいるケースがほとんどです。その相手方がいるケースは、大きく分けると2つに分けられます。1つ目は、2人の間に契約がある場合であり、2つ目は、2人の間に契約がない場合です。

　1つ目の契約がある場合にはどちらかが契約に違反したときに法律問題が発生します。2つ目の契約がない場合には何らかの原因で法律問題が発生します。

　契約がある場合に契約に違反するということは、債務不履行（民法415条）です。世の中にはいろいろな契約がありますが、民法が規定しているのは13の典型契約です。この典型契約以外の非典型契約に関して契約違反があった場合にも、民法の債務不履行を基礎に考えてゆくことになります。どんな債務不履行があったのか、履行遅滞か、履行不能か、不完全履行か。どんな損害が発生しているのか。債務不履行があったことによって何を求めるのか、損害賠償を請求するのか（民法415条、416条）、契約を解除するのか（民法540条以下）、などです。

　これに対し、契約がない場合は事務管理（民法697条以下）や不当利得（民法703条以下）や不法行為（民法709条以下）等が問題になりますが、多いのは不法行為です。これらの場合には具体的事案がこれらの要件に該当するのか、損害賠償の範囲はどうなるのか、被害者側にも過失があって過失相殺（民法722条2項）が問題にならないかなどが検討項目になります。

　そして、契約がある場合にもない場合にも、示談や和解（民法695条）で解決することもあれば、それらで解決しないときには裁判によって解決が図られることになります。

第6章 男と女が出会って、いっしょになったり、別れたり

〜親族〜

1 まだ18歳の娘、プロポーズされたらしい!!

未成年者の婚姻

お父さん、彼からプロポーズされたの

まだ18歳じゃないか。相手は何歳なんだ？

18歳の娘が婚姻するには？

　娘さんから突然結婚話を切り出されたお父さん。いつかはあることだとは思っていましたが、まさかこんなに早くやって来るとは。

　ところで、未成年者は制限行為能力者であり、法律行為をするには原則として法定代理人の同意が必要ですが（民法5条1項）、未成年者が**婚姻**するにはどのような要件を満たす必要があるのでしょうか。また、その要件を満たさなかった場合には、その婚姻は取り消すことができるのでしょうか。

問題のツボ～未成年者の婚姻

　未成年者であっても、男性は18歳になれば、また、女性は16歳になれば、婚姻することができます（民法731条）。18歳のお嬢さんは婚姻の適齢に達していますから、婚姻することができます。

　しかし、未成年者が婚姻をするには、原則として、父母の同意を得なければなりません（民法737条1項）。ただし、父母の一方が同意しないときには、他の一方の同意だけで足ります（民法737条2項）。父母の一方が知れないとき、死亡したとき、又はその意思を表示することができないときも、他の一方の同意で足ります（民法737条2項）。

　注意すべき点は、父母の同意がなかった場合にも、その婚姻は取り消すことができないということです。民法は不適法な婚姻は取り消すことができると規定しているのですが（民法743条、744条）、未成年者の婚姻について父母の同意がなかった

ことは、婚姻の取消事由とはされていません（民法744条は民法737条に違反した場合を婚姻の取消事由とはしていません）。

問題解決のコツ

　未成年者は婚姻すると成年に達したものとみなされます（民法753条）。これを**婚姻による成年擬制**といいます。婚姻して夫婦としての共同体となり、成年者と同等の地位と扱いを受けるのにふさわしいと考えられたからです。成年に達したものとみなされますから、制限行為能力者ではなくなり、法律行為をするにも法定代理人の同意を得る必要はありません。

　ただし、たとえば女性が18歳で婚姻したとしても成年に達したものとみなされるだけで、年齢が20歳になったわけではありません。未成年者飲酒禁止法1条2項は、20歳未満の者は酒類を飲用することができないと規定していますから、未成年者は婚姻してもお酒を飲むことはできません。

条文

民法731条　（婚姻適齢）
　　男は、18歳に、女は、16歳にならなければ、婚姻をすることができない。

民法737条　（未成年者の婚姻についての父母の同意）
　1　未成年の子が婚姻をするには、父母の同意を得なければならない。
　2　父母の一方が同意しないときは、他の一方の同意だけで足りる。父母の一方が知れないとき、死亡したとき、又はその意思を表示することができないときも、同様とする。

民法743条　（婚姻の取消し）
　　婚姻は、次条から第747条までの規定によらなければ、取り消すことができない。

民法744条　（不適法な婚姻の取消し）
　1　第731条から第736条までの規定に違反した婚姻は、各当事者、その親族又は検察官から、その取消しを家庭裁判所に請求することができる。ただし、検察官は、当事者の一方が死亡した後は、これを請求することができない。
　2　第732条又は第733条の規定に違反した婚姻については、当事者の配偶者又は前配偶者も、その取消しを請求することができる。

6

コラム 親族の範囲（民法725条）

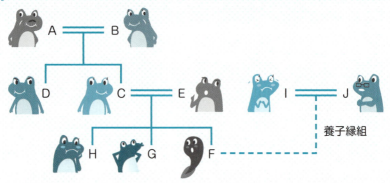

民法は、

① 6親等内の血族
② 配偶者
③ 3親等内の姻族

を**親族**としています（民法725条）。

　配偶者とは、夫婦のうちの一方のことです。夫から見れば妻が配偶者であり、妻から見れば夫が配偶者です。
　血族とは、血縁がある者のことです。血族には、自然血族と法定血族があります。**自然血族**は、実親と実子のように自然の血縁がある血族のことです。**法定血族**は、養親と養子のように養子縁組によって成立する血族です（民法727条）。
　法定血族は養子縁組を前提としますから、養子及びその配偶者並びに養子の直系卑属及びその配偶者と養親及びその血族との親族関係は、離縁によって終了します（民法729条）。
　姻族とは、自己の配偶者の血族又は自己の血族の配偶者のことです。姻族は配偶者の存在を前提としますから、姻族関係は離婚によって終了します（民法728条1項）。また、夫婦の一方が死亡した場合において、生存配偶者が姻族関係を終了させる意思を表示したときにも、姻族関係は終了します（民法728条2項）。

血族や姻族には、直系と傍系の区別があります。

直系とは、親族の中で一方が他方の子孫にあたる関係にあることです。たとえば、祖父と孫は直系です。

これに対し、**傍系**とは、親族の中で共同の始祖から分かれた関係にあることです。例えば、兄と弟は父母という共同の始祖からわかれた関係にあり、傍系です。

また、尊属と卑属の区別があります。

尊属とは、前の世代の者のことです。例えば、自分の父や祖父は尊属です。

これに対し、**卑属**とは、後の世代の者のことです。例えば、自分の子や孫は卑属です。

親等は、血族や姻族の遠近の程度のことです。親等の数は、親族間の世代数を数えて算定します（民法726条1項）。例えば、自分と父は1親等です。また、傍系親族の親等を数えるには、その一人又はその配偶者から同一の祖先にさかのぼり、その祖先から他の一人に下るまでの世代数を数えて算定します（民法726条2項）。

例えば、兄と弟は、同一の祖先である父母にさかのぼり（1世代）、父母から他の一人である兄あるいは弟に下るまでの世代数（1世代）を加えることにより、世代数は2になりますから、2親等の傍系血族になります。

親族の範囲は、民法の中で様々な場面で現れてきます。例えば、後見開始の審判の請求権者、保佐開始の審判の請求権者、補助開始の審判の請求権者は、いずれも「4親等内の親族」とされています（民法7条、11条、15条1項）。

また、「同居の親族」は互いに扶け合わなければならないとされ（民法730条）、「3親等内の親族間」において扶養義務を負わされることがあります（民法877条2項）。

2 一緒に生活したら夫婦？婚姻と内縁はどう違う？
内縁

君と同棲して長いけど、僕にもしものことがあったら…

私はあなたの相続人になれるの？

同棲している相手が死亡した場合、残された人は相続人になれる？

　男女がマンションを借りて、食事や買い物を一緒にして、旅行にも行ったりする。これらの費用はお互い協力して支払う。でも籍は入れない。

　こんな生活が長く続くとこのようなカップルは外から見ると夫婦同然のように見えます。でも、名字は別だし、夫婦であるようなないような。

　こんな二人の関係は法律上どのような関係なのでしょうか。

　一方が死亡したら残された人は相続人になれるのでしょうか。

問題のツボ～内縁

　婚姻は、戸籍法の定めるところによって届け出ることによって成立します（民法739条1項）。民法739条1項は、届け出ることによって、その効力を生ずると規定していますから、婚姻の届出は婚姻の効力の発生要件のように読めますが、一般には婚姻の届出は婚姻の成立要件であると解されています。男性と女性は婚姻の届出をすることによって、晴れて法律上も夫婦になるわけです。法律上の婚姻関係が認められると、夫婦は、婚姻の際に定めるところに従い夫又は妻の氏を称し（民法750条)、夫婦間には**同居、協力、扶助義務**（民法752条）、**婚姻費用の分担義務**（民法760条）などが生じ、また、配偶者が死亡した場合にはその相続人になります（民法890条）。

　このように男女は婚姻の届出によって法律上の夫婦になりますが、世の中には男女が夫婦のような生活を送っているけれども籍を入れない、つまり婚姻の届出をし

ない人たちもいます。

　婚姻の届出をしない場合、その男女はどのような関係にあるのでしょうか。何事もなくて平穏に暮らしていればどうっていうことはないでしょうが、例えば長年同棲していた男性が他の女性と仲良くなって出て行ってしまったとき、残された女性は男性に対して何も請求できないのでしょうか。また、長年一緒に暮らしてきた男性が突然死亡してしまったとき、女性は相続人になれるのでしょうか。

　このように夫婦同然の生活を送っているけれども婚姻の届出をしていない男女の関係を**内縁**といいます。

　内縁は男女が相協力して生活を営むという点では法律上の婚姻関係と異なるものではありませんから、内縁は婚姻に準ずる関係として婚姻に準じた扱いを受けます。従って、内縁関係にある男女は、同居して、互いに協力し扶助しなければなりません（民法752条の準用）。互いに助け合って生活するわけです。

　しかし、内縁には法律上の夫婦に関する規定がすべて適用されるわけではありません。前述したように、夫婦の一方が死亡すれば残された配偶者はその相続人になれますが（民法890条）、民法890条は内縁関係にある男女には適用されず、内縁関係にある男女の一方が死亡しても残された人はその相続人になることはできません。

▼婚姻と内縁

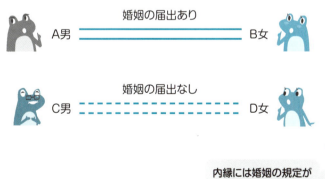

内縁には婚姻の規定がどこまで適用される？

問題解決のコツ

　内縁に関して婚姻に関する規定のうちどの規定が適用されてどの規定が適用されないかは、その規定があくまでも法律上の婚姻を前提とする規定であるか否かによると考えられます。

　前述したように、婚姻は婚姻の届出をすることによって成立します（民法739条）。夫婦が同じ氏（名字）を称すること（民法750条）、配偶者が相続人になること（民法890条）、婚姻による姻族関係の発生などは、法律上の婚姻を前提としている規定ですから内縁には適用されないと考えられています。

用語の解説

内縁：夫婦同然の生活を送っているが、婚姻の届出をしていない男女の関係。

条文

民法739条　（婚姻の届出）
1. 婚姻は、戸籍法（昭和22年法律第224号）の定めるところにより届け出ることによって、その効力を生ずる。
2. 前項の届出は、当事者双方及び成年の証人二人以上が署名した書面で、又はこれらの者から口頭で、しなければならない。

民法750条　（夫婦の氏）
　夫婦は、婚姻の際に定めるところに従い、夫又は妻の氏を称する。

民法752条　（同居、協力及び扶助の義務）
　夫婦は同居し、互いに協力し扶助しなければならない。

民法760条　（婚姻費用の分担）
　夫婦は、その資産、収入その他一切の事情を考慮して、婚姻から生ずる費用を分担する。

民法890条　（配偶者の相続権）
　被相続人の配偶者は、常に相続人となる。この場合において、第887条又は前条の規定により相続人となるべき者があるときは、その者と同順位とする。

3 もしも離婚したら、二人の財産はどうなる？
財産分与

離婚したらこのマンションも処分するのよね

えっ!?　僕の名義のマンションだよ!!

離婚するときには財産も清算するの？

　長年連れ添った夫婦が離婚すると当然住むところは別になり、各々が別の生活を送ることになります。子どもがいてその子が未成年なら、その子の親権者を決めなければなりません。離婚した後も子どもと親の関係は続きますから、離婚後の子どもの養育費をどうするかも問題になります。

　では、婚姻生活を送っていた当時に夫婦が得た財産はどうなるのでしょうか。ご主人がサラリーマンで奥さんが専業主婦の場合など、ご主人が会社で働いてお給料やボーナスを家計に入れて生活し、マンションを買って名義はご主人にしておいたとき、離婚するにあたってこのマンションはどうなるのでしょうか。

　マンションの所有名義はご主人だから離婚してもご主人が所有し続けるのか、離婚に際して奥さんもこのマンションに関して何か権利を主張できるのでしょうか。

問題のツボ〜財産分与

　夫婦の財産関係について、民法は**夫婦別産制**をとっています。すなわち、夫婦の一方が婚姻前から有する財産及び婚姻中自己の名で得た財産は、その**特有財産**（夫婦の一方が単独で有する財産）となります（民法762条1項）。夫婦の一方が婚姻前から有する財産とは、例えばご主人が婚姻前に自分のお金で購入した自動車のようなものです。婚姻中自己の名で得た財産とは、例えば婚姻中に奥さんのお父さんが死亡してお父さんの遺産である骨董品を相続した場合のその骨董品のようなものです。自動車はご主人の所有物であり、骨董品は奥さんの所有物です。

しかし、婚姻生活を送っていると夫婦のいずれに属するか明らかでない財産もあります、このような財産は夫婦の共有に属すると推定されます（民法762条2項）。

　また、婚姻中にご主人名義で購入したマンションであって、その購入にあたってご主人だけではなく奥さんも貢献している場合には、名義上はご主人の名義であっても、実質上は夫婦が共有している財産であると考えられます。

　夫婦が離婚するに際しては、形式上は一方の名義の財産であっても実質上は夫婦の共有に属する財産は、二人で清算するのが公平です。また、夫婦の共有財産も同様です。これに対して、特有財産は、夫婦各人の財産ですから清算する必要はありません。

　このように、婚姻中に取得した財産を離婚に際して清算することを**財産分与**といいます（民法768条）。民法768条は協議離婚の場合について規定していますが、民法768条は裁判上の離婚の場合にも準用されていますから（民法771条）、裁判上の離婚の場合にも財産分与が認められます。

　このように、財産分与は、婚姻中に取得した財産を精算するという要素がありますが、このほかに、離婚した後の経済的な弱者に対する扶養としての要素、離婚慰謝料としての要素もあると考えられています。

▼財産分与の対象となる財産

	財産分与の対象となるか
夫婦それぞれの特有財産	ならない
夫婦の共有財産	なる
夫婦の一方の名義であるが、実質的には夫婦の共有財産	なる

問題解決のコツ

　奥さんがマンションに関して財産分与の請求権を有する場合には、その権利の実現に関しては、ご主人と奥さんが話し合って決めることがでます。たとえば、奥さんの貢献度を2分の1として、ご主人はマンションの価額の2分の1に相当するお金を奥さんに渡すとか、マンションを売却して代金の2分の1を奥さんに渡すなどの話し合いをして決めることができます。

　話し合いでまとまらないときには、家庭裁判所に財産分与の協議に代わる処分を請求することができます。ただし、離婚のときから2年を経過してしまうと家庭裁判

所で解決を図ることはできなくなりますから、注意しましょう（民法768条2項）。

> **用語の解説**
>
> **特有財産**：夫婦の一方が単独で有する財産（民法762条1項）。
> **協議上の離婚**：夫婦がその協議によって離婚すること（民法763条）。
> **裁判上の離婚**：夫婦が裁判によって離婚すること（民法770条）。
> **財産分与**：婚姻中に取得した財産を離婚に際して分けること（民法768条）。

> **条文**
>
> **民法768条（財産分与）**
> 1 協議上の離婚をした者の一方は、相手方に対して財産の分与を請求することができる。
> 2 前項の規定による財産の分与について、当事者間に協議が調わないとき、又は協議をすることができないときは、当事者は、家庭裁判所に対して協議に代わる処分を請求することができる。ただし、離婚の時から2年を経過したときは、この限りでない。
> 3 前項の場合には、家庭裁判所は、当事者双方がその協力によって得た財産の額その他一切の事情を考慮して、分与をさせるべきかどうか並びに分与の額及び方法を定める。
>
> **民法771条（協議上の離婚の規定の準用）**
> 　第766条から第769条までの規定は、裁判上の離婚について準用する。

4 子どもができた!! でも本当に自分の子？
嫡出の推定

あなた、子どもができたみたい

……（僕はずっと海外赴任していたんだよ。その子は本当に僕の子？）

子の父親は誰か？

子どもが生まれると、その両親は誰かを決める必要があります。

つまり、その子の母親は誰であり、父親は誰であるかということです。

子どもの母親は誰かということは、分娩の事実によって明らかになります。その子を産んだ女性がその子の母親だということです。

では、子どもの父親は誰かということは、どのようにして決定されるのでしょうか。その子の母親と父親が夫婦のこともあれば、夫婦ではないこともあります。また、妻が産んだ子であっても、夫が長年海外に単身赴任していた間に産んだ子であれば、夫の子とはいえないはずです。

問題のツボ〜嫡出の推定

婚姻の成立の日、つまり婚姻の届出をした日から200日を経過した後に生まれた子、または、婚姻の解消（離婚や夫婦の死別）もしくは婚姻の取消しの日から300日以内に生まれた子は、妻が婚姻中に懐胎したと**推定**されます（民法772条2項）。

そして、妻が婚姻中に懐胎した子は、その夫の子と推定されます（民法772条1項）。つまり、子の父親は夫であると推定されることになります。夫婦間に生まれた子は、**嫡出子**といいます。

しかし、婚姻の届出をした日から200日を経過した後に生まれた子や婚姻の解消もしくは婚姻の取消しの日から300日以内に生まれた子であっても、夫が海外赴任していた間に生まれた子であれば、妻が夫の子を生むということはありえないこと

です。そこで、そのような場合には夫の子とは推定されません。このような子を**嫡出推定の及ばない子**といいます。

▼嫡出の推定（民法772条）

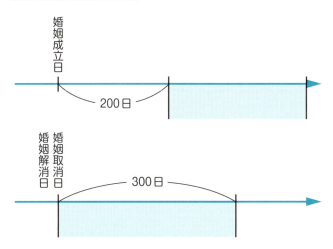

問題解決のコツ

民法772条の場合において、夫は、嫡出否認の訴えにより子が嫡出であることを否認することができます（民法774条、775条）。

では、嫡出推定が及ばない子の父親はどのようにして決定されるのでしょうか。

それは**認知**によります。父親は自分がその子の父親であると認めることができ（民法779条）、認知は子の出生のときにさかのぼってその効力を生じます（民法784条）。

また、子、その直系卑属又はこれらの者の法定代理人は、**認知の訴え**を提起することができます（民法787条）。

用語の解説

婚姻の解消：有効に成立した婚姻が、一定の原因（離婚、当事者の死亡）によって、将来に向かって消滅すること。

嫡出子：法律上の夫婦間に生まれた子。

嫡出推定の及ばない子：形式的には民法772条の要件を満たすが、夫の子ではないことが明らかな子。

認知：嫡出でない子と父親との親子関係が認められること。

条文

民法772条　（嫡出の推定）

1　妻が婚姻中に懐胎した子は、夫の子と推定する。

2　婚姻の成立の日から200日を経過した後又は婚姻の解消若しくは取消しの日から300日以内に生まれた子は、婚姻中に懐胎したものと推定する。

民法774条　（嫡出の否認）

第772条の場合において、夫は、子が嫡出であることを否認することができる。

民法775条　（嫡出否認の訴え）

前条の規定による否認権は、子又は親権を行う母に対する嫡出否認の訴えによって行う。親権を行う母がないときは、家庭裁判所は、特別代理人を選任しなければならない。

民法779条　（認知）

嫡出でない子は、その父又は母がこれを認知することができる。

民法781条　（認知の方式）

1　認知は、戸籍法 の定めるところにより届け出ることによってする。

2　認知は、遺言によっても、することができる。

民法784条　（認知の効力）

認知は、出生の時にさかのぼってその効力を生ずる。ただし、第三者が既に取得した権利を害することはできない。

民法787条　（認知の訴え）

子、その直系卑属又はこれらの者の法定代理人は、認知の訴えを提起することができる。ただし、父又は母の死亡の日から3年を経過したときは、この限りでない。

5 子どもがいたらなぁ……そういえば養子って？？

養子

老後も心配。頼れる子どももいない。近所に住んでる○○君のような子がいたらなぁ……

そういえば養子っていう制度が…

養子って聞いたことはあるけど、どのような制度？

お子さんがいない夫婦が子どもを持ちたいと考えるとき、**養子縁組**を結んで**養子**を得るということがあります。

では、夫婦が養子縁組を行うにはどうすればよいのでしょうか。妻と養子だけで養子縁組ができるのでしょうか。また、養子縁組が成立すると養子や縁組をした夫婦はどのような立場に立つのでしょうか。養子の名字（氏）はどうなるのか、養子の実の親（実親）との関係は維持されるのか、それとも消滅してしまうのでしょうか。

▼夫婦の双方が養親になる場合と夫婦の一方が養親になる場合

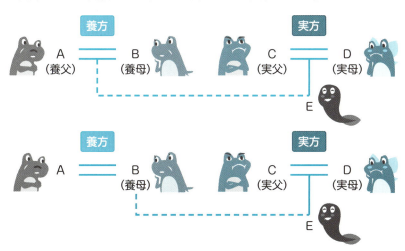

問題のツボ～養子縁組の要件

まず、配偶者のある者が配偶者とともに養子縁組をする場合はどうなるのでしょうか。例えば、お子さんがいない夫婦が夫婦ともども養子縁組を結ぶケースです（上の図、第1のケース）。

次に、配偶者のある者が配偶者とともにではなく養子縁組をする場合はどうなるのでしょうか（下の図、第2のケース）。例えば、お子さんがいない夫婦で奥さんが養子縁組を結ぶケースです。

問題解決のコツ

まず配偶者のある者が配偶者とともに養子縁組をする場合ですが（上の図、第1のケース）、この場合で未成年者を養子とするときには、家庭裁判所の許可を得なければなりません。ただし、自己または配偶者の直系卑属を養子とする場合は、この限りではありません（民法798条）。

この場合養子縁組が成立すると、養子に対して夫は養父になり、妻は養母になります。養父と養子の間及び養母と養子の間には、法定の親子関係が成立し（民法809条）、養子は養親の親権に服し（民法818条2項）、養子は養親の氏を称します（民法810条）。また、養子と実親との親子関係は存続します。

次に、配偶者のある者が配偶者とともにではなく養子縁組をする場合ですが（下の図、第2のケース）、この場合例えば妻と養子の間に養子縁組が成立すると、養母と養子の間に法定の親子関係が成立し（民法809条）、養子は養母の親権に服し（民法818条2項）、養子は養母の氏を称します（民法810条）。養子と実親との親子関係は存続します。

この場合、養子縁組を結ぶには、原則として、その配偶者の同意を得なければなりません（民法796条本文）。例外として、配偶者がその意思を表示することができない場合には、この限りではありません（民法796条ただし書）。

また、未成年者を養子とするときには、家庭裁判所の許可を得なければなりません。ただし、自己または配偶者の直系卑属を養子とする場合は、この限りではありません（民法798条）。

用語の解説

養子：自然の血縁によってではなく、養子縁組という法律上の制度によって親子関係が認められた子。
実方：養子縁組の当事者から見た実親方。
養方：実親方から見た養子縁組の当事者方。

条文

民法795条　（配偶者のある者が未成年者を養子とする縁組）

　　配偶者のある者が未成年者を養子とするには、配偶者とともにしなければならない。ただし、配偶者の嫡出である子を養子とする場合又は配偶者がその意思を表示することができない場合は、この限りでない。

民法796条　（配偶者のある者の縁組）

　　配偶者のある者が縁組をするには、その配偶者の同意を得なければならない。ただし、配偶者とともに縁組をする場合又は配偶者がその意思を表示することができない場合は、この限りでない。

民法798条　（未成年者を養子とする縁組）

　　未成年者を養子とするには、家庭裁判所の許可を得なければならない。ただし、自己又は配偶者の直系卑属を養子とする場合は、この限りでない。

民法809条　（嫡出子の身分の取得）

　　養子は、縁組の日から、養親の嫡出子の身分を取得する。

民法810条　（養子の氏）

　　養子は、養親の氏を称する。ただし、婚姻によって氏を改めた者については、婚姻の際に定めた氏を称すべき間は、この限りでない。

民法818条　（親権者）

1　成年に達しない子は、父母の親権に服する。
2　子が養子であるときは、養親の親権に服する。
3　親権は、父母の婚姻中は、父母が共同して行う。ただし、父母の一方が親権を行うことができないときは、他の一方が行う。

6

257

6 子の親権者、父から母へ変えるには？
親権者の変更

離婚するとき子どもの親権者は僕と決めたじゃないか

あなたは借金もいっぱいあるし、心配だから親権者は私に変えてほしいわ

親権者を変えるには？

　成年に達しない子は、父母の親権に服します（民法818条1項）。

　親権とは、親がその子どもを養育する権利です。

　親権者になると、子の監護及び教育をする権利義務を負い（民法820条）、子の居所を指定し（民法821条）、監護及び教育に必要な範囲内で子を懲戒することができ（民法822条）、子が職業を営むことを許可することができ（民法823条）、子の財産を管理し、子の財産に関する法律行為を代理して行うことができます（民法824条）。

　夫婦が離婚する場合には離婚後はそれぞれ別の場所で別れて生活することになり、どちらがその子を養育するか、つまりどちらが子の親権者になるかを決めなければなりません（民法819条1項、2項）。

　離婚するにあたって、たとえば夫の母親が子の面倒を見るといったので子の親権者を夫と決めたところ、夫の母親が子の面倒を見るのが思いのほか大変だったり、夫が借金を抱えていて子の面倒を見るどころではなくなったというような事態にいたることもあります。

　このような場合、心配になった子の母親は親権者を自分にするように親権者の変更をすることができるのでしょうか。

▼親権の主な内容

親権の主な内容	条文
監護・教育の権利義務	820条
居所指定権	821条
懲戒権	822条
職業許可権	823条
法律行為の代理権	824条

問題のツボ〜親権者の変更

親権はあくまでも子の利益のために行使するものであり、親が自分勝手に行使するものではありません。民法820条が監護・教育の権利とともに義務であるとも規定しているのは、子の利益のために行使する義務をも親権者は負担していることを表しています。

従って、子の利益のために必要がある場合には、子の親族は、親権者の変更を家庭裁判所に請求することができます（民法819条6項）。

問題解決のコツ

いったん親権者を決めると、親権者を変更するには子の利益のため親権者を変更する必要性がなければなりません（民法819条6項）。

親権者の変更は時間と手続を要しますから、親権者を決める段階で親権者を誰にするかは、子どもの教育や生活環境、父親と母親の生活状況、父親と母親以外の援助者の援助の内容などさまざまなことを考慮して慎重に考えるべきです。

協議離婚をする場合には夫婦がその協議によって親権者を定めるわけですが（民法819条1項）、親権者をどちらにするか協議が整わないときには家庭裁判所に協議に代わる審判を申し立てることもできます（民法819条5項）。夫婦だけでは親権者をどちらにするか決められない場合には、この審判を申し立てる道を検討するのもよいと思われます。

用語の解説

親権：親がその子どもを養育する権利。

民法819条 （離婚又は認知の場合の親権者）
1 父母が協議上の離婚をするときは、その協議で、その一方を親権者と定めなければならない。
2 裁判上の離婚の場合には、裁判所は、父母の一方を親権者と定める。
3 子の出生前に父母が離婚した場合には、親権は、母が行う。ただし、子の出生後に、父母の協議で、父を親権者と定めることができる。
4 父が認知した子に対する親権は、父母の協議で父を親権者と定めたときに限り、父が行う。
5 第1項、第3項又は前項の協議が調わないとき、又は協議をすることができないときは、家庭裁判所は、父又は母の請求によって、協議に代わる審判をすることができる。
6 子の利益のため必要があると認めるときは、家庭裁判所は、子の親族の請求によって、親権者を他の一方に変更することができる。

民法820条 （監護及び教育の権利義務）
親権を行う者は、子の利益のために子の監護及び教育をする権利を有し、義務を負う。

民法821条 （居所の指定）
子は、親権を行う者が指定した場所に、その居所を定めなければならない。

民法822条 （懲戒）
親権を行う者は、第820条の規定による監護及び教育に必要な範囲内でその子を懲戒することができる。

民法823条 （職業の許可）
1 子は、親権を行う者の許可を得なければ、職業を営むことができない。
2 親権を行う者は、第6条第2項の場合には、前項の許可を取り消し、又はこれを制限することができる。

民法824条 （財産の管理及び代表）
親権を行う者は、子の財産を管理し、かつ、その財産に関する法律行為についてその子を代表する。ただし、その子の行為を目的とする債務を生ずべき場合には、本人の同意を得なければならない。

7 生活が大変な、おば、援助してあげたいけど…
扶養

一人暮らしのあなたのおばさん。なにかと生活が大変そうだなぁ……

そうだね。だけど僕らには子供もいるし…自分たちの生活もあるし。どうしたらいいんだろう？　何かやってあげないといけないのはわかるんだけど……

経済的に困っているおばを援助してあげたいが…

人間だれしも生活するのは大変です。思いがけず交通事故にあって仕事ができなくなってしまったけれど、加害者が保険に入っていなかったので賠償金が取れなかったとか、勤めていた会社が突然倒産してしまい給料も未払いだったりすると、自分の生活を維持することもできなくなってしまうこともあります。

そんなとき誰かに助けを求めることができるのでしょうか。親戚に助けるべき人がいるとしてどの程度の支援をすべきでしょうか。

問題のツボ〜扶養義務者と扶養の順位

近親者に援助すべき人がいる場合、**扶養**が問題になります。

扶養については、誰が扶養義務を負担するのか、また、扶養の程度や方法が問題になります。

まず、誰が扶養義務を負担するかですが、援助を要すべき人と直系血族の関係にある人、及び、兄弟姉妹の関係にある人は、当然に扶養をすべき義務を負っています（民法877条1項）。そして、特別の事情があるときには、家庭裁判所は、3親等内の親族にも扶養の義務を負わせることができます（民法877条2項）。

援助を要する人が複数いる場合や、扶養義務を負っている人が複数いる場合はどうすべきでしょうか。この場合には、まず話し合いによって扶養を受ける人の順序や扶養義務を尽くすべき人の順序を決めます。そして、話し合いで決まらないときに

は、家庭裁判所が決めることになります(民法878条)。

▼おばを援助したいが…

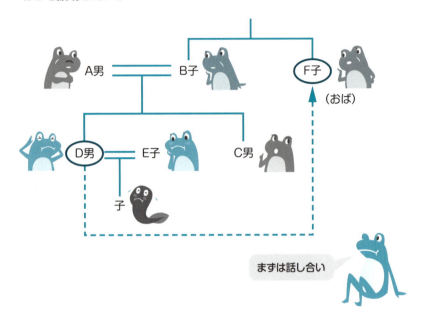

問題解決のコツ

　扶養義務を負っている人も自分の生活があるわけですが、どの程度の扶養をする必要があるのでしょうか。
　これについては、いわゆる**生活扶助義務**を尽くすべきだと解されており、自分の生活を犠牲にしない程度に援助を要する人の最低限の生活を扶助する義務を尽くすべきだとされています。
　これに対して、親権者である親は子に対して監護義務を負っていますが(民法820条)、監護義務の程度は**生活保持義務**、つまり、義務者が営む生活と同じ程度の生活を保持する義務であると考えられています。

用語の解説

血族：血縁がある者。
姻族：自己の配偶者の血族又は自己の血族の配偶者。
親等：血族や姻族の遠近の程度。
直系：親族の中で一方が他方の子孫にあたる関係にあること。
傍系：親族の中で共同の祖先から分かれた関係にあること。
尊属：前の世代の者。
卑属：後の世代の者。

条文

民法820条　（監護及び教育の権利義務）

　親権を行う者は、子の利益のために子の監護及び教育をする権利を有し、義務を負う。

民法877条　（扶養義務者）

1　直系血族及び兄弟姉妹は、互いに扶養をする義務がある。
2　家庭裁判所は、特別の事情があるときは、前項に規定する場合のほか、3親等内の親族間においても扶養の義務を負わせることができる。
3　前項の規定による審判があった後事情に変更を生じたときは、家庭裁判所は、その審判を取り消すことができる。

民法878条　（扶養の順位）

　扶養をする義務のある者が数人ある場合において、扶養をすべき者の順序について、当事者間に協議が調わないとき、又は協議をすることができないときは、家庭裁判所が、これを定める。扶養を受ける権利のある者が数人ある場合において、扶養義務者の資力がその全員を扶養するのに足りないときの扶養を受けるべき者の順序についても、同様とする。

民法880条　（扶養に関する協議又は審判の変更又は取消し）

　扶養をすべき者若しくは扶養を受けるべき者の順序又は扶養の程度若しくは方法について協議又は審判があった後事情に変更を生じたときは、家庭裁判所は、その協議又は審判の変更又は取消しをすることができる。

民法881条　（扶養請求権の処分の禁止）

　扶養を受ける権利は、処分することができない。

コラム 実態にふさわしい法律構成を（権利能力なき社団と内縁を例に）

　男女が共同生活を送っていて夫婦としての実態があるけれども婚姻届出をしていないケースがあります。内縁です。内縁と婚姻で決定的に違うのは婚姻届出をしているかいないかです。婚姻届出をしていれば法律上の夫婦として法律上いろいろなことが認められます。同じ氏を称したり（民法750条）、婚姻費用を分担したり（民法760条）、相手方が死亡すればその相続人になることができます（民法890条）。

　これに対して、内縁では同じ氏を称することは認められず、また相手方が死亡してもその相続人になることはできません。

　しかし、内縁は夫婦としての実態があるのですから、法律もその実態にふさわしい扱いが好ましく、また合理的であると考えます。そこで、内縁は婚姻届出をしておらず法律上の夫婦としては認められないから同じ氏を称することや相続人になることは認められないけれども、それ以外の多くの点では法律上の夫婦と同様に扱おうと考えるのです。

　このような実態にふさわしい法律構成を考えようとする志向は権利能力なき社団や財団にも見らます。

　権利能力なき社団や財団は、法人ではないけれどもそれに近い実態がある社団（人の集合体）や財団（財産の集合体）のことです。例えば同窓会などは権利能力なき社団といえる場合があります。権利能力なき社団や財団は、法人ではないのでその社団や財団が権利や義務の帰属主体となることはできません。しかし、実態は法人に近いのでこの実態にふさわしい扱いが好ましいのです。そこで、判例は、権利能力なき社団の財産は社団自体に帰属するとはいえないけれども、これに近い形として総構成員に総有的に帰属すると解しています。

　内縁や権利能力なき社団や財団は民法の条文には規定がありません。世の中には条文に規定されていないことがたくさんあります。そのようなときにも実態を把握して、実態にふさわしい法律構成を考えてゆくのです。

第7章 人が死亡した後はどうなる？
～相続～

1 子が親より先に亡くなった！子に代わって孫が相続？

相続人

親父（A男）が亡くなる前に僕（C男）が死んだら、親父の相続人は誰になるんだろう？

お母さん（B子）と弟さん（D男）が相続人になるんじゃないの？

子が親より先に死亡したら、相続人は誰になるの？

A男さんが亡くなる前にC男さんが亡くなったとしたら、A男さんの相続人は誰になるのでしょうか？

B子さんとD男さんがA男さんの相続人になるのでしょうか？　そうだとするとC男さんの家族はA男さんの相続とは無関係になってしまいます。C男さんがA男さんより先に亡くなったということだけでC男さんの家族がA男さんの遺産をまったく相続できないというのは、公平ではないような感じがします。

▼A男さんより先にC男さんが亡くなったら…

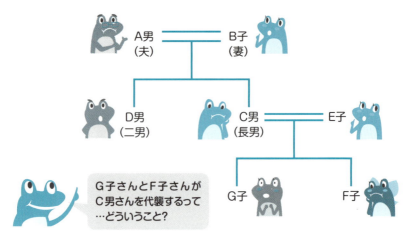

G子さんとF子さんがC男さんを代襲するって…どういうこと？

問題のツボ～代襲相続

　A男さんが亡くなったときにはC男さんはすでに死亡しているので、A男さんの相続人は配偶者であるB子さんと子のD男さんともいえそうです。そうすると、B子さんとD男さんの**法定相続分**はそれぞれ2分の1になります（民法900条1号）。

　A男さんが亡くなる前にC男さんが死亡していたというだけでC男さんの家族がまったく相続できず、C男さんが相続できたものをD男さんが相続するというのはバランスを欠くようにも考えられます。

　民法は、被相続人の子が相続開始以前に死亡したとき、又は民法891条（相続人の欠格事由）に該当し、もしくは**廃除**によって、その相続権を失ったときは、その者の子がこれを代襲して相続人になるとしています。

　これを**代襲相続**といいます。ただし、被相続人の直系卑属でない者は、代襲して相続人になることはできません（民法887条2項）。

▼法定相続分（民法900条）

条文	相続人	法定相続分
900条1号	子及び配偶者	子：1/2　配偶者：1/2
900条2号	配偶者及び直系尊属	配偶者：2/3　直系尊属：1/3
900条3号	配偶者及び兄弟姉妹	配偶者：3/4　兄弟姉妹1/4
900条4号	子、直系尊属、兄弟姉妹が数人あるとき	相等しい。ただし、父母の一方のみを同じくする兄弟姉妹の相続分は父母の双方を同じくする兄弟姉妹の相続分の1/2

問題解決のコツ

　A男さんが亡くなる前にC男さんが亡くなったとしたら、A男さんの相続人は、配偶者であるB子さん（民法890条）、長男C男さんを代襲して相続人になるF子さんとG子さん（民法887条2項）、次男のD男さん（民法887条1項）になります。

　この場合の法定相続分ですが、F子さんとG子さんの相続分は、C男さんが受けるべきであったもののそれぞれ2分の1となります（民法901条1項）。従って、各人の法定相続分は、B子さんが2分の1（民法900条1号）、D男さんが4分の1（民法900条1号4号）、F子さんとG子さんがそれぞれ8分の1ずつになります（民法901条1項、900条1号、4号）。

　注意すべきは、民法887条2項本文は「子が相続の開始以前に死亡したとき」と規

定していますから、子が被相続人と同時に死亡したときにも代襲相続が生じることです。従って、子と被相続人との**同時死亡が推定**されるときにも（民法32条の2）代襲相続が生じることになります。

また、代襲相続は、被相続人の兄弟姉妹についても起こります。すなわち、被相続人の兄弟姉妹が、相続開始以前に死亡したとき、又は民法891条（相続人の欠格事由）に該当し、もしくは廃除によって、その相続権を失ったときは、その者の子が代襲して相続人になります（民法889条2項）。

用語の解説

推定相続人：相続が開始した場合に相続人となるべき者。
法定相続分：相続人が数人あるときに民法が規定する各相続人の相続分。
相続欠格事由：相続する資格を失わせる事由（民法891条）。
廃除：推定相続人の相続権を喪失させる制度（民法892条）。

条文

民法32条の2

数人の者が死亡した場合において、そのうちの一人が他の者の死亡後になお生存していたことが明らかでないときは、これらの者は、同時に死亡したものと推定する。

民法887条　（子及びその代襲者等の相続権）

1　被相続人の子は、相続人となる。
2　被相続人の子が、相続の開始以前に死亡したとき、又は第891条の規定に該当し、若しくは廃除によって、その相続権を失ったときは、その者の子がこれを代襲して相続人となる。ただし、被相続人の直系卑属でない者は、この限りでない。
3　前項の規定は、代襲者が、相続の開始以前に死亡し、又は第891条の規定に該当し、若しくは廃除によって、その代襲相続権を失った場合について準用する。

民法889条　（直系尊属及び兄弟姉妹の相続権）

1　次に掲げる者は、第887条の規定により相続人となるべき者がない場合には、次に掲げる順序の順位に従って相続人となる。
　1　被相続人の直系尊属。ただし、親等の異なる者の間では、その近い者を先にする。
　2　被相続人の兄弟姉妹

2 第887条第2項の規定は、前項第2号の場合について準用する。

民法890条 （配偶者の相続権）

被相続人の配偶者は、常に相続人となる。この場合において、第887条又は前条の規定により相続人となるべき者があるときは、その者と同順位とする。

民法900条 （法定相続分）

同順位の相続人が数人あるときは、その相続分は、次の各号の定めるところによる。

1 子及び配偶者が相続人であるときは、子の相続分及び配偶者の相続分は、各2分の1とする。

2 配偶者及び直系尊属が相続人であるときは、配偶者の相続分は、3分の2とし、直系尊属の相続分は、3分の1とする。

3 配偶者及び兄弟姉妹が相続人であるときは、配偶者の相続分は、4分の3とし、兄弟姉妹の相続分は、4分の1とする。

4 子、直系尊属又は兄弟姉妹が数人あるときは、各自の相続分は、相等しいものとする。ただし、父母の一方のみを同じくする兄弟姉妹の相続分は、父母の双方を同じくする兄弟姉妹の相続分の2分の1とする。

民法901条 （代襲相続人の相続分）

1 第887条第2項又は第3項の規定により相続人となる直系卑属の相続分は、その直系尊属が受けるべきであったものと同じとする。ただし、直系卑属が数人あるときは、その各自の直系尊属が受けるべきであった部分について、前条の規定に従ってその相続分を定める。

2 前項の規定は、第889条第2項の規定により兄弟姉妹の子が相続人となる場合について準用する。

7

2 生前に援助を受けた人、相続分は同じなの？
特別受益者の相続分

君はサラリーマンをやめてラーメン屋を始めるときにお父さんから300万円を援助してもらったよね

お兄さんだって結婚式に100万円援助してもらったじゃないか

被相続人から生前に援助を受けた人　相続のときの取り分は？

　親が亡くなるとその遺産について相続が発生します（民法882条）。
　親の遺産を分割することになりますが、親が亡くなる前に金銭の贈与を受けた人は、その金銭のことは無視して遺産分割をしてもいいのでしょうか。生前援助を受けていなかった人と比べると不公平な感じがします。ここでは、父親が死亡して相続人が長男と二男のケースを考えてみましょう。

問題のツボ〜特別受益者の相続分

　遺産分割というのは亡くなった人が亡くなったときに残した財産を分けることだとすれば、死亡したときに残した遺産を分ければよいとも考えられます。しかし、生前にたくさんのお金を援助してもらった人と援助してもらわなかった人とを比べると、やはり公平ではないと考えられます。でも、生前贈与を受けたことをすべて問題にすると、きりがなくなります。幼児のときにお父さんからもらったおこづかいまで問題にするとなっては、らちがあきませんね。民法には相続人間の公平を確保する規定が設けられています。

問題解決のコツ

　共同相続人の中に被相続人から**遺贈**を受けたり、生前に婚姻若しくは養子縁組のため、若しくは生計の資本として**贈与**を受けた人がいる場合には相続分の修正が行われます（民法903条1項）。

つまり、まず、被相続人が死亡したときに残した財産にその贈与の価額を加えたものを相続財産とみなします。そして、各共同相続人の相続分を算定するにあたっては、民法900条（法定相続分）、民法901条（代襲相続人の相続分）、民法902条（遺言による相続分の指定）に従って算定した相続分の中からその遺贈又は贈与の価額を差し引いた残額を遺贈を受けたり生前贈与を受けた相続人の相続分とします（民法903条1項）。これを**特別受益者の相続分**といいます。

遺贈又は贈与の価額が相続分の価額に等しいとき、又は、これを超えるときには、遺贈を受けたり生前贈与を受けた相続人は、相続分を受けることができません（民法903条2項）。

なお、被相続人が民法903条1項、2項の規定と異なった表示をしたときには、その意思に従います（民法903条3項）。

また、婚姻期間が20年以上の夫婦の一方である被相続人が、他の一方に対し、その居住の用に供する建物又はその敷地について遺贈又は贈与をしたときは、当該被相続人は、その遺贈又は贈与について民法903条1項の規定を適用しない旨の意思を表示したものと推定されます（民法903条4項）。例えば、婚姻期間が20年以上の夫婦であるご主人が、奥さんに対し、その居住の用に供する建物を遺贈したときには、民法903条1項の規定は適用しない意思を表示したものと推定されますから、ご主人が死亡したときには、奥さんは遺贈によってその居住の用に供した建物を取得し、相続財産全体についても相続分を有することになります。

▼相続人が長男と二男の二人である場合の特別受益者の相続分（民法903条1項）

相続開始時に有した財産の価額（A）
＋
婚姻、養子縁組、生計の資本としての贈与の価額（B）
＝
みなし相続財産（C）

兄の相続分 ──→ E
　　C×1/2（900条1号、4号）＝D
　　D−100万円（結婚式援助金）＝E
弟の相続分 ──→ F
　　D−300万円（ラーメン屋援助資金）＝F

みなし相続財産を知ることが相続分を計算する際には重要だね

用語の解説

共同相続人：相続人が複数いる場合の相続人のこと。
遺贈：被相続人が遺言によって相続財産を譲渡すること。

条文

民法882条 （相続開始の原因）
　相続は、死亡によって開始する。

民法903条 （特別受益者の相続分）
1　共同相続人中に、被相続人から、遺贈を受け、又は婚姻若しくは養子縁組のため若しくは生計の資本として贈与を受けた者があるときは、被相続人が相続開始の時において有した財産の価額にその贈与の価額を加えたものを相続財産とみなし、第900条から第902条までの規定により算定した相続分の中からその遺贈又は贈与の価額を控除した残額をもってその者の相続分とする。
2　遺贈又は贈与の価額が、相続分の価額に等しく、又はこれを超えるときは、受遺者又は受贈者は、その相続分を受けることができない。
3　被相続人が前2項の規定と異なった意思を表示したときは、その意思に従う。
4　婚姻期間が20年以上の夫婦の一方である被相続人が、他の一方に対し、その居住の用に供する建物又はその敷地について遺贈又は贈与をしたときは、当該被相続人は、その遺贈又は贈与について第1項の規定を適用しない旨の意思を表示したものと推定する。

民法904条
　前条に規定する贈与の価額は、受贈者の行為によって、その目的である財産が滅失し、又はその価格の増減があったときであっても、相続開始の時においてなお原状のままであるものとみなしてこれを定める。

3 相続人がたくさんいる！相続はどうなる!?
遺産分割協議

相続人がたくさんいると遺産分割協議が必要らしいよ

会議みたいだね。どんなふうに進めて行けばいいの？

相続人がたくさんいる場合は遺産分割協議が必要

　被相続人が亡くなって相続が開始され、相続人が一人ならば話はまだ簡単で、相続財産は何があるのか被相続人に負債はあるのかなどを調べて、自己のために相続の開始があったことを知った時から3か月以内に、相続を**単純承認**するのか**限定承認**するのか**相続の放棄**をするのかを決めて、手続を進めてゆくことになります（民法915条）。

　これに対して、相続人がたくさんいると何かと複雑で大変です。

　相続人が複数いる場合（**共同相続**）、何からどうやって進めて行けばよいのでしょうか。相続人のうちの誰かがイニシアチブをとらないと話が進みそうもないし、誰だってたくさん遺産をほしいですからなかなかまとまらないかもしれません。

問題のツボ〜遺産分割協議のポイント

　共同相続の場合、**遺産分割協議**は相続人の全員が賛成しなければ成立しないのでしょうか。民法は共同相続の場合には相続財産は共有に属すると規定していますから（民法898条）、相続人の過半数が賛成すれば遺産分割協議は成立するのでしょうか。

　また、遺産分割協議はいつまでにしなければならないのでしょうか。

　何か基準のようなものはないのでしょうか。

問題解決のコツ

　共同相続の場合には相続財産は相続人の**共有**に属しますが、遺産分割協議が成立するためには、相続人全員が合意する必要があります。

　遺産分割協議は相続財産を相続人がどのように取得するかを決める協議であり、相続人はそれぞれ個々の相続財産に権利を持っているからです。

　従って、遺産分割協議を進めるには、まず、相続人は誰なのかを確定する必要があります（遺産分割協議の主体の問題）。

　次に、被相続人の財産や負債があるかないか、また、遺贈の有無を調べます（遺産分割協議の客体の問題）。

　そして、遺産分割協議を進めるにあたっては、何らかの基準に基づいて行うことになりますが、共同相続人の法定相続分を基準に（民法900条）、遺産に属する物又は権利の種類、性質、各相続人の年齢、職業、心身の状態及び生活の状況その他一切の事情を考慮して行うことになります（民法906条）。

　遺産分割の方法については、被相続人は遺言で遺産分割の方法を定めることができますが（民法908条）、それがないときには、共同相続人は、いつでも、遺産分割協議を行うことができます（民法907条1項）。このように遺産分割協議の時間的な限定はないので、世の中には何代にもわたって遺産分割協議が行われず、相続人の数がどんどん増える例もあります。

　共同相続人間で遺産分割協議がまとまらない場合又は協議をすることができない場合には、その分割を家庭裁判所に請求することができます（民法907条2項）。

▼遺産分割協議のポイントは

遺産分割協議の主なポイント
- 相続人は誰か
- 被相続人の財産、負債、遺贈は何か
- 法定相続分（900条）、遺言による相続分の指定（902条）はあるか
- 遺言はあるか
- 遺留分は（1042条）
- 遺産の分割の基準（906条）

これだけはチェック!

用語の解説

共同相続：相続人が複数いる場合。
遺産分割協議：共同相続人の間でどのように遺産を分けるか協議すること。
共有：目的物を複数の人で所有すること。

条文

民法898条 （共同相続の効力）
　相続人が数人あるときは、相続財産は、その共有に属する。

民法906条 （遺産の分割の基準）
　遺産の分割は、遺産に属する物又は権利の種類及び性質、各相続人の年齢、職業、心身の状態及び生活の状況その他一切の事情を考慮してこれをする。

民法907条 （遺産の分割の協議又は審判等）
1　共同相続人は、次条の規定により被相続人が遺言で禁じた場合を除き、いつでも、その協議で、遺産の全部又は一部の分割をすることができる。
2　遺産の分割について、共同相続人間に協議が調わないとき、又は協議をすることができないときは、各共同相続人は、その全部又は一部の分割を家庭裁判所に請求することができる。
　ただし、遺産の一部を分割することにより他の共同相続人の利益を害するおそれがある場合におけるその一部の分割については、この限りでない。
3　前項本文の場合において特別の事由があるときは、家庭裁判所は、期間を定めて、遺産の全部又は一部について、その分割を禁ずることができる。

民法908条 （遺産の分割の方法の指定及び遺産の分割の禁止）
　被相続人は、遺言で、遺産の分割の方法を定め、若しくはこれを定めることを第三者に委託し、又は相続開始の時から5年を超えない期間を定めて、遺産の分割を禁ずることができる。

民法1042条 （遺留分の帰属及びその割合）
1　兄弟姉妹以外の相続人は、遺留分として、次条第1項に規定する遺留分を算定するための財産の価額に、次の各号に掲げる区分に応じてそれぞれ当該各号に定める割合を乗じた額を受ける。
　1　直系尊属のみが相続人である場合　3分の1
　2　前号に掲げる場合以外の場合　2分の1
2　相続人が数人ある場合には、前項各号に定める割合は、これらに第900条及び第901条の規定により算定したその各自の相続分を乗じた割合とする。

4 夫が急死　葬式費用はどうしよう？
遺産分割前の預貯金の払戻し

夫が事故で急に亡くなって、葬式費用が心配

あなたがご主人の預金をおろすことができるのかしら？

夫が急死　夫の預金をおろせるのか？

B子さんの夫であるA男さんが急死しました。
A男さんとB子さんには二人の子がいますが、二人とも未成年です。
お葬式をするにもお金がかかりますが、B子さんにはあまり現金がありません。
葬式費用をまかなうためにA男さんの預金をおろすことはできるのでしょうか？

問題のツボ～遺産分割前の預貯金の払戻し

　A男さんの相続人は、妻のB子さん（民法890条）と二人の子です（民法887条1項）。B子さんは二人の子の親権者であり、子の代理権を有しますが（民法824条）、**遺産分割協議**は**利益相反行為**に当たりますので、B子さんは二人の子のために特別代理人を選任することを家庭裁判所に求めなければなりません（民法826条）。
　A男さんの預金は判例によると遺産分割協議によって権利者を定める必要があります。
　特別代理人の選任には時間がかかりますからA男さんの葬式までに遺産分割協議をすることはとても間に合いません。
　B子さんはどうしたらいいのでしょうか？

問題解決のコツ

　各共同相続人は、遺産に属する預貯金債権のうち相続開始の時の債権額の3分の1に民法900条及び901条により算定した当該共同相続人の相続分を乗じた額（預

貯金債権の債務者ごとに法務省令で定める額を限度とします）については、単独でその権利を行使することができます（民法909条の2）。

法務省令（平成30年法務省令第29号）では、この限度額は150万円とされています。

従って、B子さんは、A男さんの預金について金融機関ごとに150万円を限度としてA男さんの預金を引き出すことができて、このお金を葬式費用にすることができます。

当該権利の行使をした預貯金債権については、当該共同相続人が遺産の一部の分割によりこれを取得したものとみなされます（民法909条の2）。

条文

民法819条　（離婚又は認知の場合の親権者）

1. 父母が協議上の離婚をするときは、その協議で、その一方を親権者と定めなければならない。
2. 裁判上の離婚の場合には、裁判所は、父母の一方を親権者と定める。
3. 子の出生前に父母が離婚した場合には、親権は、母が行う。
   ただし、子の出生後に、父母の協議で、父を親権者と定めることができる。
4. 父が認知した子に対する親権は、父母の協議で父を親権者と定めたときに限り、父が行う。
5. 第1項、第3項又は前項の協議が調わないとき、又は協議をすることができないときは、家庭裁判所は、父又は母の請求によって、協議に代わる審判をすることができる。
6. 子の利益のため必要があると認めるときは、家庭裁判所は、子の親族の請求によって、親権者を他の一方に変更することができる。

民法824条　（財産の管理及び代表）

親権を行う者は、子の財産を管理し、かつ、その財産に関する法律行為についてその子を代表する。
ただし、その子の行為を目的とする債務を生ずべき場合には、本人の同意を得なければならない。

民法826条　（利益相反行為）

1. 親権を行う父又は母とその子との利益が相反する行為については、親権を行う者は、その子のために特別代理人を選任することを家庭裁判所に請求しなければならない。
2. 親権を行う者が数人の子に対して親権を行う場合において、その一人と他

の子との利益が相反する行為については、親権を行う者は、その一方のために特別代理人を選任することを家庭裁判所に請求しなければならない。

民法887条　（子及びその代襲者等の相続権）

1　被相続人の子は、相続人となる。

2　被相続人の子が、相続の開始以前に死亡したとき、又は第891条の規定に該当し、若しくは廃除によって、その相続権を失ったときは、その者の子がこれを代襲して相続人となる。

　　ただし、被相続人の直系卑属でない者は、この限りでない。

3　前項の規定は、代襲者が、相続の開始以前に死亡し、又は第891条の規定に該当し、若しくは廃除によって、その代襲相続権を失った場合について準用する。

民法890条　（配偶者の相続権）

被相続人の配偶者は、常に相続人となる。

この場合において、第887条又は前条の規定により相続人となるべき者があるときは、その者と同順位とする。

民法909条の2　（遺産の分割前における預貯金債権の行使）

各共同相続人は、遺産に属する預貯金債権のうち相続開始の時の債権額の3分の1に第900条及び第901条の規定により算定した当該共同相続人の相続分を乗じた額（標準的な当面の必要生計費、平均的な葬式の費用の額その他の事情を勘案して預貯金債権の債務者ごとに法務省令で定める額を限度とする。）については、単独でその権利を行使することができる。

この場合において、当該権利の行使をした預貯金債権については、当該共同相続人が遺産の一部の分割によりこれを取得したものとみなす。

用語の解説

利益相反：利益が相反すること。
遺産分割協議：共同相続人間で遺産の相続について協議すること。

5 借金だけ相続しない！そんなことできるの？
相続の承認と放棄

初七日も終わったからそろそろ相続も考えないと

お父さんには財産もあるけど借金もあるよね。何から手をつければいいのか

借金だけは相続したくないな

相続が始まったら何から手をつければ……

　一家の大黒柱のお父さんが突然亡くなると、お葬式に続いて初七日があり、法事が終わってもこれからの家族の生活をどうやっていけばいいのか、相続税がかかるのかかからないのか、お父さんに財産のほか借金があるのかないのか、やらなければならないことがたくさんあって大変です。何から手をつけていけばよいのでしょうか。

問題のツボ〜相続の承認と放棄

　相続税の申告期限は、相続開始（被相続人の死亡）を知った日の翌日から10か月以内とされています（相続税法27条1項）。相続税を納める必要があるか否かの前に相続を承認するのかしないのか、**相続の放棄**をするのか。**相続の承認**や放棄はいつまでにしなければならないのか。

　亡くなったお父さんには財産のほか借金があるかもしれないし、調べるにも時間がかかりそうです。

問題解決のコツ

　被相続人が死亡すると相続が開始します（民法882条）。

相続が開始すると相続人は相続を承認するのか相続を放棄するのか選択すること
ができます。

　相続の承認には、単純承認と限定承認があります。**単純承認**とは、被相続人の権利
義務をそのまま無限に相続することです（民法920条）。**限定承認**とは、相続によっ
て得た財産の限度において被相続人の債務及び遺贈を弁済することであり（民法
922条）、相続人の固有財産から被相続人の債務及び遺贈を弁済することはしないと
いうものです。

　相続の放棄とは、相続財産を一切引き継がないということであり、相続を放棄す
るとその相続に関しては、はじめから相続人にならなかったものとみなされます（民
法939条）。相続の放棄は、相続の放棄をする旨を家庭裁判所に申述して行います
（民法938条）。

　相続の単純承認、限定承認又は相続の放棄をすべき期間は、自己のために相続開
始があったことを知った時から3か月以内です（民法915条1項本文）。ただし、この
期間は請求によって家庭裁判所で伸張してもらうことができますし（民法915条1
項ただし書）、相続人は相続の承認および放棄をする前に相続財産を調査することが
できます（民法915条2項）。

　そこで、被相続人に借金があるのか調査したい場合には、相続の承認・放棄の期
間を伸張して、その期間に借金の有無を調査することが得策です。

　なお、相続人が民法915条1項の期間内に限定承認又は相続の放棄をしなかった
ときには、相続人は単純承認をしたものとみなされます（民法921条2号）。

　前述したように、相続の放棄をすると初めから相続人にならなかったものとみな
されますから（民法939条）、被相続人に借金があった場合にも相続を放棄すればそ
の借金を引き継ぐことはありません。

　また、限定承認をすれば、被相続人の借金は相続によって得た財産の限度で弁済
すれば足ります。相続人が数人あるときには、限定承認は共同相続人が全員共同し
て行わなければなりません（民法923条）。限定承認は、民法915条1項の期間内に、
相続財産の目録を作成して家庭裁判所に提出し、限定承認をする旨を申述しなけれ
ばなりません（民法924条）。

　いずれにしても、できるだけ早期に被相続人の財産関係をしっかり調査して、相続
について単純承認するのか、限定承認するのか、放棄するのか決めるのがよいでしょ
う。

▼相続の承認と放棄

相続人の選択		意味	いつまで
承認	単純承認	被相続人の財産と債務を無限に承継	自己のために相続の開始があったことを知ったときから3か月以内。ただし、伸長することができる。
	限定承認	被相続人の債務と遺贈を相続によって得た財産の限度で弁済	
放棄		被相続人の財産と債務を一切承継しない	

用語の解説

単純承認：被相続人の権利義務を無限に承継すること。
限定承認：被相続人の債務と遺贈を相続によって得た財産で弁済すること。
相続の放棄：相続を承認せず、相続人とはならないこと。

条文

民法915条（相続の承認又は放棄をすべき期間）
1 相続人は、自己のために相続の開始があったことを知った時から3箇月以内に、相続について、単純若しくは限定の承認又は放棄をしなければならない。ただし、この期間は、利害関係人又は検察官の請求によって、家庭裁判所において伸長することができる。
2 相続人は、相続の承認又は放棄をする前に、相続財産の調査をすることができる。

民法920条（単純承認の効力）
相続人は、単純承認をしたときは、無限に被相続人の権利義務を承継する。

民法922条（限定承認）
相続人は、相続によって得た財産の限度においてのみ被相続人の債務及び遺贈を弁済すべきことを留保して、相続の承認をすることができる。

民法939条（相続の放棄の効力）
相続の放棄をした者は、その相続に関しては、初めから相続人とならなかったものとみなす。

6 内縁の妻はいる！でも、相続人はいない！
特別縁故者

あなたが亡くなったら誰も相続人はいないわ

僕の財産は君が引き継ぐのかな？

内縁の妻はいるけど、相続人はいない！ 遺産はどうなるの？

　内縁の妻はいるけど、相続人はいない。こんな場合に、内縁の妻は配偶者ではありませんから、内縁の夫が死亡してもその相続人になることはできません。また、内縁の妻は被相続人の親族ではありませんから特別寄与者にもなれません（民法1050条）。

　では、遺産はどうなるのでしょうか？　内縁の夫に負債があった場合には、その債権者は何もできないのでしょうか。誰かが相続人がいるかいなか調べるのでしょうか。内縁の妻は一緒に暮らしてきて内縁の夫を手助けしたこともあったでしょうから、遺産から何も得ないというのもかわいそうですね。

問題のツボ

　内縁の妻は法律上配偶者ではありませんから相続人にはなれず（民法890条参照）、遺産から何も得られないとも考えられます。内縁の夫としては内縁の妻に遺贈をする方法もあったわけで、それをしてくれなかったのだから仕方がないかもしれません。

　しかし、そもそも相続人がいるのかいないのかはっきりしない場合には、誰かが遺産を管理して関係者の利害の調整をする必要がありそうです。そうでないと被相続人の債権者や受遺者（遺贈を受ける者）は権利を行使することができなくなってしまいそうです。

▼相続人がいるか不明

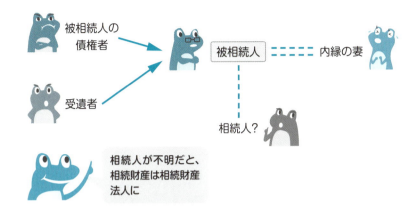

問題解決のコツ〜特別縁故者

　被相続人が死亡して相続が開始して相続人がいるのかいないのか明らかでない場合には、相続財産は法人とされます（民法951条）。これを**相続財産法人**といいます。そして、家庭裁判所は請求によって**相続財産の管理人**を選任します（民法952条）。相続財産の管理人は、相続財産を管理し、相続債権者や受遺者に対して限定承認の場合に準じて弁済を行います（民法957条）。

　そして、相続人として権利を主張する者がいないときは、被相続人と生計を同じくしていた者、被相続人の療養看護に努めた者その他被相続人と特別の縁故があった者は、家庭裁判所に請求して清算後に残った相続財産の全部または一部を取得することができます（民法958条の3）。内縁の妻は、この民法958条の3に基づいて相続財産を取得する可能性があります。

用語の解説

相続債権者：被相続人に対する債権者。
受遺者：遺贈を受ける者。
相続財産法人：相続人のあることが明らかでないときに認められる相続財産を構成要素とする法人（民法951条）。
相続財産の管理人：相続財産法人の管理を行う管理人（民法953条）。
特別縁故者：被相続人と特別の縁故があった者（民法958条の3）。

条文

民法951条（相続財産法人の成立）
　相続人のあることが明らかでないときは、相続財産は、法人とする。

民法952条（相続財産の管理人の選任）
1　前条の場合には、家庭裁判所は、利害関係人又は検察官の請求によって、相続財産の管理人を選任しなければならない。
2　前項の規定により相続財産の管理人を選任したときは、家庭裁判所は、遅滞なくこれを公告しなければならない。

民法953条（不在者の財産の管理人に関する規定の準用）
　第27条から第29条までの規定は、前条第1項の相続財産の管理人（以下この章において単に「相続財産の管理人」という。）について準用する。

民法957条（相続債権者及び受遺者に対する弁済）
1　第952条第2項の公告があった後2箇月以内に相続人のあることが明らかにならなかったときは、相続財産の管理人は、遅滞なく、すべての相続債権者及び受遺者に対し、一定の期間内にその請求の申出をすべき旨を公告しなければならない。この場合において、その期間は、2箇月を下ることができない。
2　第927条第2項から第4項まで及び第928条から第935条まで（第932条ただし書を除く。）の規定は、前項の場合について準用する。

民法958条の3（特別縁故者に対する相続財産の分与）
1　前条の場合において、相当と認めるときは、家庭裁判所は、被相続人と生計を同じくしていた者、被相続人の療養看護に努めた者その他被相続人と特別の縁故があった者の請求によって、これらの者に、清算後残存すべき相続財産の全部又は一部を与えることができる。
2　前項の請求は、第958条の期間の満了後3箇月以内にしなければならない。

民法1050条
1　被相続人に対して無償で療養看護その他の労務の提供をしたことにより被

相続人の財産の維持又は増加について特別の寄与をした被相続人の親族（相続人、相続の放棄をした者及び第891条の規定に該当し又は廃除によってその相続権を失った者を除く。以下この条において「特別寄与者」という。）は、相続の開始後、相続人に対し、特別寄与者の寄与に応じた額の金銭（以下この条において「特別寄与料」という。）の支払を請求することができる。

2　前項の規定による特別寄与料の支払について、当事者間に協議が調わないとき、又は協議をすることができないときは、特別寄与者は、家庭裁判所に対して協議に代わる処分を請求することができる。

ただし、特別寄与者が相続の開始及び相続人を知った時から6箇月を経過したとき、又は相続開始の時から1年を経過したときは、この限りでない。

3　前項本文の場合には、家庭裁判所は、寄与の時期、方法及び程度、相続財産の額その他一切の事情を考慮して、特別寄与料の額を定める。

4　特別寄与料の額は、被相続人が相続開始の時において有した財産の価額から遺贈の価額を控除した残額を超えることができない。

5　相続人が数人ある場合には、各相続人は、特別寄与料の額に第900条から第902条までの規定により算定した当該相続人の相続分を乗じた額を負担する。

遺言は慎重に！
相続人が困らないように

遺言

子どもたちがケンカしないように遺言を作ったよ

後で争いが起きないような遺言の書き方ってあるの？

有効な遺言を作るには？

　誰でも自分が死亡した後に遺産争いが起きることは避けてほしいものです。生前に財産の処分をしようとしても贈与するには贈与税がかかるし、上手に財産を処分しようとしても限界があります。

　そこで、遺言を作って自分の意思を遺言に込めることが考えられますが、有効な遺言を作るにはどうすればよいでしょうか。遺言にはいろいろな方式があります。本人にとってどのような遺言がもっともふさわしいでしょうか。

問題のツボ〜遺言の方式

　自分の財産は自分のもの。自分の財産をどうしようと自由だからどんな遺言を作っても有効なような感じもします。でも、考えてみましょう。

　遺言の内容が明らかになるとき遺言を作った被相続人は亡くなっていて、どのような考えでその遺言を作ったのか本人に聞くことはできません。

　遺言として作れば何でもかんでも有効であるとしてしまうと、本人の意思が遺言から読み取れない場合などに混乱が生じそうです。

問題解決のコツ

　遺言は遺言者の死亡の時からその効力を生じます（民法985条1項）。

　効力が生じるときには遺言者は死亡しているため本人に遺言を作成した動機や意図などを聞くことはできません。まずは遺言からその内容を解釈してゆくことにな

ります。そうだとすると、遺言者の意思ができるだけ明確に遺言に反映するような遺言の方式をあらかじめ定めておいて、その方式に従った遺言だけが効力を生じ、その方式に従っていない遺言は効力を生じないとしておく必要があります。

このような観点から、遺言は民法に定める方式に従わなければすることができないと規定されています（民法960条）。そして、遺言方式として、**普通の方式の遺言**と**特別の方式の遺言**を定めています。

普通の方式の遺言には、**自筆証書遺言**（民法968条）、**公正証書遺言**（民法969条）、**秘密証書遺言**（民法970条）があります。

自筆証書遺言は、遺言者が自署して作成する遺言ですが、相続財産の目録については自署することを要しません（民法968条）。

公正証書遺言は、公証役場の公証人に作成してもらう遺言です。

秘密証書遺言は、外から中身の遺言の内容がわからないように、封印して作成する遺言です。

特別の方式の遺言には、**死亡の危急に迫った者の遺言**（民法976条）、**伝染病隔離者の遺言**（民法977条）、**在船者の遺言**（民法978条）、**船舶遭難者の遺言**（民法979条）があります。

▼遺言の種類

遺言の方式	条文
自筆証書遺言	968条
公正証書遺言	969条
秘密証書遺言	970条
死亡の危急に迫った者の遺言	976条
伝染病隔離者の遺言	977条
在船者の遺言	978条
船舶遭難者の遺言	979条

死亡の危急に迫った者の遺言は、疾病その他の事由によって死亡の危急に迫った者が、証人三人以上の立会をもって作成する遺言です。

伝染病隔離者の遺言は、伝染病のため行政処分によって交通を断たれた場所にある者が、警察官一人及び証人一人以上の立会をもって作成する遺言です。

在船者の遺言は、船舶中にある者が、船長又は事務員一人及び証人二人以上の立会をもって作成する遺言です。

船舶遭難者の遺言は、船舶が遭難した場合において、当該船舶中にあって死亡の危急に迫った者が証人二人以上の立会をもって作成する遺言です。

公正証書遺言以外の遺言は、被相続人が死亡して相続が開始された後に家庭裁判所で**検認**を受ける必要があります（民法1004条）。この検認は、遺言の方式に関する一切の事情を調査して遺言書の状態を確定してその現状を明確にするものであり、遺言が有効であるか無効であるかを定めるものではありません。

条文

民法968条　（自筆証書遺言）

1　自筆証書によって遺言をするには、遺言者が、その全文、日付及び氏名を自書し、これに印を押さなければならない。

2　前項の規定にかかわらず、自筆証書にこれと一体のものとして相続財産（第997条第1項に規定する場合における同項に規定する権利を含む。）の全部又は一部の目録を添付する場合には、その目録については、自書することを要しない。

　　この場合において、遺言者は、その目録の毎葉（自書によらない記載がその両面にある場合にあっては、その両面）に署名し、印を押さなければならない。

3　自筆証書（前項の目録を含む。）中の加除その他の変更は、遺言者が、その場所を指示し、これを変更した旨を付記して特にこれに署名し、かつ、その変更の場所に印を押さなければ、その効力を生じない。

民法969条　（公正証書遺言）

公正証書によって遺言をするには、次に掲げる方式に従わなければならない。

1　証人二人以上の立会いがあること。

2　遺言者が遺言の趣旨を公証人に口授すること。

3　公証人が、遺言者の口述を筆記し、これを遺言者及び証人に読み聞かせ、又は閲覧させること。

4　遺言者及び証人が、筆記の正確なことを承認した後、各自これに署名し、印を押すこと。ただし、遺言者が署名することができない場合は、公証人がその事由を付記して、署名に代えることができる。

5　公証人が、その証書は前各号に掲げる方式に従って作ったものである旨を付記して、これに署名し、印を押すこと。

民法970条　（秘密証書遺言）

1　秘密証書によって遺言をするには、次に掲げる方式に従わなければならない。

1 遺言者が、その証書に署名し、印を押すこと。

2 遺言者が、その証書を封じ、証書に用いた印章をもってこれに封印すること。

3 遺言者が、公証人一人及び証人二人以上の前に封書を提出して、自己の遺言書である旨並びにその筆者の氏名及び住所を申述すること。

4 公証人が、その証書を提出した日付及び遺言者の申述を封紙に記載した後、遺言者及び証人とともにこれに署名し、印を押すこと。

2 第968条第3項の規定は、秘密証書による遺言について準用する。

民法976条　（死亡の危急に迫った者の遺言）

1 疾病その他の事由によって死亡の危急に迫った者が遺言をしようとするときは、証人三人以上の立会いをもって、その一人に遺言の趣旨を口授して、これをすることができる。この場合においては、その口授を受けた者が、これを筆記して、遺言者及び他の証人に読み聞かせ、又は閲覧させ、各証人がその筆記の正確なことを承認した後、これに署名し、印を押さなければならない。

2 口がきけない者が前項の規定により遺言をする場合には、遺言者は、証人の前で、遺言の趣旨を通訳人の通訳により申述して、同項の口授に代えなければならない。

3 第1項後段の遺言者又は他の証人が耳が聞こえない者である場合には、遺言の趣旨の口授又は申述を受けた者は、同項後段に規定する筆記した内容を通訳人の通訳によりその遺言者又は他の証人に伝えて、同項後段の読み聞かせに代えることができる。

4 前3項の規定によりした遺言は、遺言の日から20日以内に、証人の一人又は利害関係人から家庭裁判所に請求してその確認を得なければ、その効力を生じない。

5 家庭裁判所は、前項の遺言が遺言者の真意に出たものであるとの心証を得なければ、これを確認することができない。

民法977条　（伝染病隔離者の遺言）

伝染病のため行政処分によって交通を断たれた場所に在る者は、警察官一人及び証人一人以上の立会いをもって遺言書を作ることができる。

民法978条　（在船者の遺言）

船舶中に在る者は、船長又は事務員一人及び証人二人以上の立会いをもって遺言書を作ることができる。

民法979条　（船舶遭難者の遺言）

1 船舶が遭難した場合において、当該船舶中に在って死亡の危急に迫った者は、証人二人以上の立会いをもって口頭で遺言をすることができる。

2 口がきけない者が前項の規定により遺言をする場合には、遺言者は、通訳人

の通訳によりこれをしなければならない。

3 前2項の規定に従ってした遺言は、証人が、その趣旨を筆記して、これに署名し、印を押し、かつ、証人の一人又は利害関係人から遅滞なく家庭裁判所に請求してその確認を得なければ、その効力を生じない。

4 第976条第5項の規定は、前項の場合について準用する。

民法1004条　（遺言書の検認）

1 遺言書の保管者は、相続の開始を知った後、遅滞なく、これを家庭裁判所に提出して、その検認を請求しなければならない。
遺言書の保管者がない場合において、相続人が遺言書を発見した後も、同様とする。

2 前項の規定は、公正証書による遺言については、適用しない。

3 封印のある遺言書は、家庭裁判所において相続人又はその代理人の立会いがなければ、開封することができない。

8 遺言の内容を実現するには

遺言執行者

父親が死んで遺産の中には不動産、預金、株式、投資信託、絵画などいろいろなものがあって、父親には負債もあったからその支払方法も遺言書に書いてあるんだけど、誰が遺言書の内容を実現すればいいんだろう？

資産家のお父さんが亡くなると大変だね

遺言書の実現は誰がする？

お父さんが遺言書を残して死亡しましたが、遺言書にはいろいろな財産の相続が書かれてあり、また、お父さんの負債の処理も書かれています。

遺言書の内容は誰が実現すればよいのでしょうか？

亡父　　　　　　　遺言書　　　　　　　子

・財産の相続について
・負債の処理について
　　　　⋮

問題のツボ～遺言執行者

遺言書の内容は、相続人が実現することができます。相続人が複数いる共同相続の場合には共同相続人の協議によって遺言書の内容を実現することができます。

また、被相続人は、遺言で一人又は数人の**遺言執行者**を指定することができます（民法1006条）。この場合には、遺言執行者として指定された者が就職を承諾した場合にその者が遺言執行者としての職務を行うことになります。

また、遺言執行者がいない場合には、利害関係人は、家庭裁判所に請求して遺言執行者を指定してもらうことができます（民法1010条）。

問題解決のコツ

遺言執行者は、遺言の内容を相続人に通知し（民法1007条2項）、相続財産の目録を作成して相続人に交付します（民法1011条1項）。

遺言執行者は、遺言の内容を実現するため、相続財産の管理その他遺言の執行に必要な一切の行為をする権利義務を有します（民法1012条1項）。

遺言執行者がある場合には、相続人は、相続財産の処分その他遺言の執行を妨げる行為をすることはできず、これに反した相続人の行為は無効です。ただし、この無効は善意の第三者には対抗することはできません（民法1013条）。

遺言者は、その遺言の中に遺言執行者の報酬を定めることができ、また、遺言にこの定めがないときには、家庭裁判所は、遺言執行者の報酬を定めることができます（民法1018条1項）。

条文

民法1006条　（遺言執行者の指定）

1　遺言者は、遺言で、一人又は数人の遺言執行者を指定し、又はその指定を第三者に委託することができる。
2　遺言執行者の指定の委託を受けた者は、遅滞なく、その指定をして、これを相続人に通知しなければならない。
3　遺言執行者の指定の委託を受けた者がその委託を辞そうとするときは、遅滞なくその旨を相続人に通知しなければならない。

民法1010条　（遺言執行者の選任）

遺言執行者がないとき、又はなくなったときは、家庭裁判所は、利害関係人の請求によって、これを選任することができる。

民法1012条　（遺言執行者の権利義務）

1　遺言執行者は、遺言の内容を実現するため、相続財産の管理その他遺言の執行に必要な一切の行為をする権利義務を有する。

2　遺言執行者がある場合には、遺贈の履行は、遺言執行者のみが行うことができる。

3　第644条、第645条から第647条まで及び第650条の規定は、遺言執行者について準用する。

民法1013条　（遺言の執行の妨害行為の禁止）

1　遺言執行者がある場合には、相続人は、相続財産の処分その他遺言の執行を妨げるべき行為をすることができない。

2　前項の規定に違反してした行為は、無効とする。
　　ただし、これをもって善意の第三者に対抗することができない。

3　前2項の規定は、相続人の債権者（相続債権者を含む。）が相続財産についてその権利を行使することを妨げない。

民法1018条　（遺言執行者の報酬）

1　家庭裁判所は、相続財産の状況その他の事情によって遺言執行者の報酬を定めることができる。
　　ただし、遺言者がその遺言に報酬を定めたときは、この限りでない。

2　第648条第2項及び第3項並びに第648条の2の規定は、遺言執行者が報酬を受けるべき場合について準用する。

9 夫が死亡しても住み慣れた家に住み続けたい
配偶者居住権

夫が死亡しても住み慣れた家に住んでいたいわ

なるべく息子さん夫婦の世話も受けたくないしね

夫が死んだら住む家は？

　Ｂ子さんは、夫のＡ男さんが所有している家でＡ男さんと二人で暮らしています。Ａ男さんには長男のＣ男さんがいますが、Ｃ男さんは奥さんのＤ子さんとＡ男さん夫婦とは別の家で生活しています。

　Ｂ子さんは、もしＡ男さんが死亡してもＡ男さんと暮らしている住み慣れた家に住み続けたいのですが、Ａ男さんが存命中にそのような手立てをとることはできるのでしょうか？

Ａ男
（亡夫）

Ｂ子
（妻）

住み慣れた家に
住み続けたい…

問題解決のツボ〜配偶者居住権

　Ａ男さんが死亡してもＡ男さんと暮らしていた家に住み続けることを希望しているＢ子さんは、Ａ男さんに遺言書を作ってもらってその遺言書の中にＡ男さんが所有している家はＢ子さんが相続する旨を記載してもらうという方法があります。

　この遺言によればＢ子さんはその家を相続しますから、その家の所有権を取得することになり、その家に住み続けることができます。

　しかし、その家やその敷地は比較的高額ですから、Ｂ子さんとＣ男さんの遺産分割協議でＢ子さんはその他の遺産についての取り分が少なくなり、遺産の中の現金や預金などの取り分が少なくなる可能性があります。

　Ｂ子さんとしては、Ａ男さんが死亡してもＡ男さんと暮らしていた家の所有権までは欲しないが、できれば無償で住み続けたいと考えています。

　このようなＢ子さんの希望をかなえる手立てとしては、Ａ男さんに**配偶者居住権**を遺贈する旨の遺言書を作成してもらう方法があります（民法1028条1項2号）。

問題解決のコツ

　配偶者居住権は、被相続人の配偶者は、被相続人の財産に属した建物に相続開始の時に居住していた場合において、その居住していた建物全部について、無償で使用及び収益することができるという権利です（民法1028条1項）。

　配偶者居住権は、配偶者が遺産分割によって配偶者居住権を取得するものとされたとき（民法1028条1項1号）、配偶者居住権が遺贈の目的とされたとき（民法1028条1項2号）、家庭裁判所の審判で認められたとき（民法1029条）に、成立します。

　配偶者居住権の存続期間は、原則として、配偶者の終身の間です（民法1030条）。

　配偶者居住権が認められた配偶者は、その居住する建物に関して通常の必要費は負担しなければなりません（民法1034条1項）。

条文

民法1028条　（配偶者居住権）

1　被相続人の配偶者（以下この章において単に「配偶者」という。）は、被相続人の財産に属した建物に相続開始の時に居住していた場合において、次の各号のいずれかに該当するときは、その居住していた建物（以下この節において「居住建物」という。）の全部について無償で使用及び収益をする権利（以

下この章において「配偶者居住権」という。) を取得する。

ただし、被相続人が相続開始の時に居住建物を配偶者以外の者と共有していた場合にあっては、この限りでない。

1　遺産の分割によって配偶者居住権を取得するものとされたとき。

2　配偶者居住権が遺贈の目的とされたとき。

2　居住建物が配偶者の財産に属することとなった場合であっても、他の者がその共有持分を有するときは、配偶者居住権は、消滅しない。

3　第903条第4項の規定は、配偶者居住権の遺贈について準用する。

民法1029条　（審判による配偶者居住権の取得）

遺産の分割の請求を受けた家庭裁判所は、次に掲げる場合に限り、配偶者が配偶者居住権を取得する旨を定めることができる。

1　共同相続人間に配偶者が配偶者居住権を取得することについて合意が成立しているとき。

2　配偶者が家庭裁判所に対して配偶者居住権の取得を希望する旨を申し出た場合において、居住建物の所有者の受ける不利益の程度を考慮してもなお配偶者の生活を維持するために特に必要があると認めるとき（前号に掲げる場合を除く。）。

民法1030条　（配偶者居住権の存続期間）

配偶者居住権の存続期間は、配偶者の終身の間とする。

ただし、遺産の分割の協議若しくは遺言に別段の定めがあるとき、又は家庭裁判所が遺産の分割の審判において別段の定めをしたときは、その定めるところによる。

民法1034条　（居住建物の費用の負担）

1　配偶者は、居住建物の通常の必要費を負担する。

2　第583条第2項の規定は、前項の通常の必要費以外の費用について準用する。

10 自分の相続分がない？ そんな馬鹿な!!
遺留分

お父さんの遺言には遺産は全部僕に相続させると書いてあるよ

じゃあ弟の僕は何も相続できないの？

自分の相続分がない！　もう何も言えないの？

　例えば、父親が長男と二男の二人を残して亡くなり、遺産はすべて長男に相続させると書いた遺言があった場合、二男は何も相続できず、もう何も主張できないのでしょうか。

　父親が書いた遺言とはいえ二男が何も言えないというのでは、かわいそうな気がします。

問題のツボ〜遺留分

　父親としたら自分の財産をどうしようと自分の自由だといえそうで、遺産を全部長男に相続させるという内容の遺言を残すにはそれなりの考えがあったのかもしれません。

　しかし、二男としては父親の遺産をあてにしてはいけないとはいっても、何も相続できないというのはあまりにもかわいそうですし、長男と不公平な感じもします。

　父親が自分の財産を処分する遺言を作り、父親がどんな内容の遺言を作っても相続人は何も文句を言えないというのは、父親の自由な処分を認めすぎるような気もします。

問題解決のコツ

　兄弟姉妹以外の相続人は遺留分を有しています（民法1042条）。

　具体的な遺留分の額は、民法1043条に基づいて算定される「遺留分を算定するた

めの財産の価額」に民法1042条1項、2項の割合を乗じた額になります。相続人が子の二人である場合には、各自の遺留分の額は、「遺留分算定するための財産の価額」に1／4（1／2×1／2＝1／4）を乗じた額になります。

　民法1043条に基づいて算定される「遺留分を算定するための財産の価額」は、①被相続人が相続開始の時に有した財産の価額に、②被相続人が贈与した価額を加え、③被相続人の債務全額を控除して、算定します。

　そして、②の被相続人の贈与した価額は、以下のような贈与が算定に加えられます。

　a　相続開始前の1年間になされた贈与。
　ただし、当事者双方が遺留分権利者に損害を加えることを知って贈与したときには、相続開始1年前の日より前にしたものでも加えられます（民法1044条1項）。

　b　相続人に対する贈与についての民法1044条1項の適用については、「1年」とあるのは「10年」と、「価額」とあるのは、「価額（婚姻若しくは養子縁組のため又は生計の資本として受けた贈与の価額に限る）とされます（民法1044条3項）。

　c　負担付贈与がされた場合における民法1043条1項の贈与の算定額は、その目的物の価額から負担の価額を控除した額とされます（民法1045条1項）。

　d　不相当な対価をもってした有償行為は、当事者双方が遺留分権利者に損害を加えることを知ってしたものに限り、当該対価を負担の額とする負担付贈与とみなされます（民法1045条2項）。

　遺留分権利者は、受遺者または受贈者に対して遺留分侵害額に相当する金銭の支払いを請求することができます（民法1046条1項）。

　遺留分侵害額は、民法1042条による遺留分から以下の①②を控除し、③を加算して算定します（民法1046条2項）。

①遺留分権利者が受けた遺贈又は民法903条1項に規定する贈与の価額
②民法900条から902条まで、903条、904条の規定により算定した相続分に応じて遺留分権利者が取得すべき遺産の価額

298

③被相続人が相続開始の時に有した債務のうち、民法899条の規定により遺留分権利者が承継する債務の額

遺留分侵害額請求権は、遺留分権利者が、相続の開始及び遺留分を侵害する贈与又は遺贈があったことを知った時から1年間行使しないときには、時効によって消滅し、相続開始の時から10年を経過したときも、同様です（民法1048条）。

▼遺留分の割合

	遺留分の割合	条文
直系尊属のみが相続人の場合	被相続人の財産の1/3	1042条1項1号
上記以外の場合	被相続人の財産の1/2	1042条1項2号

条文

民法902条　（遺言による相続分の指定）

1　被相続人は、前2条の規定にかかわらず、遺言で、共同相続人の相続分を定め、又はこれを定めることを第三者に委託することができる。

2　被相続人が、共同相続人中の一人若しくは数人の相続分のみを定め、又はこれを第三者に定めさせたときは、他の共同相続人の相続分は、前2条の規定により定める。

民法1042条　（遺留分の帰属及びその割合）

1　兄弟姉妹以外の相続人は、遺留分として、次条第1項に規定する遺留分を算定するための財産の価額に、次の各号に掲げる区分に応じてそれぞれ当該各号に定める割合を乗じた額を受ける。

　　1　直系尊属のみが相続人である場合　3分の1

　　2　前号に掲げる場合以外の場合　2分の1

2　相続人が数人ある場合には、前項各号に定める割合は、これらに第900条及び第901条の規定により算定したその各自の相続分を乗じた割合とする。

民法1043条　（遺留分を算定するための財産の価額）

1　遺留分を算定するための財産の価額は、被相続人が相続開始の時において有した財産の価額にその贈与した財産の価額を加えた額から債務の全額を控除した額とする。

2　条件付きの権利又は存続期間の不確定な権利は、家庭裁判所が選任した鑑定人の評価に従って、その価格を定める。

民法1044条

1 贈与は、相続開始前の1年間にしたものに限り、前条の規定によりその価額を算入する。
　当事者双方が遺留分権利者に損害を加えることを知って贈与をしたときは、1年前の日より前にしたものについても、同様とする。

2 第904条の規定は、前項に規定する贈与の価額について準用する。

3 相続人に対する贈与についての第1項の規定の適用については、同項中「1年」とあるのは「10年」と、「価額」とあるのは「価額（婚姻若しくは養子縁組のため又は生計の資本として受けた贈与の価額に限る。）」とする。

民法1045条

1 負担付贈与がされた場合における第1043条第1項に規定する贈与した財産の価額は、その目的の価額から負担の価額を控除した額とする。

2 不相当な対価をもってした有償行為は、当事者双方が遺留分権利者に損害を加えることを知ってしたものに限り、当該対価を負担の価額とする負担付贈与とみなす。

民法1046条　（遺留分侵害額の請求）

1 遺留分権利者及びその承継人は、受遺者（特定財産承継遺言により財産を承継し又は相続分の指定を受けた相続人を含む。以下この章において同じ。）又は受贈者に対し、遺留分侵害額に相当する金銭の支払を請求することができる。

2 遺留分侵害額は、第1042条の規定による遺留分から第1号及び第2号に掲げる額を控除し、これに第3号に掲げる額を加算して算定する。

　　1 遺留分権利者が受けた遺贈又は第903条第1項に規定する贈与の価額

　　2 第900条から第902条まで、第903条及び第904条の規定により算定した相続分に応じて遺留分権利者が取得すべき遺産の価額

　　3 被相続人が相続開始の時において有した債務のうち、第899条の規定により遺留分権利者が承継する債務（次条第3項において「遺留分権利者承継債務」という。）の額

民法1048条　（遺留分侵害額請求権の期間の制限）

遺留分侵害額の請求権は、遺留分権利者が、相続の開始及び遺留分を侵害する贈与又は遺贈があったことを知った時から1年間行使しないときは、時効によって消滅する。

相続開始の時から10年を経過したときも、同様とする。

11 夫の父親が死亡したけど、私は何もなし？
特別の寄与の制度

先日夫の父親が亡くなったの

あなたは義理のお父さんの介護をしたり、義理のお父さんが持っているアパートの管理をしていたじゃない。それでも何ももらえないの？

義父が死亡した。義父の長男の奥さんは何ももらえないのか？

　Ａ男さんには奥さんのＢ子さん、長男Ｃ男さん、二男Ｄ男さん、三男Ｅ男さんがいますが、先日Ａ男さんが亡くなりました。

　Ｃ男さんには奥さんのＦ子さんがいるのですが、Ｂ子さんが高齢なため、Ｆ子さんがＡ男さんを介護したり、Ａ男さんが所有しているアパートの管理をして、アパートの掃除をしたり、家賃を取り立てたり、新しい賃借人を募集したり、アパートの修繕を業者に頼んだりしていました。

　Ａ男さんが亡くなってもＦ子さんはその相続人ではありません。

　Ｆ子さんは何ももらえないのでしょうか？

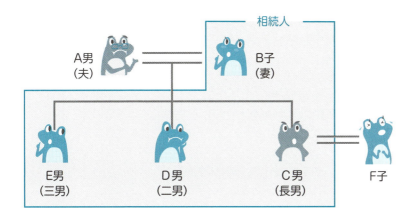

問題のツボ

　Ａ男さんが死亡すると、その相続人は奥さんのＢ子さん（民法890条）、子のＣ男さん、Ｄ男さん、Ｅ男さんです（民法887条1項）。

　Ｆ子さんは、Ａ男さんとは1親等の姻族ですから親族の関係にありますが（民法725条3号）、相続人ではありません。

　共同相続人の中に、被相続人の財産の維持又は増加について特別の寄与をした者があるときには、**寄与分**が認められています（民法904条の2）。

　しかし、Ｆ子さんは共同相続人ではありませんからこの寄与分は認められません。

　しかし、Ｆ子さんはＡ男さんの介護に努め、Ａ男さんのアパートの管理も行ってきたのですから、Ｆ子さんの貢献に報いてあげたい気がします。

問題解決のコツ～特別の寄与の制度

　被相続人に対して、無償で、療養看護その他の労務の提供をしたことにより、被相続人の財産維持又は増加について特別の寄与をした、被相続人の親族（相続人、相続放棄者、相続欠格者、廃除によって相続権を失った者は除かれます）は、相続開始後、相続人に対して、寄与に応じた額の金銭を請求することができます（民法1050条1項）。

　Ｆ子さんはＡ男さんのアパートを管理してその維持を行ってきましたから、Ａ男さんの相続人に対して寄与に応じた金銭の請求ができるでしょう。

条文

民法725条　（親族の範囲）

　　次に掲げる者は、親族とする。

　　1　6親等内の血族

　　2　配偶者

　　3　3親等内の姻族

民法726条　（親等の計算）

　1　親等は、親族間の世代数を数えて、これを定める。

　2　傍系親族の親等を定めるには、その一人又はその配偶者から同一の祖先にさかのぼり、その祖先から他の一人に下るまでの世代数による。

民法887条　（子及びその代襲者等の相続権）

　1　被相続人の子は、相続人となる。

2 被相続人の子が、相続の開始以前に死亡したとき、又は第891条の規定に該当し、若しくは廃除によって、その相続権を失ったときは、その者の子がこれを代襲して相続人となる。

ただし、被相続人の直系卑属でない者は、この限りでない。

3 前項の規定は、代襲者が、相続の開始以前に死亡し、又は第891条の規定に該当し、若しくは廃除によって、その代襲相続権を失った場合について準用する。

民法890条 （配偶者の相続権）

被相続人の配偶者は、常に相続人となる。

この場合において、第887条又は前条の規定により相続人となるべき者があるときは、その者と同順位とする。

民法904条の2 （寄与分）

1 共同相続人中に、被相続人の事業に関する労務の提供又は財産上の給付、被相続人の療養看護その他の方法により被相続人の財産の維持又は増加について特別の寄与をした者があるときは、被相続人が相続開始の時において有した財産の価額から共同相続人の協議で定めたその者の寄与分を控除したものを相続財産とみなし、第900条から第902条までの規定により算定した相続分に寄与分を加えた額をもってその者の相続分とする。

2 前項の協議が調わないとき、又は協議をすることができないときは、家庭裁判所は、同項に規定する寄与をした者の請求により、寄与の時期、方法及び程度、相続財産の額その他一切の事情を考慮して、寄与分を定める。

3 寄与分は、被相続人が相続開始の時において有した財産の価額から遺贈の価額を控除した残額を超えることができない。

4 第2項の請求は、第907条第2項の規定による請求があった場合又は第910条に規定する場合にすることができる。

民法1050条

1 被相続人に対して無償で療養看護その他の労務の提供をしたことにより被相続人の財産の維持又は増加について特別の寄与をした被相続人の親族（相続人、相続の放棄をした者及び第891条の規定に該当し又は廃除によってその相続権を失った者を除く。以下この条において「特別寄与者」という。）は、相続の開始後、相続人に対し、特別寄与者の寄与に応じた額の金銭（以下この条において「特別寄与料」という。）の支払を請求することができる。

2 前項の規定による特別寄与料の支払について、当事者間に協議が調わないとき、又は協議をすることができないときは、特別寄与者は、家庭裁判所に対して協議に代わる処分を請求することができる。

ただし、特別寄与者が相続の開始及び相続人を知った時から6箇月を経過したとき、又は相続開始の時から1年を経過したときは、この限りでない。

3 前項本文の場合には、家庭裁判所は、寄与の時期、方法及び程度、相続財産の額その他一切の事情を考慮して、特別寄与料の額を定める。

4 特別寄与料の額は、被相続人が相続開始の時において有した財産の価額から遺贈の価額を控除した残額を超えることができない。

5 相続人が数人ある場合には、各相続人は、特別寄与料の額に第900条から第902条までの規定により算定した当該相続人の相続分を乗じた額を負担する。

用語の解説

総論

解釈：条文の内容を明らかにすること。
文理解釈：条文の文言の通常の意味に従った解釈。
反対解釈：条文が規定していない事項について、条文とは反対に解釈すること。
類推解釈：条文が規定していない事項について条文と同様に解釈すること。
準用：条文に準用する旨が規定されている場合における他の規定の適用。
物権：物に対する直接的、排他的支配権。
債権：人に財又は労務を給付させることを目的とする権利。
善意：知らないこと。
悪意：知っていること。

民法総則

私権：私法上の権利。
一般条項：抽象的な基準を規定している条項。
禁反言の原則：自己の行為と矛盾した主張をすることは許されないという原則。
人：自然人及び法人。
自然人：生身の人間のこと。
法人：自然人でなくして権利義務の主体となるもの。
権利能力なき社団：実体は社団であるが、法人格を有しないもの。
権利能力なき財団：実体は財団であるが、法人格を有しないもの。
外国人：日本の国籍を有しない者。
胎児：生育中の幼体。
権利能力：権利義務の主体となることができる能力。
意思能力：自己の行為の結果を判断することができる能力。
行為能力：瑕疵のない完全な行為をなすことができる能力。
事理弁識能力：事理を弁識するのに足りる知能。
責任能力：自己の行為の責任を弁識するのに足りる知能 (民法712条)。
遺言能力：遺言を有効に行うことができる能力。
制限行為能力者：未成年者、成年被後見人、被保佐人及び民法17条1項の審判を受けた被補助人 (民法13条1項10号)。
行為能力者：行為能力の制限を受けない者 (民法20条1項)。
後見人：未成年後見人及び成年後見人 (民法10条)。
後見監督人：未成年後見監督人及び成年後見監督人 (民法10条)。
住所：生活の本拠 (民法22条)。
居所：土地との密接の度合いが住所ほどではない場所 (民法23条)。

不在者：従来の住所又は居所を去った者 (民法25条)。
管理人：不在者の財産の管理人 (民法25条)。
外国法人：外国法に基づいて設立する法人。
有体物：空間の一部を占めて有形的に存在するもの。
無体物：有体物以外のもの。
不動産：土地及び土地の定着物 (民法86条1項)。
動産：不動産以外の物 (民法86条2項)。
従物：独立の物でありながら、他の物 (主物) の常用に供するため他の物(主物)に附属された物 (民法87条1項)。
元物：果実を生む物。
果実：元物から生じる物。
天然果実：物の用法に従い収取する産出物 (民法88条1項)。
法定果実：物の使用の対価として受けるべき金銭その他の物 (民法88条2項)。
特定物：取引の当事者が物の個性に着眼した物。
不特定物 (種類物)：取引の当事者が物の個性ではなく種類に着眼した物。
法律行為：意思表示を要素とする私法上の法律要件。
単独行為：一人1個の意思表示で成立する法律行為。
強行規定：公の秩序に関する規定。
任意規定：公の秩序に関しない規定 (民法91条)。
意思表示：一定の動機に基づいて内心の意思を表示すること。
心裡留保：真意を心にとどめて、真意でない表示をすること (民法93条)。
虚偽表示：相手方と通じてした虚偽の意思表示 (民法94条)。
表見法理 (外観法理)：真実に反する外形が存在し、第三者がその外形が真実であると信じ、権利者がその外形の作出に責任を負ってもやむを得ない事情がある場合には、その第三者を保護するためにその外形どおりの権利関係を認める考え。
錯誤：真意と表示とのずれ (民法95条)。
表示の錯誤：意思表示の内容と表意者の真意が一致していないこと。
動機の錯誤：表意者が法律行為の基礎とした事情についての認識が真実に反すること。
到達：意思表示が相手方の了知しうる支配圏内に入ること (民法97条)。
公示による意思表示：相手方を知ることができないとき、又は相手方の所在を知ることができないときに、意思表示を到達させるために認められた公示による意思表示到達手段 (民法98条)。
代理：代理人がその権限内において本人のためにすることを示した意思表示の効力が、本人に対して直接効力を生じるという制度 (民法99条以下)。
顕名：代理人が本人のためにすることを示すこと

305

（民法99条1項）。
能動代理：代理人が意思表示をすること（民法99条1項）。
受動代理：代理人が意思表示を受けること（民法99条2項）。
保存行為：現状を維持する行為。
利用行為：収益を図る行為。
改良行為：物の使用価値あるいは交換価値を高める行為（民法103条）。
復代理人：代理人によって選任された本人の代理人（民法104条）。
自己契約：同一の法律行為について、相手方の代理人となること（民法108条）。
双方代理：同一の法律行為について、当事者双方の代理人となること（民法108条）。
無権代理：代理人が代理権がないにもかかわらず本人のためにすることを示して行った行為。
代理人の権限の濫用：代理人が代理権の範囲内において本人のためにすることを示して行った行為であるが、自己又は第三者の利益を図る意図があったこと（民法107条）。
表見代理：代理人が代理権がないにもかかわらず本人のためにすることを示して行った行為であるが、代理権があるような外形を信頼した相手方を保護するために本人に効果が帰属することとされる行為（民法109条、110条、112条）。
無効：効果がはじめから発生しないこと。
有効：効果が発生していること。
追認：有効なものとする意思表示。
無効行為の転換：ある行為が、A行為としては無効であってもB行為としての有効要件を備えているときには、B行為としての効力を認めること（例：民法971条）。
取消し：行為の効力を遡って無効にする行為。
撤回：行為の効力を将来に向かって無効にする行為。
付款：条件と期限。
期限：法律行為の効力の発生・消滅又は債務の履行を将来到来することが確実な事実の発生にかからせること。
条件：法律行為の発生又は消滅を将来発生するか否か不確実な事実の成否にかからせるもの。
停止条件：法律行為の発生にかかる条件（民法127条1項）。
解除条件：法律行為の消滅にかかる条件（民法127条2項）。
既成条件：条件の成否が法律行為のときに既に確定しているもの（民法131条）。
不能条件：実現することが不可能な条件（民法133条）。
随意条件：将来の不確実な事実の成否が債務者の意思のみにかかる条件（民法134条）。
確定期限：到来することも到来する時期も確実な期限（民法412条1項）。
不確定期限：到来することは確実だが、いつ到来するかは不確実な期限（民法412条2項）。
始期：効果が発生する時期。
終期：効果が終了する時期。
期間：ある時からある時まで継続した時の区分。
時効：一定の事実状態が継続した場合に、それが真実の権利関係に合致するか否かを問わず、法律上の権利関係と認める制度。
除斥期間：一定の権利について法律が予定する存続期間。
取得時効：一定の事実状態が継続した場合に権利の取得が認められる時効。
消滅時効：一定の事実状態が継続した場合に権利の消滅が認められる時効。
時効の援用：時効によって利益を受ける者が時効の利益を受けようとすること（民法145条）。
時効の完成猶予：時効が完成すべき時が到来しても時効の完成が猶予されるということ。
時効の更新：更新事由の発生によって進行していた時効期間の経過が無意味になり、新たにゼロから時効期間が進行を始めるということ。
婚姻の解消：有効に成立した婚姻が、一定の原因（当事者の死亡、離婚）によって、将来に向かって消滅すること（民法159条）。

物権

原始取得：前主の権利に基づかない取得（例：時効取得）。
承継取得：前主の権利に基づく取得。
特定承継：前主の権利義務を特定的に取得すること（例：売買による所有権の取得）。
包括承継：前主の権利義務を包括的に取得すること（例：相続、合併）。
物権法定主義：物権は法律に定めるもののほかは創設できないとする主義（民法175条）。
一物一権主義：1つの物権の目的物は1つの物であり、1つの物には1つの物権が成立するという原則。
物権行為：物権の設定、移転を目的とする行為。
債権行為：債権、債務の発生を目的とする行為。
意思主義：当事者の意思表示のみによって物権の変動を認める主義。
形式主義：物権の変動に当事者の意思表示だけではなく登記、引渡しなどの形式を必要とする主義。
物権的返還請求権：物権が侵奪された場合にその目的物の返還を請求できる権利。
物権的妨害排除請求権：物権が妨害されたときにその妨害の排除を請求できる権利。
物権的妨害予防請求権：物権が妨害されるおそれがあるときに妨害の予防を請求できる権利。

対抗：主張できるということ。
背信的悪意者：登記のないことを主張することが信義に反すると認められる事情がある者。
公信の原則：登記や占有など物権の存在を推測させるものを信頼した者は、真実は物権が存在しなかった場合でも保護されるという原則。
公示の原則：物権の変動は、登記や占有など外部から認識できるものを伴う必要があるという原則。
占有権：自己のためにする意思をもって、物を所持することにより取得する権利（民法180条）。
自己のためにする意思：自己の利益のために物を支配する意思。
所持：物を物理的に支配すること。
自己占有（直接占有）：占有者が他人を通さずに自ら占有すること。
代理占有（間接占有）：占有者（間接占有者）が他人（直接占有者）に占有させることにより自らも占有すること（例：賃貸借における賃貸人の占有）。
自主占有：所有の意思がある占有。
他主占有：所有の意思がない占有。
現実の引渡し：占有物の引渡しによって行われる占有権の譲渡（民法182条1項）。
簡易の引渡し：譲受人又はその代理人が現に物を所持する場合には、占有権の譲渡は、当事者の意思表示によってのみすることができるということ（民法182条22項）。
占有改定：代理人が自己の占有物を以後本人のために占有する意思を表示したときには、本人は、これによって占有権を取得するということ（民法183条）。
指図による占有移転：代理人によって占有をする場合において、本人がその代理人に対して以後第三者のためにその物を占有することを命じ、その第三者がこれを承諾したときには、その第三者は占有権を取得するということ（民法184条）。
権原：ある物を使用したり処分したりすることを正当化する法律上の原因。
平穏：暴行や強迫によらないこと（民法186条）。
公然：隠蔽しないこと（民法186条）。
瑕疵のある占有：悪意、過失、暴行、強迫、隠蔽、不継続などによる占有（民法187条）。
本権：占有を適法ならしめる実質的な権利。
善意の占有者：本権がないにもかかわらず、本権があると確信して占有している占有者（民法189条）。
悪意の占有者：本権がないことを知っている占有者、又は、本権の有無について疑いを持ちながら占有している占有（民法189条）。
即時取得（善意取得）：取引行為によって、平穏、公然と動産の占有を始めた者は、善意かつ無過失のときは、即時にその動産についての権利を取得するという制度（民法192条）。
準占有：物以外の他人の財産権を事実上支配すること（民法205条）。
遺失物：占有者の意思によらないでその所持を離れた物（民法240条）。
埋蔵物：土地その他の物の中に見えないような状態で置かれ、誰の所有物かわかりにくい物（民法241条）。
付合：所有者の異なる2つ以上の物が結合して1つの物になること。
混和：混合（固体が混じり合うこと）及び和合（液体が混じり合うこと）。
加工：他人の材料を用い、又は、他人の物に変更を加えて新たな物を作ること（民法246条）。
共有：共同所有形態のうち、各人に持分があり、持分の処分や目的物の分割請求権が認められるもの。
合有：共同所有形態のうち、各人に持分はあるが、持分の処分や目的物の分割請求が制限されているもの。
総有：共同所有形態のうち、各人に持分はなく、持分の処分や目的物の分割請求が認められないもの。
持分：共有物に対する各共有者の所有の割合。
準共有：数人で所有権以外の財産権を有すること（民法264条）。
入会権（いりあいけん）：村落の住民が山林原野などを利用する物権（民法263条、294条）。
地上権：他人の土地において工作物又は竹木を所有するためその土地を使用することができる物権（民法265条）。
借地権：建物所有を目的とする地上権又は土地の賃借権。
永小作権（えいこさくけん）：他人の土地において耕作又は牧畜をすることを目的とする物権（民法270条）。
要役地：地役権者の土地であって、他人の土地から便益を受けるもの。
承役地：地役権者以外の者の土地であって、要役地の便益に供されるもの。
地役権：要役地のために承役地から便益を受ける物権（民法280条）。

担保物権

典型担保：民法に規定されている担保物権（留置権、先取特権、質権、抵当権の4つ）。
非典型担保：民法には規定されていないが、他の法律、判例あるいは実務で認められている担保物権。
約定担保物権：債権者と担保権設定者の合意によって成立する担保物権（例：質権、抵当権）。
法定担保物権：当事者の合意によってではなく、法律の定める要件を満たすことによって成立する担保物権（例：留置権、先取特権）。

307

担保物権の付従性：担保物権が成立するためには被担保債権が存在している必要があり、被担保債権が消滅すれば担保物権も消滅するということ。

担保物権の随伴性：被担保債権が移転すると、これに伴って担保物権も移転するということ。

担保物権の不可分性：担保物権者は、被担保債権の全額の弁済を受けるまで担保物に対して担保物権の権利の行使をすることができるということ（民法296条、305条、350条、372条）。

担保物権の物上代位的効力：担保物の売却、賃貸、滅失又は損傷等によって債務者が受けるべき金銭その他の物に対して担保物権の効力が及ぶということ（民法304条、350条、372条）。

物上保証人：債務者でない者であって担保権を設定する者（民法351条）。

被担保債権：担保される債権のこと。

留置権：他人の物の占有者が、その物に関して債権を有する場合に、その債権の弁済を受けるまでその物を留置する、すなわち継続して占有することができる担保物権（民法295条）。

先取特権：債務者の財産について、他の債権者に先立って自己の債権の弁済を受けることができる担保物権（民法303条）。

質権：債権の担保として債務者又は物上保証人から受け取った物を債権者が占有し、その物について他の債権者に先立って自己の債権の弁済を受けることができる担保物権（民法342条）。

転質：質権者が質物をさらに質入れすること（民法348条）。

承諾転質：質権者が質権設定者の承諾を得て転質をすること。

責任転質：質権者が質権設定者の承諾を得ないで転質をすること。

不可抗力：人が制御したり支配したりすることができない事象（民法348条）。

抵当権：債務者又は物上保証人が占有を移転しないで設定した不動産（又は地上権あるいは永小作権）について、他の債権者に先立って自己の債権の弁済を受ける担保物権（民法369条）。

抵当権の順位の変更：各抵当権者の合意によって各抵当権の順位を変更すること（民法374条）。

転抵当：抵当権者がその抵当権をもって他の債権の担保とすること（民法376条）。

抵当権の譲渡：抵当権者が抵当権を有しない債権者に抵当権を譲渡すること（民法376条）。

抵当権の放棄：抵当権者が担保権を有しない債権者のために抵当権を放棄し、以後放棄者と担保権を有しない債権者とが優先弁済の利益を分け合うこと（民法376条）。

抵当権の順位の譲渡：抵当権者同士の間で抵当権の順位の入れ替えを行い、両者が受ける配当額の合計額からまず順位譲受人が優先弁済を受け、残りを順位譲渡人が受けること（民法376条）。

抵当権の順位の放棄：先順位の抵当権者が後順位の抵当権者に自己の優先弁済を受ける権利を放棄し、自己に対する配当額を放棄者と放棄を受ける者との債権額に応じて分配すること（民法376条）。

根抵当権：設定行為で定めるところにより、一定の範囲に属する不特定の債権を極度額の限度において担保する抵当権（民法398条の2第1項）。

極度額：根抵当権によって担保される一定の枠。

元本の確定：一定の事由によって根抵当権の被担保債権の元本額が増減しなくなること（民法398条の4）。

会社分割：株式会社又は合同会社が、その事業に関して有する権利義務の全部又は一部を分割後他の会社（承継会社）又は分割によって設立する会社（設立会社）に承継させること（民法398条の10）。

吸収分割：株式会社又は合同会社が、その事業に関して有する権利義務の全部又は一部を分割後他の会社（承継会社）に承継させること（会社法2条29号）。

新設分割：1つ又は2つ以上の株式会社又は合同会社が、その事業に関して有する権利義務の全部又は一部を分割によって設立する会社（設立会社）に承継させること（会社法2条30号）。

債権総論

給付：債権の対象である債務者のなすべき特定の行為。

特定債権：特定物の引き渡しを目的とする債権。

善良な管理者の注意（善管注意義務）：債務者に一般的に要求される注意（民法400条）。

自己のためにするのと同一の注意：自分の能力に応じた注意。

種類債権（不特定物債権）：不特定物の引渡しを目的とする債権。

種類債権の特定：種類債権の目的物が特定のものに定まること（民法401条2項）。

持参債務：債権者の住所で目的物を引渡すべき債務。

取立債務：債務者の住所で目的物を引渡すべき債務。

送付債務：債権者又は債務者の住所以外の場所で目的物を引渡すべき債務。

選択債権：債権の目的が数個の給付の中から選択によって定まる債権（民法406条以下）。

債務不履行：債務者が債務の本旨に従った給付をしないこと。

履行遅滞：履行期に履行することが可能であるにもかかわらず、債務者が履行をせずにいること。

履行不能：履行が不可能（＝不能）であるために債務者が履行しないこと。

不完全履行：不完全な給付をしたこと。

原始的不能：契約が成立する前に履行が不能であること。

後発的不能：契約が成立した後に履行が不能になること。

作為債務：債務者の作為を目的とする債務。

不作為債務：債務者の不作為を目的とする債務。

直接強制：債務者の意思にかかわらず債権の内容を実現すること。

代替執行：債務者の費用で債権者が債権の内容を実現すること。

間接強制：債務者を心理的に追いつめて債権の内容を実現すること。

違約金：債務不履行の場合に支払われる一種の制裁金。

受領遅滞：債権者が債務の受領を拒み、又は受領することができないときには、その債権者は、履行の提供があったときから遅滞の責任を負うという制度（民法413条）。

債権者代位権：債権者は、自己の債権を保全するために必要があるときには、債務者に属する権利（被代位権利）を行使することができるという制度（民法423条）。

詐害行為取消請求：債権者は、債務者が債権者を害することを知ってした行為の取消しを裁判所に請求することができるという制度（民法424条）。

受益者：債務者の行為によって利益を受けた者（民法424条1項）。

転得者：受益者に移転した財産を転得した者（民法425条の5）。

分割債権：債権の目的（給付）が性質上可分であり、特別の法令の規定等がなく、各債権者にその目的（給付）が分割される債権（民法427条）。

分割債務：債務の目的（給付）が性質上可分であり、特別の法令の規定等がなく、各債務者にその目的（給付）が分割される債務（民法427条）。

不可分債権：債権の目的（給付）が性質上不可分である債権（民法428条）。

不可分債務：債務の目的（給付）が性質上不可分である債務（民法430条）。

連帯債権：債権の目的（給付）が性質上可分であり、法令の規定等に基づき各債権者が全部の履行を請求できる債権（民法432条）。

連帯債務：債務の目的（給付）が性質上可分であり、法令の規定等に基づき各債務者が債権者に対して全部の履行をすべき債務（民法436条）。

負担部分：連帯債務者内部の各自の分担割合。

不真正連帯債務：各債務者が全部の履行をする義務を負い、一人の債務者が履行をすれば全債務者は債務を免れるが、債務者の間に主観的な関連がない債務関係。

絶対的効力（絶対効）：連帯債務者の一人に生じた事由が他の連帯債務者にも効力を及ぼすこと。

相対的効力（相対効）：連帯債務者の一人に生じた事由が他の連帯債務者には効力を及ぼさないこと。

連帯の免除：債権者と債務者との関係において、債務額を負担部分に該当する額に限定すること。

絶対的連帯免除：すべての債務者について連帯の免除をすること。

相対的連帯免除：すべての債務者についてではなく、債務者のうち一人又は数人について連帯の免除をすること。

保証債務：主たる債務者がその履行をしないときに、履行する責任を負う保証人の債務（民法446条）。

催告の抗弁：債権者が保証人に保証債務の履行を請求したときに、保証人は、債権者はまず主たる債務者に催告するよう請求することができる権利（民法452条）。

検索の抗弁：債権者が主たる債務者に催告した後であっても、保証人が主たる債務者に弁済する資力があり、かつ、執行が容易であることを証明したときには、債権者は、まず主たる債務者の財産について執行しなければならないという権利（民法453条）。

連帯保証：保証人が主たる債務者と連帯して債務を負担する保証債務であり、保証人には催告の抗弁権及び検索の抗弁権が認められない。

債権譲渡：債権の同一性を維持しながら債権を移転すること。

債権譲渡に関する譲渡制限特約：債権の譲渡を禁止し、又は制限する旨の債権者及び債務者の特約（民法466条2項）。

将来債権の譲渡：将来発生する債権を譲渡し、又は、担保に供する目的で譲渡すること（民法466条の6）。

債務引受：債務の同一性を維持しながら、債務者を変更すること。

免責的債務引受：元の債務者から新たな債務者に債務を移転して元の債務者が債務を負担しなくなる債務引受。

併存的債務引受：元の債務者も存続し新たな債務者が加わる債務引受。

履行の引受け：債務者と履行引受人の合意により、履行引受人が債権者に債務を負担するのではなく、第三者として弁済することを債務者に対して約束すること。

契約上の地位の移転：契約上の地位を包括的に移転すること。

弁済：債務者が債権者に給付することによって債権を消滅させること。

受取証書：弁済を受領したことを証明する文書（民

法486条)。
代物弁済：債務者が、債権者の承諾を得て、負担した給付に代えて他の給付をすること (民法482条)。
債権に関する証書 (債権証書)：債権が成立したことを証明する文書 (民法487条)。
弁済の充当：債務者の債権者に対する給付があるときに、その給付がどの債務に対するものであるかということ。
弁済の提供：弁済が完了するためには債権者の協力が必要な債務について、債務者が給付の実現に必要な準備をして債権者の協力を求めること。
現実の提供：債務の本旨に従ってなすべき弁済の準備行為。
口頭の提供：債権者が予め受領を拒絶し、又は債務の履行について債権者の行為を要するときに、弁済の準備をしたことを通知してその受領を催促する弁済の準備行為。
供託：債務の目的物を供託所に寄託して債務を免れること (民法494条)。
弁済による代位：債務者以外の者が債務を弁済したことにより、債権者の債務者に対する権利がその弁済者に移転すること (民法499条以下)。
相殺：債権と債務とを対当額で消滅させる一方的な意思表示 (民法505条)。
自働債権：相殺の意思表示を行う者が有している債権。
受働債権：相殺の意思表示を受ける者が有している債権。
相殺適状：相殺の要件をそなえること。
差押禁止債権：差押えることを禁じられた債権 (例：給料債権、民事執行法152条)。
更改：当事者が債務の要素を変更することによって債務を消滅させ、新たな債務を発生させる契約 (民法513条)。
免除：債権を無償で消滅させる債権者の意思表示 (民法519条)。
混同：債権及び債務が同一人に帰属すること (民法520条)。
指図証券：証券上指名された者又はその者が証券上の記載によって指名した者を権利者とする有価証券 (民法520条の2以下)。
記名式所持人払証券：債権者を指名する記載がされている証券であって、その所持人に弁済すべき旨が付記されているもの (民法520条の13)。
その他の記名証券：債権者を指名する記載がされている証券であって、指図証券及び記名式所持人払証券以外のもの (民法520条の19)。
無記名証券：証券上特定の債権者を指名する記載がされておらず、その所持人が権利者としての資格を持つ有価証券 (民法520条の20)。

債権各論

申込み：契約の成立を意図する確定的な意思表示。
承諾：契約の成立を意図する特定の申込みに対する意思表示。
契約：当事者の意思表示の合致。
典型契約：民法が規定している13の契約。
非典型契約：民法に規定されていない契約。
双務契約：契約の当事者がともに債務を負担する契約。
片務契約：契約の当事者の一方のみが債務を負担する契約。
諾成契約：当事者の合意のみで成立する契約。
要物契約：契約が成立するためには当事者の合意のほか物の授受を必要とする契約。
有償契約：契約の両当事者が対価的意味をもつ給付を負担する契約。
無償契約：契約の一方の当事者が対価的意味をもつ給付を負担しない契約。
同時履行の抗弁権：双務契約の当事者の一方は、相手方がその債務の履行を提供するまでは、自己の債務の履行を拒むことができるという権利 (民法533条)。
抗弁：権利の行使を阻止すること。
要約者：第三者のためにする契約において、第三者に給付するように請求できる当事者。
諾約者：第三者のためにする契約において、第三者に給付する債務を負担する当事者。
補償関係：第三者のためにする契約における要約者と諾約者との関係。
対価関係：第三者のためにする契約における要約者と第三者の関係。
解除：契約関係を解消する契約当事者の意思表示。
法定解除権：法律に基づいて認められる解除権。
約定解除権：当事者の合意に基づいて認められる解除権。
定期行為：特定の日時又は一定の期間内に履行をしなければ契約をした目的を達することができない行為 (民法542条)。
定型取引：ある特定の者が不特定多数の者を相手方として行う取引であって、その内容の全部又は一部が画一的であることがその双方にとって合理的なもの (民法548条の2第1項)。
定型約款：定型取引において、契約の内容とすることを目的としてその特定の者より準備された条項の総体 (民法548条の2第1項)。
贈与：当事者の一方が自己の財産を無償で相手方に与える意思を表示し、相手方が受諾することによってその効力を生じる契約 (民法549条)。
定期贈与：定期の給付を目的とする贈与 (民法552条)。
負担付贈与：受贈者が贈与者又は第三者に対して負担を負う贈与契約 (民法553条)。

死因贈与：贈与者の死亡によって効力を生ずる贈与（民法554条）。

遺贈：遺言による財産の移転。

売買：当事者の一方（売主）がある財産権を相手方（買主）に移転することを約し、相手方（買主）がこれに対して代金を支払うことを約することによって成立する契約（民法555条）。

一方の予約：当事者の一方のみが予約完結権を有する予約。

双方の予約：当事者の双方が予約完結権を有する予約。

売買の一方の予約：当事者の一方が本契約（売買契約）成立の意思表示をすると、相手方の承諾をまたずに当然に本契約（売買契約）が成立する予約であって、当事者の一方のみがこの予約完結権を有する予約（民法556条）。

証約手付：契約が成立したことの証拠となる手付。

違約手付：違約した場合に手付金を取り上げるという手付。

違約罰としての手付：買主が違約したときに、売主は手付金を取得できるだけでなく損害賠償も請求できるという手付。

損害賠償額の予定としての手付：違約の場合に損害賠償額が手付額に制限されるという手付。

解約手付：債務不履行を要件とせずに、手付の放棄又は手付の倍返しによって契約を解除できるという手付。

瑕疵：欠陥のこと。

交換：当事者が互いに金銭の所有権以外の財産権を移転することを約する契約（民法586条）。

消費貸借：当事者の一方（借主）が種類、品質及び数量の同じ物を返還することを約して相手方（貸主）から金銭その他の物を受け取ることによって効力を生じる契約（民法587条）。

準消費貸借：債務者が消費貸借によらないで金銭その他の物を給付する義務がある場合に、当事者がその物を消費貸借の目的とすることを約すること（民法588条）。

使用貸借：当事者の一方がある物を引き渡すことを約し、相手方がその受け取った物について無償で使用及び収益をして契約が終了したときに返還することを約することによって効力が生じる契約（民法593条）。

賃貸借：当事者の一方がある物の使用及び収益を相手方にさせることを約し、相手方がこれに対してその賃料を支払うこと及び引渡しを受けた物を契約が終了したときに返還することを約することによって効力が生じる契約（民法601条）。

転貸：賃借人（転貸人）が賃借物について転借人と契約する賃貸借。

敷金：いかなる名目によるかを問わず、賃料債務その他の賃貸借に基づいて生ずる賃借人の賃貸人に対する金銭の給付を目的とする債務を担保する目的で、賃借人が賃貸人に交付する金銭（民法622条の2第1項）。

雇用：当事者の一方（労働者）が相手方（使用者）に対して労働に従事することを約し、相手方（使用者）がこれに対してその報酬を与えることを約することによって成立する契約（民法623条）。

請負：当事者の一方（請負人）がある仕事を完成することを約し、相手方（注文者）がその仕事の結果に対して報酬を支払うことを約することによって成立する契約（民法632条）。

委任：当事者の一方（委任者）が法律行為をすることを相手方（受任者）に委託し、相手方（受任者）がこれを承諾することによって成立する契約（民法643条）。

準委任：法律行為ではない事務の委託（民法656条）。

寄託：当事者の一方がある物を保管することを相手方に委託し、相手方がこれを承諾することによって効力が生じる契約（民法657条）。

混合寄託：受寄者が複数の寄託者から同一の種類・品質の物の保管を委託された場合に、これらを混合して保管し、寄託を受けた物と同じ数量を返還する寄託（民法665条の2）。

消費寄託：受寄者が受寄物を消費することができる寄託（民法666条）。

組合：各当事者が出資をして共同事業を営むことを約束する契約（民法667条）。

組合の債権者：組合財産を引当財産とする債権者（民法675条）。

終身定期金：当事者の一方が、自己、相手方又は第三者の死亡に至るまで、定期に金銭その他の物を相手方又は第三者に給付することを約する契約（民法689条）。

和解：当事者が互いに譲歩してその間にある争いをやめることを約することをすること（民法695条）。

事務管理：義務なくして他人のために事務の管理を始めること（民法697条）。

不当利得：法律上の原因なくして、他人の財産又は労務によって利得を受け、そのために他人に損失を及ぼした者は、その利得を返還する義務を負うという制度（民法703条以下）。

不法原因給付：不法な原因のために給付をした者は、その給付したものの返還を請求することはできないという制度（民法708条）。

不法行為：故意又は過失によって他人の権利又は法律上保護される利益を侵害した者は、これによって生じた損害を賠償する責任があるという制度（民法709条）。

使用者責任：ある事業のために他人を使用する者は、被用者がその事業の執行について第三者に加えた損害を賠償する責任があるという制度（民法715条）。

報償責任：利益を帰する者が責任を負うという考

え。

共同不法行為：数名の者が共同して不法行為を行うこと (民法719条)。

教唆：そそのかすこと (民法719条2項)。

幇助：手助けすること (民法719条2項)。

正当防衛：他人の不法行為に対し、自己又は第三者の権利又は法律上保護される利益を防衛するために、やむを得ず加害行為をした者は、損害賠償の責任を負わないという制度 (民法720条1項)。

緊急避難：他人の物から生じた急迫の危難を避けるためその物を損傷した場合には、損害賠償の責任を負わないという制度 (民法720条2項)。

親族

血族：血縁関係にある者。

直系血族：子孫の関係にある血族。

傍系血族：共通の祖先から枝分かれした関係にある血族。

尊属：その者から見て、その者よりも上の世代の血族。

卑属：その者から見て、その者よりも下の世代の血族。

姻族：自己の配偶者の血族又は自己の血族の配偶者。

実親：血のつながりを基礎とした親子の親。

実子：血のつながりを基礎とした親子の子。

実方：実親側。

養親：血のつながりを基礎とせず、養子縁組によって親子となった親。

養子：血のつながりを基礎とせず、養子縁組によって親子となった子。

養方：養親側。

婚約：将来婚姻するという合意。

婚姻：法律上夫婦と認められる関係。

内縁：婚姻届出はなされていないが、婚姻としての実体がある男女の関係。

離婚：法律上の夫婦ではなくなること。

協議上の離婚：法律上の夫婦が両名の協議によって離婚すること (民法763条)。

裁判上の離婚：法律上の夫婦が裁判によって離婚すること (民法770条)。

事実上の離婚：離婚の届出はしていないが、婚姻共同生活を廃止している夫婦関係。

有責主義：離婚に関して、夫婦の一方に有責行為があるときに、これに対する制裁として離婚を認める主義。

破綻主義：離婚に関して、婚姻の実体が失われて婚姻が形骸化した場合に離婚を認める主義。

消極的破綻主義：離婚に関する破綻主義の中で、有責配偶者からの離婚請求を否定する見解。

積極的破綻主義：離婚に関する破綻主義の中で、有責配偶者からの離婚請求を肯定する見解。

重婚：戸籍の届出のある婚姻が重なること。

再婚禁止期間：女性が再婚するために待つべき期間として設けられている期間 (民法733条1項)。

特有財産：夫婦の一方が単独で有する財産 (民法762条1項)。

被後見人：未成年被後見人及び成年被後見人 (民法794条)。

復氏：元の氏に復すること。

財産分与：婚姻中に取得した夫婦の財産の清算、離婚後の弱者に対する扶養、離婚慰謝料の性格を有する離婚の際における財産の分与 (民法768条)。

面接交渉：親が子に会うこと。

懐胎：子を身ごもること。

嫡出子：法律上婚姻している男女から生まれた子。

非嫡出子：法律上婚姻していない男女から生まれた子。

嫡出推定される嫡出子：民法772条の規定によって嫡出子と推定される子。

嫡出推定の及ばない子 (表見嫡出子)：形式的には民法772条の規定に該当するが、嫡出子として推定されない子 (例：婚姻成立の日から200日を経過して生まれた子であるが、懐胎可能な時期に夫が外国にいた場合)。

民法722条の推定を受けない嫡出子 (推定されない嫡出子)：民法772条の推定は受けないが、嫡出子と認められる子。

認知：法律上婚姻していない男女から生まれた子に関して、父とその子との間に法律上の父子関係を認めること。

任意認知：父がその自由意思で子を自分の子と認めること (民法779条)。

強制認知：父の意思にかかわらず裁判で父子関係の存在を確定すること (民法787条)。

準正：非嫡出子が嫡出子となること。

婚姻準正 (民法789条1項)：子が生まれたときには父と母は婚姻関係になかったが、その後父が認知し、その後に父と母が婚姻することによって子が嫡出子としての身分を取得すること。

認知準正 (民法789条2項)：子が生まれたときには父と母は婚姻関係になかったが、その後父と母が婚姻し、その後に父が認知することによって子が嫡出子としての身分を取得すること。

養子縁組：縁組当事者の合意及び届出により、養子が養親の嫡出子たる身分を取得する制度 (民法809条)。

離縁：養子が養親の嫡出子たる身分を喪失する制度。

協議上の離縁：縁組当事者がその協議によって養子が養親の嫡出子たる身分を喪失させること (民法811条)。

裁判上の離縁：裁判によって養子が養親の嫡出子たる身分を喪失すること (民法814条)。

普通養子：特別養子 (817条の2以下) ではない養子であり、養子縁組の後にも実方の血族との親族関係が終了しない養子。

特別養子：特別養子縁組による養子であり、養子縁組の後には実方の血族との親族関係が終了する養子 (民法817条の2以下)。

代諾養子縁組：養子となる者が15歳未満であるときに、その法定代理人の承諾によって結ばれる縁組 (民法797条1項)。

親権：未成年の子に対する父母の権利義務。

監護：子を肉体的に監督、保護すること。

教育：子の精神的発達を図るために配慮すること。

扶養：その者の生活費や経済的負担を負うこと。

利益相反：一方の利益と他方の利益とが対立関係にあること。

民法上の氏：民法が規定している氏。

呼称上の氏：戸籍に記載されている氏。

辞任：自ら辞めること。

解任：辞めさせられること。

生活保持義務：相手方に自己と同一の程度の生活を保障する義務。

生活扶助義務：自己の生活を犠牲にせずに、相手方の最低限度の生活を支える義務。

相続

相続：自然人が死亡した場合に死亡者の権利義務の承継を決める制度。

単独相続：相続人が1人の場合の相続。

共同相続：相続人が複数の場合の相続。

相続財産：被相続人が有していた権利義務。

被相続人：相続される自然人 (=死亡した自然人)。

相続人：自然人が死亡した場合に死亡者の権利義務を承継する者。

共同相続人：相続人が複数いる場合の相続人。

推定相続人：相続が開始した場合に相続人となるべき者 (民法892条)。

相続債権者：相続財産に属する債務の債権者 (民法927条1項)。

相続人の債権者：相続人が債務を負担している場合のその債務の債権者。

同時存在の原則：相続人は、相続開始時に生存していなければ相続人になれないという原則 (例外：胎児　民法886条)。

代襲相続：代襲者が被代襲者の相続人たる地位を承継すること。

法定相続分：民法が規定している相続分 (民法900条)。

特別受益者：被相続人から遺贈を受け、又は、婚姻もしくは養子縁組のためもしくは生計の資本として贈与を受けた共同相続人 (民法903条)。

持戻し免除の意思表示：被相続人が、ある特定の贈与等について、その財産の価額を遺産の価額に含めない旨の意思を表示したこと (民法903条3項)。

寄与分：被相続人の財産の維持または増加についての特別の寄与 (民法904条の2)。

遺産分割：共同相続人の間で遺産を分けること。

相続の承認：被相続人の権利義務を承継すること。

単純承認：無限に被相続人の権利義務を承継すること (民法920条)。

限定承認：相続によって得た財産の限度で被相続人の債務及び遺贈を弁済すること (民法922条)。

相続の放棄：被相続人の権利義務を承継しないこと (民法939条)。

法定単純承認：ある事実があることによって単純承認をしたとみなされること (民法921条)。

遺贈：遺言によって自己の財産を他人に譲渡すること (民法964条)。

遺贈者：遺贈を行う者。

受遺者：遺贈を受ける者。

包括遺贈：遺産の一定割合を包括的に与える遺贈 (民法990条)。

特定遺贈：特定の財産を与える遺贈。

特定財産承継遺言：遺産分割方法の指定として遺産に属する特定の財産を共同相続人の一人又は数人に承継させる旨の遺言 (民法1014条2項)。

負担付遺贈：受遺者に負担を課した遺贈。

遺贈義務者：遺贈の履行をする義務を負う者 (民法987条)。

財産分離：相続財産と相続人の固有の財産を分離する制度 (民法941条以下)。

相続財産法人：相続人のあることが明らかでないときに相続財産によって構成される法人 (民法951条)。

相続財産の管理人：相続人のあることが明らかでないときに家庭裁判所によって選任される相続財産の管理人 (民法953条)。

特別縁故者：被相続人と特別の縁故があった者 (民法958条の3第1項)。

遺言：被相続人が死亡したときに効力を生ずる被相続人の財産の処分に関する単独の意思表示。

遺言執行者：遺言の内容を実現する者。

配偶者居住権：被相続人の配偶者が、被相続人の財産に属していた建物に相続開始の時に居住していた場合において、その居住していた建物の全部について無償で使用及び収益をする権利 (民法1028条)。

配偶者短期居住権：配偶者は、被相続人の財産に属していた建物に相続開始の時に無償で居住していた場合には、民法1037条1項に定める期間、その建物について無償で使用できる権利 (民法1037条)。

遺留分：その相続人の最低限の取り分 (民法1042条)。

特別の寄与の制度：被相続人に対して無償で療養看護その他の労務を提供したことにより被相続人の財産の維持又は増加について特別の寄与をした被相続人の親族は、相続人に対して、その寄与に応じた額の金銭を請求できるという制度（民法1050条）。

遺言書の保管制度：自筆証書遺言にかかる遺言書を法務局で保管する制度（法務局における遺言書の保管等に関する法律）。

経過措置

1　平成29年法律第44号「民法の一部を改正する法律」による民法の主な改正規定の施行日等は、以下のとおりです（平成29年法律第44号の附則を参照）。
以下では平成29年法律第44号による改正後の民法を「新法」と、改正前の民法を「旧法」としてご説明します。

1　改正規定は、原則として、2020年4月1日から施行されますが、以下の例外があります（附則1条、平成29年政令第309号）。

①附則33条3項の規定

　2018年4月1日から施行されます（附則1条2号、平成29年政令第309号）。

②附則21条2項3項の規定

　2020年3月1日から施行されます（附則1条3号、平成29年政令第309号）

2　意思表示に関する規定について（附則6条）

　2020年4月1日前にされた意思表示については、新法93条、95条、96条2項3項、98条の2の規定にかかわらず、なお従前の例によります。

　2020年4月1日前に通知が発せられた意思表示については、新法97条の規定にかかわらず、なお従前の例によります。

3　無権代理人の責任に関する規定（新法117条）について

　2020年4月1日前に無権代理人が代理人として行為をした場合におけるその無権代理人の責任については、新法117条の規定にかかわらず、なお従前の例によります（附則7条2項）。

4　時効に関する規定について

①2020年4月1日前に債権が生じた場合（2020年4月1日以後に債権が生じた場合であって、その債権発生原因である法律行為が2020年4月1日前にされたときを含みます。以下同じ。）におけるその債権の消滅時効の援用については、新法145条の規定にかかわらず、なお従前の例によります（附則10条1項）。

②2020年4月1日前に旧法147条に規定する時効の中断事由又は旧法158条から161条までに規定する時効の停止事由が生じた場合におけるこれらの事由の効力については、なお従前の例によります（附則10条2項）。

③新法151条の規定は、2020年4月1日前に権利についての協議を行う旨の合意が書面でされた場合におけるその合意については、適用されません（附則10条3項）。

④2020年4月1日前に債権が生じた場合におけるその債権の消滅時効の期間については、なお従前の例によります（附則10条4項）。

5 法定利率に関する規定について

①2020年4月1日前に利息が生じた場合におけるその利息を生ずべき債権に係る法定利率については、新法404条の規定にかかわらず、なお従前の例によります（附則15条1項）。

②新法404条第4項の規定により法定利率に初めて変動があるまでの各期における同項の規定の適用については、同項中「この項の規定により法定利率に変動があった期のうち直近のもの（以下この項において「直近変動期」という。）」とあるのは「民法の一部を改正する法律（平成29年法律第44号）の施行後最初の期」と、「直近変動期における法定利率」とあるのは「年3パーセント」とされます（附則15条2項）。

6 債務不履行の責任等に関する規定について

①2020年4月1日前に債務が生じた場合（2020年4月1日以後に債務が生じた場合であって、その原因である法律行為が2020年4月1日前にされたときを含む。附則第25条第1項において同じ。）におけるその債務不履行の責任等については、新法412条第2項、412条の2から413条の2まで、415条、416条第2項、418条及び422条の2の規定にかかわらず、なお従前の例によります（附則17条1項）。

②新法417条の2（722条第1項において準用する場合を含む。）の規定は、2020年4月1日前に生じた将来において取得すべき利益又は負担すべき費用についての損害賠償請求権については、適用されません（附則17条2項）。

③2020年4月1日前に債務者が遅滞の責任を負った場合における遅延損害金を生ずべき債権に係る法定利率については、新法419条第1項の規定にかかわらず、なお従前の例によります（附則17条3項）。

④2020年4月1日前にされた旧法420条第1項に規定する損害賠償の額の予定に係る合意及び旧法421条に規定する金銭でないものを損害の賠償に充てるべき旨の予定に係る合意については、なお従前の例によります（附則17条4項）。

7 債権者代位権に関する規定について

①2020年4月1日前に旧法423条第1項に規定する債務者に属する権利が生じた場合におけるその権利に係る債権者代位権については、なお従前の例によります（附則18条1項）。

②新法423条の7の規定は、2020年4月1日前に生じた同条に規定する譲渡人が第三者に対して有する権利については、適用されません（附則18条2項）。

8 詐害行為取消権に関する規定について

　2020年4月1日前に旧法424条第1項に規定する債務者が債権者を害することを知ってした法律行為がされた場合におけるその行為に係る詐害行為取消権については、なお従前の例によります（附則19条）。

9 不可分債権、不可分債務、連帯債権及び連帯債務に関する規定について

①2020年4月1日前に生じた旧法428条に規定する不可分債権（その原因である法律行為が2020年4月1日前にされたものを含む。）については、なお従前の例によります（附則20条1項）。

②2020年4月1日前に生じた旧法430条に規定する不可分債務及び旧法432条に規定する連帯債務（これらの原因である法律行為が2020年4月1日前にされたものを含む。）については、なお従前の例によります（附則20条2項）。

③新法432条から435条の2までの規定は、2020年4月1日前に生じた新法432条に規定する債権（その原因である法律行為が2020年4月1日前にされたものを含む。）については、適用されません（附則20条3項）。

10 保証債務に関する規定について

①2020年4月1日前に締結された保証契約に係る保証債務については、なお従前の例によります（附則21条1項）。

②保証人になろうとする者は、2020年4月1日前においても、新法465条の6第1項（新法465条の8第1項において準用する場合を含む。）の公正証書の作成を嘱託することができます（附則21条2項）。

③公証人は、前項の規定による公正証書の作成の嘱託があった場合には、2020年4月1日前においても、新法465条の6第2項及び465条の7（これらの規定を465条の8第1項において準用する場合を含む。）の規定の例により、その作成をすることができます（附則21条3項）。

11 債権の譲渡に関する規定について

2020年4月1日前に債権の譲渡の原因である法律行為がされた場合におけるその債権の譲渡については、新法466条から469条までの規定にかかわらず、なお従前の例によります（附則22条）。

12 債務の引受けに関する規定について

新法470条から472条の4までの規定は、2020年4月1日前に締結された債務の引受けに関する契約については、適用されません（附則23条）。

13 弁済に関する規定について

①2020年4月1日前に債務が生じた場合におけるその債務の弁済については、次項に規定するもののほか、なお従前の例によります（附則25条1項）。

②2020年4月1日前に弁済がされた場合におけるその弁済の充当については、新法488条から491条までの規定にかかわらず、なお従前の例によります（附則25条2項）。

14 相殺に関する規定について

①2020年4月1日前にされた旧法505条第2項に規定する意思表示については、なお従前の例によります（附則26条1項）。

②2020年4月1日前に債権が生じた場合におけるその債権を受働債権とする相殺については、新法509条の規定にかかわらず、なお従前の例によります（附則26条2項）。

③2020年4月1日前の原因に基づいて債権が生じた場合におけるその債権を自働債権とする相殺（差押えを受けた債権を受働債権とするものに限る。）については、新法511条の規定にかかわらず、なお従前の例によります（附則26条3項）。

④2020年4月1日前に相殺の意思表示がされた場合におけるその相殺の充当については、

317

新法512条及び512条の2の規定にかかわらず、なお従前の例によります（附則26条4項）。

15　更改に関する規定について

2020年4月1日前に旧法513条に規定する更改の契約が締結された更改については、なお従前の例によります（附則27条）。

16　契約の成立に関する規定について

①2020年4月1日前に契約の申込みがされた場合におけるその申込み及びこれに対する承諾については、なお従前の例によります（附則29条1項）。

②2020年4月1日前に通知が発せられた契約の申込みについては、新法526条の規定にかかわらず、なお従前の例によります（附則29条2項）。

③2020年4月1日前にされた懸賞広告については、新法529条から530条までの規定にかかわらず、なお従前の例によります（附則29条3項）。

17　契約の効力に関する規定について

①2020年4月1日前に締結された契約に係る同時履行の抗弁及び危険負担については、なお従前の例によります（附則30条1項）。

②新法537条第2項及び538条第2項の規定は、2020年4月1日前に締結された第三者のためにする契約については、適用されません（附則30条2項）。

18　契約上の地位の移転に関する規定について

新法539条の2の規定は、2020年4月1日前にされた契約上の地位を譲渡する旨の合意については、適用されません（附則31条）。

19　契約の解除に関する規定について

2020年4月1日前に契約が締結された場合におけるその契約の解除については、新法541条から543条まで、545条第3項及び548条の規定にかかわらず、なお従前の例によります（附則32条）。

20　定型約款に関する規定について

①新法548条の2から548条の4までの規定は、2020年4月1日前に締結された定型取引（新法548条の2第1項に規定する定型取引をいう。）に係る契約についても、適用されます。ただし、旧法の規定によって生じた効力を妨げません（附則33条1項）。

②前項の規定は、同項に規定する契約の当事者の一方（契約又は法律の規定により解除権を現に行使することができる者を除く。）により反対の意思の表示が書面でされた場合（その内容を記録した電磁的記録によってされた場合を含む。）には、適用されません（附則33条2項）。

③前項に規定する反対の意思の表示は、2020年4月1日前にしなければなりません（附則33条3項）。

21 贈与等に関する規定について

①2020年4月1日前に贈与、売買、消費貸借（旧法589条に規定する消費貸借の予約を含む。）、使用貸借、賃貸借、雇用、請負、委任、寄託又は組合の各契約が締結された場合におけるこれらの契約及びこれらの契約に付随する買戻しその他の特約については、なお従前の例によります（附則34条1項）。

②前項の規定にかかわらず、新法604条第2項の規定は、2020年4月1日前に賃貸借契約が締結された場合において2020年4月1日以後にその契約の更新に係る合意がされるときにも適用されます（附則34条2項）。

③第1項の規定にかかわらず、新法605条の4の規定は、2020年4月1日前に不動産の賃貸借契約が締結された場合において2020年4月1日以後にその不動産の占有を第三者が妨害し、又はその不動産を第三者が占有しているときにも適用されます（附則34条3項）。

22 不法行為等に関する規定について

①旧法724条後段（旧法934条第3項（旧法936条第3項、947条第3項、950条第2項及び957条第2項において準用する場合を含む。）において準用する場合を含む。）に規定する期間がこの法律の施行の際既に経過していた場合におけるその期間の制限については、なお従前の例によります（附則35条1項）。

②新法724条の2の規定は、不法行為による損害賠償請求権の旧法724条前段に規定する時効がこの法律の施行の際既に完成していた場合については、適用されません（附則35条2項）。

23 遺言執行者の報酬に関する規定について

2020年4月1日前に遺言執行者となった者の報酬については、新法1018条第2項において準用する新法648条第3項及び648条の2の規定にかかわらず、なお従前の例によります（附則36条）。

2 平成30年法律第72号「民法及び家事事件手続法の一部を改正する法律」による民法の主な改正規定の施行日等は、以下のとおりです（平成30年法律第72号の附則を参照）。
以下では平成30年法律第72号による改正後の民法を「新法」と、改正前の民法を「旧法」としてご説明します。

1 配偶者の居住の権利（配偶者居住権及び配偶者短期居住権）に関する規定（新法1028条から1041条まで）は、2020年4月1日以後に開始した相続に適用し、2020年4月1日前に開始した相続については従前の例によります（附則1条4号、10条1項、平成30年政令第316号）。

　ただし、新法1028条から1036条までの規定は、2020年4月1日前にされた遺贈には、適用されません（附則10条2項、平成30年政令第316号）。

2 自筆証書遺言の方式緩和に関する規定（新法968条）は、2019年1月13日から施行されます（附則1条2号）。

ただし、2019年1月13日前にされた自筆証書遺言については、新法968条2項、3項の規定にかかわらず、なお従前の例によります（附則6条）。

3　　権利の承継の対抗要件に関する規定（新法899条の2）は、2020年4月1日以後に開始した相続に適用し（附則1条本文、平成30年政令第316号）、2020年4月1日前に開始した相続については従前の例によります（附則2条）。
　　　ただし、2020年4月1日前に開始した相続に関して遺産分割による債権の承継がされ、2020年4月1日以後にその承継の通知がされる場合には、新法899条の2が適用されます（附則3条）。

4　　持戻し免除の推定規定（新法903条4項）は、2020年4月1日前になされた贈与又は遺贈には適用されず（附則4条）、2020年4月1日以後になされた贈与又は遺贈に適用されます（附則1条本文、平成30年政令第316号）。

5　　遺産分割前の預貯金債権の払戻しに関する規定（新法909条の2）は、2020年4月1日前に開始した相続に関し、2020年4月1日以後に預貯金債権が行使される場合にも適用されます（附則5条1項）。

6　　遺言執行者の権利義務等に関する規定については、以下のとおりです。
　　①新法1007条2項、1012条は、2020年4月1日前に開始した相続に関し、2020年4月1日以後に遺言執行者となる者にも適用されます（附則8条1項）。
　　②新法1014条2項ないし4項の規定は、2020年4月1日前にされた特定の財産に関する遺言に係る遺言執行者によるその執行には、適用されません（附則8条2項）。
　　③2020年4月1日前にされた遺言に係る遺言執行者の復任権については、新法1016条の規定にかかわらず、なお従前の例によります（附則8条3項）。

おわりに

　本書は、民法をはじめて学習される方や民法の勉強でつまづきそうな方にも理解が進むようにつとめてきました。
　本書では、民法の基本である**条文**と**基本用語**の理解に重点を置いてきました。
　民法に関する情報は、条文、基本用語、判例、学説など膨大です。
　この膨大な民法の海の中に入り込むと、例えば学説を追っていって混乱して溺れそうになることもあります。
　民法は私たちの生活や取引などを規律している法律ですが、**実務は条文と判例で動いています。**

　資格試験等の受験参考書を読む前に、民法の入門として本書を読まれた方は、その試験の過去問を徹底的に勉強し、その試験の出題範囲やよく出題されるテーマをつかみ、その試験のレベルを体得する必要があります。

　仕事で民法に関することをおさえておきたいという方は、実務は条文と判例で動いているわけですから、本書を一通り読み終えたら、判例をおさえていくといいでしょう。

　判例の中で最も重要なものは最高裁判所の裁判（判決や決定など）です。
　裁判所法第4条は、「上級審の裁判所の裁判における判断は、その事件についての下級審の裁判所を拘束する。」と規定しています。
　最高裁判所は最上級審ですから、最高裁判所の判断が判例を形成する最も強力なパワーを持っているわけです。

　膨大な民法情報を整理する視点としては、
条文と判例を中心に据えて、

条文＞判例＞学説

といった重要度で整理するとよいでしょう。

索引

あ行

悪意	38,66,77,305
悪意の占有者	307
遺言	313
遺言執行者	292,313
遺言書の保管制度	314
遺言能力	305
遺産分割	313
遺産分割協議	79,273,275,276,278
遺産分割協議書	79
意思主義	306
遺失物	87,89,307
意思能力	24,29,305
意思表示	305
遺贈	270,272,311,313
遺贈義務者	313
遺贈者	313
一物一権主義	306
一般財団法人	30
一般社団法人	30
一般条項	305
一方の予約	311
委任	188,219,221,232,311
違約金	309
違約手付	311
違約罰としての手付	311
入会権	98,307
遺留分	313
遺留分侵害額	298
遺留分侵害額請求	299
姻族	244,263,312
請負	188,311
請負契約	216
受取証書	309
永小作権	98,307
営利法人	30
援用	147

か行

外観法理	305
外国人	305
外国法人	305
解釈	305
会社分割	308
解除	44,74,186,194,310
解除条件	50,306
懐胎	312

解任	313
解約手付	311
改良行為	93,306
確定期限	52,136,306
加工	307
瑕疵	311
貸金等債務	149,150
果実	305
過失相殺	238
瑕疵のある占有	307
過払金	202
仮登記担保	124
簡易の引渡し	84,307
監護	313
間接強制	309
間接占有	307
元物	32,305
元本の確定	308
管理	93
管理人	305
期間	54,306
期限	50,51,52,306
期限の利益	52
危険負担	188
危険負担の問題	181
擬制	89
既成条件	306
寄託	188,311
寄託契約	223
記名式所持人払証券	310
吸収分割	308
給付	308
教育	313
協議上の離婚	251,312
協議離婚	259
強行規定	305
教唆	312
強制認知	312
供託	164,310
共同相続	273,275,313
共同相続人	270,272,313
共同不法行為	312
共有	93,274,275,307
協力	246
虚偽表示	37,305
極度額	121,122,149,308
居所	305

322

寄与分	302,313	雇用	188,311
緊急避難	238,312	婚姻	242,312
金銭消費貸借契約	145,201	婚姻準正	312
禁反言の原則	305	婚姻による成年擬制	243
組合	188,227,311	婚姻の解消	254,306
組合員	226,227	婚姻費用の分担義務	246
組合の債権者	311	混合寄託	311
形式主義	64,306	混同	310
契約	310	婚約	312
契約上の地位の移転	309	混和	307
血族	244,263,312		
権原	307	**さ行**	
検索の抗弁	309	債権	305
原始取得	306	債権行為	64,306
現実の提供	164,310	債権者	104
現実の引渡し	84,307	債権者主義	181
原始的不能	309	債権者代位権	139,309
原状回復義務	178	債権者の債権の保全	143
限定承認	273,280,281,313	債権証書	310
検認	288	債権譲渡	154,155,157,309
顕名	305	債権譲渡に関する譲渡制限特約	309
権利能力	28,29,305	債権に関する証書	310
権利能力なき財団	305	債権の譲渡	161
権利能力なき社団	305	催告権	23
合意解除	178	催告の抗弁	309
行為能力	29,305	再婚禁止期間	312
行為能力者	24,305	財産分与	39,41,250,251,312
公益財団法人	30	財産分離	313
公益社団法人	30	在船者の遺言	287
公益法人	30	財団	30
更改	170,310	裁判上の離縁	312
交換	188,199,311	裁判上の離婚	251,312
後見開始の審判	25	裁判上の和解	230
後見監督人	305	債務者	104
後見人	305	債務者主義	181
公示による意思表示	43,44,305	債務者の財産管理処分の自由	143
公示の原則	307	債務引受	309
公信の原則	307	債務不履行	43,130,164,185,308
公正証書	149	詐害行為取消請求	141,309
公正証書遺言	287	詐害行為取消請求権	143
公然	89,307	詐欺	22,37,66,71
口頭の提供	164,310	先取特権	104,105,108,308
購入約款	190	作為債務	309
後発的不能	309	錯誤	41,305
抗弁	310	差押禁止債権	310
合有	307	指図証券	310
呼称上の氏	313	指図による占有移転	84,307
個人貸金等根保証契約	150	死因贈与	311
個人根保証契約	149,150	始期	52,306

敷金	211,311	準用	199,305
私権	305	承役地	96,307
時効	56,306	消極的破綻主義	312
時効の援用	306	承継取得	306
時効の完成猶予	55,56,306	条件	49,50,306
時効の更新	56,306	使用者責任	127,311
自己契約	306	使用貸借	188,205,311
自己占有	307	承諾	174,175,310
自己のためにする意思	307	承諾転質	308
自己のためにするのと同一の注意	308	譲渡担保	124
持参債務	308	消費寄託	223,311
事実上の離婚	312	消費貸借	188,201,202,311
使者	48	消滅時効	56,306
自主占有	307	証約手付	311
自然血族	244	将来債権の譲渡	309
自然人	28,30,305	所持	307
示談	230	初日不算入の原則	54
質権	104,105,110,111,308	除斥期間	306
実方	257,312	所有権	28,29,61
実子	312	所有権留保	124
実親	312	事理弁識能力	305
自働債権	167,310	親権	258,259,313
辞任	313	新設分割	308
自筆証書遺言	287	親族	244,245,263
死亡の危急に迫った者の遺言	287	心理留保	34,305
事務管理	232,311	随意条件	306
借地権	307	推定	89,252
受遺者	284,313	推定されない嫡出子	312
終期	52,306	推定相続人	268,313
重婚	312	生活扶助義務	262,313
住所	305	生活保持義務	262,313
終身定期金	188,311	制限行為能力者	22,24,29,305
従物	116,117,305	正当防衛	312
受益者	141,309	成年後見監督人	27
受益者や転得者の取引の安全	143	成年後見人	25,26
受益の意思表示	184	成年被後見人	25,29
受働債権	167,310	責任転質	308
受動代理	306	責任能力	305
取得時効	56,77,306	積極的破綻主義	312
主物	116	絶対効	309
受領遅滞	130,309	絶対的効力	309
種類債権	128,308	絶対的連帯免除	309
種類債権の特定	127,128,308	善意	38,66,77,305
種類物	127,128,305	善意取得	307
準委任	219,221,311	善意の占有者	307
準共有	307	善意の第三者	38
準消費貸借	311	善管注意義務	128,219,308
準正	312	選択債権	308
準占有	307	船舶遭難者の遺言	287

占有回収の訴え 62	代理占有 307
占有改定 84,307	代理人 48
占有権 61,62,86,307	代理人の権限の濫用 306
占有の訴え 62	諾成契約 188,310
占有保持の訴え 62	諾約者 184,310
占有保全の訴え 62	他主占有 307
善良な管理者の注意 127,308	ただし書き 58
善良な管理者の注意義務 128	単純承認 273,280,281,313
相殺 167,310	単独行為 305
相殺適状 310	単独相続 313
相続 313	担保物権の収益的効力 107
相続欠格事由 268	担保物権の随伴性 106,308
相続債権者 284,313	担保物権の不可分性 106,308
相続財産 313	担保物権の付従性 106,308
相続財産の管理人 283,284,313	担保物権の物上代位的効力 107,308
相続財産法人 283,284,313	担保物権の優先弁済的効力 107
相続人 313	担保物権の留置的効力 107
相続人の債権者 313	地役権 96,307
相続の承認 279,313	遅延損害金 133
相続の放棄 273,279,280,281,313	地上権 95,307
相対効 309	嫡出子 252,254,312
相対的効力 309	嫡出推定される嫡出子 312
相対的連帯免除 309	嫡出推定の及ばない子 253,254,312
送付債務 308	直接強制 309
双方代理 306	直接占有 307
双方の予約 311	直系 245,263
双務契約 178,188,310	直系血族 312
総有 307	賃借権 208
贈与 33,188,193,270,310	賃貸借 188,205,311
贈与契約 49	追認 23,24,47,306
即時取得 88,307	定款 29
その他の記名証券 310	定期行為 310
損害賠償 136	定期贈与 310
損害賠償額の予定としての手付 311	定型取引 190,191,310
損害賠償責任 237	定型約款 190,191,310
尊属 245,263,312	停止条件 50,306
	抵当権 104,105,113,118,308
た行	抵当権の順位の譲渡 308
対価関係 184,310	抵当権の順位の変更 308
対抗 307	抵当権の順位の放棄 308
対抗要件 66	抵当権の譲渡 308
第三者 38,66,86	抵当権の放棄 308
第三者のためにする契約 184	撤回 194,306
胎児 305	典型契約 188,310
代襲相続 267,313	典型担保 124,307
代替執行 309	転質 308
代諾養子縁組 313	伝染病隔離者の遺言 287
代物弁済 127,310	転貸 208,209,311
代理 34,305	転抵当 308

転得者	141,309
天然果実	32,305
登記	36,66
動機の錯誤	40,305
登記簿	36,38
同居	246
動産	86,117,305
同時死亡が推定	268
同時存在の原則	313
同時履行の抗弁権	178,188,310
到達	43,44,305
特定遺贈	313
特定債権	308
特定財産承継遺言	313
特定承継	306
特定物	128,305
特定物債権	128
特別縁故者	284,313
特別受益者	313
特別受益者の相続分	271
特別の寄与の制度	314
特別の方式の遺言	287
特別養子	313
特有財産	249,251,312
取消し	24,194,306
取立債務	308

な行

内縁	247,248,312
任意規定	305
任意認知	312
認知	253,254,312
認知準正	312
認知の訴え	253
根抵当権	104,105,120,122,308
根保証契約	149,150
能動代理	306

は行

配偶者	244
配偶者居住権	295,313
配偶者短期居住権	313
廃除	267,268
背信的悪意者	66,69,307
売買	188,311
売買の一方の予約	311
破綻主義	312
反対解釈	305
引渡し	83

被後見人	312
被相続人	313
卑属	245,263,312
被担保債権	104,122,308
非嫡出子	312
非典型契約	188,310
非典型担保	124,307
人	305
被保佐人	29
被補助人	29
秘密証書遺言	287
表見代理	47,48,306
表見嫡出子	312
表見法理	305
表示の錯誤	40,305
夫婦別産制	249
不確定期限	52,136,306
不可抗力	308
不可分債権	309
不可分債務	309
付款	306
不完全履行	309
復氏	312
復代理人	306
付合	307
不在者	305
不作為債務	309
扶助義務	246
不真正連帯債務	309
負担付遺贈	313
負担付贈与	310
負担部分	145,309
普通抵当権	104,120
普通の方式の遺言	287
普通養子	313
物権	305
物権行為	64,306
物権行為の独自性を否定	64
物権的請求権	61,62
物権的返還請求権	61,306
物権的妨害排除請求権	61,306
物権的妨害予防請求権	61,306
物権法定主義	306
物上代位	118
物上保証人	104,110,111,308
不動産	86,116,117,305
不動産の登記	38
不当利得	62,202,235,236,311
不特定物	127,128,305

不特定物債権	128,308
不能条件	306
不法原因給付	311
不法行為	66,236,237,311
不法行為による損害賠償請求	235
扶養	261,313
分割債権	309
分割債務	309
文理解釈	305
平穏	89,307
併存的債務引受	309
変更	93
弁済	309
弁済による代位	310
弁済の充当	310
弁済の提供	164,310
片務契約	188,310
包括遺贈	313
包括承継	306
傍系	245,263
傍系血族	312
幇助	312
報償責任	311
法人	29,30,305
法定解除権	310
法定果実	32,305
法定血族	244
法定相続分	80,267,268,313
法定代理人の同意	22
法定単純承認	313
法定担保物権	103,104,108,307
法定利率	133
法律行為	305
保佐開始の審判	27
補償関係	184,310
保証債務	146,147,309
補助開始の審判	27
保存行為	93,138,306
本権	61,62,307

ま行

埋蔵物	307
未成年者	29
みなす	89
民法上の氏	313
民法722条の推定を受けない嫡出子	312
民法の組合	225
無記名証券	310
無権代理	47,48,306

無権代理行為	34
無効	22,24,37,194,306
無効行為の転換	306
無償契約	188,310
無体物	305
免除	310
免責的債務引受	309
面接交渉	312
申込み	174,175,310
持分	93,307
持戻し免除の意思表示	313

や行

約定解除権	310
約定担保物権	103,307
有効	306
有償契約	188,310
有責主義	312
有体物	305
要役地	96,307
養方	257,312
養子	255,257,312
養子縁組	255,312
養親	312
要物契約	188,310
要約者	184,310

ら行

利益相反	278,313
利益相反行為	276
離縁	312
履行遅滞	74,133,136,185,308
履行の引受け	309
履行不能	309
履行補助者	127,128
離婚	312
利息	202
留置権	103,104,105,308
留置権の不可分性	103
利用規約	190
利用行為	93,306
類推解釈	305
連帯債務	145,309
連帯の免除	309
連帯保証	309

わ行

和解	127,188,230,311

●著者略歴

ウイズダム法律事務所
弁護士・弁理士
石川 正樹（いしかわ　まさき）

埼玉県川越市に生まれる。早稲田大学（政治経済学部）卒業。パートナーの弁理士とともに特許、商標、意匠、著作権、不正競争防止法などの知的財産権のほか、交通事故、遺産分割、その他の民事事件を主に扱う。「依頼者の方とともに歩む」、「難しいことをわかりやすく」がモットー。

●ホームページ
http://www.wisdom-law.com

カバーデザイン・イラスト　mammoth.

民法のツボとコツがゼッタイにわかる本［第2版］

発行日	2019年10月 3日	第1版第1刷

著　者　石川　正樹

発行者　斉藤　和邦
発行所　株式会社 秀和システム
　　　　〒104-0045
　　　　東京都中央区築地2丁目1－17　陽光築地ビル4階
　　　　Tel 03-6264-3105（販売）Fax 03-6264-3094
印刷所　三松堂印刷株式会社　　　　Printed in Japan
ISBN978-4-7980-5756-9 C0032

定価はカバーに表示してあります。
乱丁本・落丁本はお取りかえいたします。
本書に関するご質問については、ご質問の内容と住所、氏名、電話番号を明記のうえ、当社編集部宛FAXまたは書面にてお送りください。お電話によるご質問は受け付けておりませんのであらかじめご了承ください。